DOS QUARTÉIS À ESPIONAGEM ★★★
caminhos e desvios do poder militar

José A. Argolo e Luiz Alberto Fortunato

DOS QUARTÉIS À ESPIONAGEM ★★★
caminhos e desvios do poder militar

MAUAD

MAUAD Editora Ltda.

Av. Treze de Maio, 13, Grupos 507 a 509 — Centro

CEP: 20031-007 — Rio de Janeiro — RJ

Tel.: (21) 2533.7422 — Fax: (21) 2220.4451

www.mauad.com.br

Projeto Gráfico:
Núcleo de Arte/Mauad Editora

Revisão Técnica e Acadêmica:
Ester Kosovski

Revisão:
Sandra Pássaro

CIP-BRASIL. CATALOGAÇÃO-NA-FONTE
SINDICATO NACIONAL DOS EDITORES DE LIVROS, RJ

A741d
Argolo, José Amaral, 1952-
Dos quartéis à espionagem : caminhos e desvios do poder militar / José A. Argolo e Luiz Alberto Fortunato. - Rio de Janeiro : Mauad, 2004

Anexo
Inclui bibliografia
ISBN 85-7478-143-6

1. Terrorismo - Brasil - História. 2. Atentados a bomba - Brasil - História. 3. Brasil - Política e governo - 1945-1964. 4. Brasil - História - 1964-1985. 5. Brasil - Forças Armadas - Atividades políticas. I. Fortunato, Luiz Alberto Machado, 1951-. II. Título.

04-2216. CDD 981.06
CDU 94(81)"1945/1985"

Sumário

Com muito carinho, dedicamos este livro à Márcia Vieira dos Santos e à Maria Luiza Milazzo, pelo afeto diário e lições de vida.

Agradecimentos Especiais à Professora Doutora Ester Kosovski, pela leitura dos originais e comentários crítico-jurídicos.

Agradecimentos a:
– Márcia Cristina Pedrosa Russo,
pela colaboração na preparação dos originais;
– Isabel Mauad e Zygmunt Filipecki,
que acreditaram no projeto deste livro.

Nota Jornalística e Histórica

O período histórico abrangido neste volume de entrevistas e reportagens se estende do final da Segunda Guerra Mundial até meados dos anos 80. Como *pano de fundo*, as turbulências políticas e econômicas que se seguiram ao colapso dos exércitos do *Reich Milenar* idealizado por Adolf Hitler, ao mesmo tempo em que as superpotências vitoriosas demarcavam e reconstruíam à sua maneira a Europa e parte da Ásia devastadas e davam início ao conflito prolongado, silencioso e mortal denominado *Guerra Fria*.

Foi o tempo em que, no Ocidente, prevaleceu a doutrina fixada pelo presidente norte-americano Harry Truman. Na mensagem encaminhada ao Congresso dos Estados Unidos, no dia 12 de março de 1947, ele declarava que a segurança do país estava ameaçada pela ação dos comunistas e enfatizava que a política dos EUA "*seria auxiliar os povos livres de forma a manter as suas instituições e a sua integridade nacional contra movimentos agressivos que procurassem impor-lhes regimes totalitários*".

No Brasil, os episódios tratados vão do tempo da implementação de uma doutrina autóctone de Segurança Nacional (elaborada pelos militares que integravam a Escola Superior de Guerra) ao atentado da Rua Toneleros (quando foi assassinado o major da Aeronáutica Rubens Florentino Vaz) e, deste, ao suicídio do presidente Getúlio Dornelles Vargas (agosto de 1954).

Seguem-se as insurreições que perturbaram a vida política nacional nos anos 50-60, quais sejam: *Putsch* Lott (11 de novembro de 1955), rebeliões de Jacareacanga (1956) e Aragarças (1959), golpe militar de março de 1964 e a chamada *revolução dentro da revolução* (1968). Tudo isso ao influxo das guerras/guerrilhas revolucionárias ou de libertação nacional em Cuba, na Argélia, no Vietnam e, também, embora numa escala menor – mas não menos importante e idealística – em solo pátrio.

Após a decretação do Ato Institucional Nacional 5 (13 de dezembro de 1968), o aparato repressivo no País multiplicou-se em patamares gigantescos. A Junta Militar que assumiu o Poder – após o acidente vascular cerebral que vitimou o general-presidente Arthur da Costa e Silva –, mobilizou aproximadamente 800 mil homens das Corporações Armadas e Tropas Auxiliares para combater as ações praticadas pelos grupos da esquerda armada revolucionária.

Em seguida, durante o governo do general Emílio Garrastazu Médici – estendendo-se à administração Ernesto Geisel – os órgãos da Inteligência Militar embrenharam-se numa luta sem tréguas contra o rotulado e aparentemente infatigável *Movimento Comunista Internacional*.

Na América Latina, principalmente, os governos fortes instalados (a partir do início dos anos 70) deram início a operações conjugadas que demandaram pesados investimentos aos cofres públicos e resultaram num imenso quantitativo de vítimas. Argentina, Uruguai, Bolívia e Chile associaram-se ao Brasil num autêntico *pool* repressivo, com equipes de captura (e até mesmo de extermínio) atuando sob discreta monitoração fora das fronteiras dos respectivos Estados Nacionais. Com efeito, somente há pouco tempo começaram a aflorar na Imprensa informações sobre os resultados práticos da *Operação Condor*.

Este volume apresenta o duplo viés do Jornalismo e da História. É Jornalismo porquanto elaborado sob a forma de entrevistas apresentadas segundo o modelo clássico (fundamentadas a partir de amplo material hemerográfico); é História uma vez que se utiliza dos critérios metodológicos peculiares aos pesquisadores deste campo do conhecimento humano: procura seguir uma cronologia específica, registra – por intermédio de indicativos assinalados na massa do texto e em notas de fim de capítulo – as explicações destinadas a consubstanciar as declarações e, quando possível, insere observações constantes na Bibliografia de Referência.

As fitas de áudio contendo a íntegra das entrevistas publicadas neste volume poderão ser consultadas por outros pesquisadores, principalmente aqueles que, nos últimos anos, vêm se dedicando à difícil tarefa de reconstruir o labirinto da História Política Brasileira. Com efeito, somente com infinita paciência foi possível recuperar e ordenar fatos, datas e nomes que, de outra forma, teriam se perdido. Os depoimentos, tirados de modo linear, foram mantidos. Corrigidas, apenas as repetições e/ou redundâncias.

Muitas informações constantes deste volume foram mantidas em sigilo durante décadas (como exemplos, as manobras de bastidores destinadas ao seqüestro e possível assassinato do ministro da Guerra Henrique Lott; as táticas militares que levaram à desarticulação do núcleo guerrilheiro instalado na Serra do Caparaó e do congresso da União Nacional dos Estudantes (em Ibiúna, SP), e aquelas outras, relacionadas com a participação de refugiados europeus, notadamente ex-militares com comprovada experiência de combate e integrantes da chamada *Liga das Nações Cativas*, na luta contra os grupos da esquerda armada).

A aproximação destes homens e mulheres (tchecos, romenos e sobretudo húngaros – que conseguiram fugir do país quando da violenta ocupação soviética em novembro de 1956, comandada pelo general *linha-dura* Ivan Serov) – com a ala radical do Exército proporcionou *aprendizado extra* aos oficiais que integravam o Centro de Informações do Exército e, posteriormente, àqueles outros militares e civis engajados no *Grupo Secreto*, cuja existência revelada em *A Direita Explosiva no Brasil* (ARGOLO, José, RIBEIRO, Kátia, FORTUNATO, Luiz Alberto, Rio de Janeiro, Mauad, 1996) provocou razoável impacto na Opinião Pública brasileira.

É o caso, por exemplo, de Pierre Richell Pellegrin, o *Francês*, codinome aplicado ao ex-major do exército colonial da França, *expert* em operações especiais, perito na utilização de explosivos e considerado o grande incentivador das ações extremistas realizadas no Rio de Janeiro entre 1968 e 1970. Pierre ainda está vivo e mora no Brasil. Ao que consta, seus documentos de identidade foram modificados na década de 1960 pelo Serviço Secreto Militar Francês (muito provavelmente os órgãos de Inteligência Militares brasileiros dispõem de informações a respeito), para preservá-lo do incômodo proporcionado pelo assédio da Imprensa.

Os autores impressionaram-se com a crueza dos fatos e a riqueza de detalhes narrados. Mas a História precisa ser transparente, sem subterfúgios, para que a Opinião Pública possa formar o seu próprio juízo de valor. A nossa responsabilidade, portanto, está limitada à transcrição fiel dos depoimentos. Despimo-nos de quaisquer vinculações partidárias, ou simpatias ideológicas, para apresentar aos leitores a essência de tudo o que foi ouvido, gravado e escrito.

Em relação ao depoimento do capitão da Arma de Artilharia, reformado, Henrique Couto Ferreira Mello (atualmente integrando o Corpo Permanente de Professores da Escola Superior de Guerra), foi registrado com firma reconhecida, relido e corrigido pelo próprio, que endossou o conteúdo e assinou declaração. Quanto ao coronel Luiz Helvécio da Silveira Leite, ex-rebelado durante o *Putsch* Lott e, posteriormente – vitorioso o Movimento Militar de março de 1964 –, designado chefe do setor de *Contra-Informações do Exército* (que ele próprio organizou), as declarações foram tomadas pouco antes do agravamento do seu estado de saúde.

Acometido de um câncer na próstata que vinha drenando lenta e inexoravelmente suas energias, ainda assim ele demonstrou interesse em falar sobre uma parte da sua vida e esclarecer, com precisão milimétrica, certos episódios observados nos bastidores do Serviço Nacional de Informações, muito especialmente as divergências com o general Newton Cruz (ex-chefe da Agência Central do SNI, em Brasília). Desvios de comportamento, jogos de interesse e articulações perigosas foram igualmente assinalados pelo coronel Luiz Helvécio ao longo da entrevista. Foram aproximadamente dez horas de gravações relacionadas à sua trajetória como oficial de Informações do Exército e conspirador.

Vale registrar uma curiosidade: ao ler previamente os originais deste volume, o engenheiro Henrique Mello disse não ter conhecido, em sua vida enquanto militar – e mesmo depois, trabalhando como civil – nenhum oficial capaz de tamanha ousadia na tarefa de devassar os erros e acertos da sua própria trajetória profissional, como fez o coronel Luiz Helvécio.

No Brasil, mais especificamente no âmbito das Corporações Armadas, são infelizmente poucas as pessoas que se propõem a dar declarações. Some-se a isto a incineração ou extravio de documentos importantes e ausência de perspectivas quanto à possibilidade de confrontação e/ou complementação das informações (para consubstanciar esta afirmativa, um *muro de proteção* foi construído pelos agentes classificados nos órgãos de informações das Corporações Armadas após o quase-atentado no Riocentro, em 30 de abril de 1981).

Como exemplo dessas lacunas irrecuperáveis deve ser mencionada a morte do coronel reformado Freddie Perdigão Pereira. Ele foi o todo-poderoso *superintendente* da Central de Interrogatórios conhecida como *Casa da Morte*, na Rua Artur Barbosa, em Petrópolis (Região Serrana, Centro do Rio de Janeiro), onde dissidentes e presos políticos eram torturados física e psicologicamente e alguns acabaram assassinados e esquartejados, como confessou tempos depois o sargento do Exército Marival Chaves Dias do Canto engajado nessas ações clandestinas.

Freddie Perdigão era respeitado por seus companheiros na Comunidade de Informações e, segundo altas fontes militares, acatado, como um dos mais completos especialistas em técnicas inquisitoriais. Diz-se, inclusive, que o seu aprimoramento técnico foi consolidado nas "escolas" e centros não-oficiais norte-americanos durante a campanha do Vietnam e também no Reino Unido, junto às tropas especiais que combatiam o *Exército Republicano Irlandês*.

Voltando um pouco no tempo, os autores recordam que algumas das entrevistas publicadas originalmente em *A Direita Explosiva no Brasil* (332 p.) provocaram transtornos. Telefonemas ameaçadores, *grampeamento* telefônico, desgaste psicológico (provocado pelos relatos sobre torturas, dificuldades de toda ordem...). O período histórico assinalado deixou feridas não cicatrizadas e uma atmosfera de silêncio, que, agora, com este livro é mais uma vez rompida.

Esperamos que, no futuro próximo, mais e mais fatos da História do Brasil sejam divulgados; que os *esqueletos* de outras conspirações bem ou malsucedidas sejam publicados sob forma de livros ou reportagens, à semelhança do que está registrado neste volume.

José A. Argolo e Luiz Alberto Fortunato

Parte 1

Em tempos românticos

(...) Num dos livros épicos sobre a Batalha de Waterloo, de autoria de Henri Houssaie, da Academia Francesa, há um capítulo profundamente emocionante. É o que se refere ao fim da batalha, quando ia anoitecendo e a Guarda Imperial de Napoleão, depois de pretender galgar o Monte Saint Jean, que era uma das chaves da frente de batalha, começou a recuar. Diz o escritor: "*Le cri "La garde recule! Retentit comme le glas de la grande armée. Chacun sent que tout est fini...*" Eu não quero para meu País, para suas Forças Armadas, que sinta cada um que tudo acabou. Que cada companheiro meu saiba suportar com estoicismo o sofrimento que lhe tocar, como o suportou este soldado que vai tombar, mas certo de que o Brasil sobreviverá.

General Góes Monteiro, depoimento a Lourival Coutinho, em *O General Góes Monteiro Depõe*, Ed. Coelho Branco, 1955, p. 544.

Henrique Couto Ferreira Mello

Nada a esconder

Extrovertido. Franco na proporção contida do ex-militar, professor e especialista numa das áreas mais difíceis da engenharia: Eletricidade.

Cigarros e café em quantidade dominaram (hoje não mais, por motivo de recomendação médica) o dia-a-dia desse bem falante senhor de média estatura, ex-quase *seqüestrador-assistente* do ministro da Guerra, general Henrique Lott, a quem deveria eliminar "com um tiro no rosto, na hipótese de oferecer resistência".

Bem humorado. Característica singular de um homem que viveu e testemunhou momentos excepcionalmente graves da História Política Brasileira. O sorriso aberto, a descontração, ao relatar certos episódios refletem a tranqüilidade de quem se afastou, bem antes, da violência multiplicada nos anos 60.

Ético. Poucos nomes revelados, apenas os conhecidos da Opinião Pública. A descrição que faz dos primeiros anos na Escola Preparatória de Cadetes e, em seguida, na Academia Militar, reflete – em primeira e última instância – o tanto de ingenuidade e romantismo que caracterizavam a jovem oficialidade da época.

Espontâneo. A narrativa proporciona aos leitores – à semelhança do que aconteceu com os autores – um relato direto e confiável. Mesmo os assuntos mais delicados, como a morte em circunstâncias dramáticas de um soldado sob o seu comando (ou o pânico observado ante a ameaça de bombardeio da aviação num pequeno aeródromo localizado no planalto catarinense), são tratados com sinceridade. Sem subterfúgios.

O engenheiro Henrique Mello integrou recentemente o Quadro Permanente de conferencistas da Escola Superior de Guerra e, atualmente, ocupa a função de assistente da diretoria de Projetos Especiais da Eletrobrás. Ele concedeu duas longas entrevistas nos últimos anos. A primeira delas, mais específica, aos autores deste livro. A outra, à equipe de pesquisadores do *Centro de Memória da Eletricidade da Eletrobrás* (cujo enfoque principal está relacionado à evolução do Setor Elétrico no País).

Entrevista

Nós estamos tentando reconstruir certos momentos da história do País que ficaram escondidos sob a neblina. Dispomos de alguns depoimentos gravados além daqueles que foram publicados originalmente em *A Direita Explosiva no Brasil.* É uma pena, por exemplo, que não tenhamos gravado uma entrevista com D. Ernestina Penna Franca, a Tia China[1], aquela senhora citada em *A Direita Explosiva no Brasil.* Seria fantástico. Enfim..., mas nós queríamos reforçar este trabalho com a sua lembrança (o depoimento de Henrique Mello corresponde à descrição de uma época conturbada da nossa história, cheia de remissões dramáticas e, vez por outra, pitorescas).

Henrique Mello[2]:

– Essa possibilidade de explicar alguns fatos e apresentar personagens me deixa muito à vontade, embora eu venha a falar sobre algumas coisas "complicadas" sobre pessoas (Henrique Mello poderia ter utilizado a expressão *desagradáveis*, grifo dos autores), mas é preciso que as pessoas entendam como os militares se envolveram nisso.

"Eu fui o primeiro ou o segundo militar que pediu demissão do Exército"

Durante a série de entrevistas que fizemos para compor "A Direita Explosiva no Brasil", o coronel Alberto Fortunato não se lembrou do seu nome. Por quê?

– Ele deve me conhecer pelo apelido. Meu apelido é pornográfico e não vou dizê-lo. Deixa pra lá. Nós éramos criançolas, porque o Exército Brasileiro é igual a todos os exércitos do mundo. A formação de um oficial do Exército, me parece, é semelhante em todos os países, porque você vem com aquela história do sacerdote, do *salvador da pátria*, do sujeito que ganha mal mas se dedica; que renuncia à própria vida e presta aquele juramento... cuja "honra e integridade das instituições *defenderei com o sacrifício da própria vida*"; quer dizer, a primeira vez que um cadete... numa escola preparatória de cadetes, o rapaz (agora também as moças, grifo dos autores) entra com 15 anos e faz um juramento desse tipo, ele o faz chorando... porque acredita naquilo. A cabeça dele é preparada para ficar condicionada àquilo. Ele passa de três a quatro anos numa escola de cadetes, na Escola Militar, e está-se formando num herói; ele é carente de heroísmo e se imagina matando uns 500 caras do outro lado, ganhando uma medalha, parecendo um personagem daquele filme "*Nascido em 4 de Julho*", é mais ou menos isso[3]. Então, quando o sujeito desfila, passa em frente ao palanque onde ficam as autoridades – geralmente um bando de safados – ... o sujeito passa com um frio correndo na espinha e, ao som de uma marcha militar daquelas, ele tem que bater o pé com força no chão para marcar a cadência; ele tem que, na hora de prestar continência, olhar energicamente para as autoridades; não pode errar o passo. Errar o passo é um crime mortal. Ele fica desmoralizado perante os colegas. Estou fazendo essa introdução somente para dizer como era a cabeça desse pessoal no tempo da Escola Militar até se formarem oficiais. Então veio a primeira coisa que eu considero típica dessa história toda. A *Segunda Guerra Mundial*. Eu tinha o seguinte na minha cabeça: tomara que essa guerra demore bastante para que eu possa sair oficial e ir para a guerra, lutar e ganhar uma medalha. Cadete não podia ir para a guerra...

Quando o senhor ingressou na Escola Preparatória?

– Entrei para a Escola de Cadetes em 1944.

Em Realengo?

– Não. Em Porto Alegre existia a Escola Preparatória onde os cadetes passavam três anos e, em seguida, vinham para a Escola Militar. A antiga Escola de Realengo foi transferida para Agulhas Negras em 1945.

O senhor chegou a estudar em Realengo?

– Não. Eu vim direto para a AMAN. Me formei em 1949. Passei três anos em Porto Alegre, um ano em São Paulo e mais três em Agulhas Negras. Peguei essa fase do final da guerra, louco para que o conflito demorasse bastante e eu pudesse lutar e virar herói.

Isso era uma espécie de vontade geral?

– Eu acho que era o ponto; a motivação que existia era essa: virar herói. Era aquilo que estava na cabeça daquela garotada: *Eu sou macho*. Exemplo, os nossos maiores inimigos eram os alunos do Centro de Preparação de Oficiais da Reserva – CPOR. O CPOR tinha uma peculiaridade: os alunos de lá eram equivalentes a cabos e nós a sargentos; então, eles tinham que fazer continência para a gente. Se não fizessem, levavam porrada. Todavia, eles se formavam oficiais antes de nós e iam para a guerra. Era um negócio terrível. Certa vez, nós arrumamos uma briga lá, uma verdadeira batalha campal na Rua da Praia, em Porto Alegre, porque eles mexiam conosco devido a um cinto azul-claro com seis botões que nós usávamos. Eles nos chamavam de *Filhas de Maria*. A diferença dos Cadetes da Escola Preparatória de Porto Alegre para os Cadetes da Escola Militar é que os últimos passavam pelo *Carro de Fogo*, uma prova que acontecia nos três primeiros meses do curso e se o sujeito não obtivesse mérito superior a um determinado grau, era desligado da Escola e cumpria o tempo de serviço como soldado na Escola de Cadetes e/ou como sargento na Escola Militar. Então, o *Carro de Fogo* era um negócio que o camarada tinha que passar para receber o espadim, um negócio trabalhado. E ainda, a farda da Escola Preparatória de Cadetes diferia da que era usada pelos Cadetes da Academia Militar. Os Cadetes da Academia Militar recebiam o espadim depois do *Carro de Fogo*. Então, a fixação era receber aquele *raio* daquele espadim.

Aquele cinto azul-claro era comum tanto na Escola Preparatória em Porto Alegre como na AMAN?

– Era. O cadete da Academia de Agulhas Negras usava um cordão com palmatória e borlas, que a gente chamava *culhão*.

O senhor falou em seis botões. Pode explicar?

– Aqueles seis botões existiam atrás nas duas fardas, tanto é que eles chamavam a gente de *seis na bunda*. Saía briga. Tinha uma vitrine da *Drogaria Vasco*, lá em Porto Alegre, do tamanho dessa parede aí (apontou para uma das paredes da sala de visitas). Dávamos socos, o cara caía por dentro da vitrine, quebrava tudo, ficava no meio dos remédios. Era glorioso!...

Numa dessas brigas, em que a Escola Preparatória de Cadetes foi em peso brigar na Rua da Praia com o pessoal do CPOR, nós ficamos detidos na Escola. A Escola ficava ali no Parque da Redenção, onde tinha sido alojado o Colégio Militar. Daí, surgiu o boato segundo o qual os alunos do CPOR atacariam a Escola de Cadetes a partir do Campo da Redenção. Nós ficamos nas janelas, armados com fuzis e munição, inclusive com uma metralhadora vagabunda, uma tal de *Hotchkiss*... aquela porcaria atirava. Nós estávamos doidos para que os caras viessem, para matá-los igual àqueles filmes de *cowboy*, e eu ali: "Tomara que esses caras venham." Fiquei frustrado porque isso não aconteceu. Vejam como as mentes são trabalhadas e deformadas.

"Militar tem a síndrome do inimigo"

Dentre os seus colegas, quais se destacaram tanto na Escola Preparatória de Cadetes como na Academia Militar e que tiveram posteriormente considerável atuação política?

– Eu vou falar dos cadetes que, enquanto cadetes, tiveram atuação política. Eu vou falar somente de um, aliás dois, mas um era completamente doido. Era o José Pires Cerveira. Aliás, a família Cerveira era toda de *nego doido*. Ele, por incrível que pareça, era comunista. Eu nem sabia que ele era comunista. Os irmãos dele também eram comunistas. Eram três irmãos: João, Zé Pires – que era da minha turma e já é morto – e o Joaquim. O Joaquim Pires, dizem que morreu num hospital em São Paulo, mas eu acho que mataram ele (morto na *Operação Bandeirantes* – Oban, grifo dos autores). O Cerveira era o comunista da turma, mas ele não sabia nem o que era ser comunista.

Como é que a pessoa se identificava como comunista? Pelas atitudes que tomava, pelos livros que lia?

– Havia um negócio com relação a esses chamados comunistas. Existiam coisas assim tipo Luiz Carlos Prestes – *Cavaleiro da Esperança* –, um cara que foi fantástico na Escola Militar; ele tirou média 9 e não sei quanto, já saiu segundo-tenente (naquele tempo quem tirava notas muito altas não saía aspirante, saía segundo-tenente, grifo do entrevistado). Então, o Luiz

Carlos Prestes era uma figura assim, um símbolo... e comunista! As pessoas ficavam naquele constrangimento: "Ele é o maior, mas é comunista." Era pouco poético ser comunista.

Mais ou menos a abordagem do Carlos Lacerda. Ele dizia que, na juventude, todo mundo devia ter sido comunista?

– Certamente. Ninguém leu Marx, ninguém conhece *O Capital*, ninguém sabia o que era... mas eram comunistas. Do outro lado, comunista era o inimigo. *Militar tem a síndrome do inimigo, se não tiver inimigo não pode viver. Então tem que ter o inimigo. Eles são preparados para terem um inimigo. Sempre há os vermelhos e os azuis. Os vermelhos são inimigos. Vai fazer uma manobra, botam um bando de cadetes vestidos de vermelho e um bando vestido de azul, aí saem fingindo que estão dando tiros.* É muito engraçado.

E o outro? Quem era?

– Tinha o *Quadrado*. Hugo Amorin de Lima era o nome dele. Ele era *Quadrado* porque era todo quadrado mesmo; a cara era quadrada, o corpo era quadrado... mas era um sujeito muito bom, uma pessoa muito correta. Eles se reuniam às escondidas. Naquele tempo estava em evidência aquela campanha do *Petróleo é Nosso*, e havia uma turma de oficiais nacionalistas instrutores e outra turma de oficiais entreguistas, instrutores também; isso na AMAN (eu me formei em 1949, e isso aconteceu no bojo daquela iniciativa de criar a Petrobras etc., grifo do entrevistado). Aí, inventaram o negócio de a gente dar mil-réis cada um para criar a Petrobras. Todos os que deram pegaram cadeia, porque nós não podíamos dar dinheiro para criar a Petrobras. Porque a Petrobras era "coisa de comunista". A impressão que eu tenho é que o pessoal da direita – que sempre sabia o que ia fazer – criava essa condição de o cara ser comunista e, portanto, *inimigo*, para bloquear quaisquer iniciativas tomadas que não fossem do interesse deles. Na Academia existia um maniqueísmo de cunho político e nós não sabíamos o que era aquilo. Quem manipulava isso sabia. Por exemplo, quem foi o patrono da nossa turma? O general José (Zé) Pessoa Cavalcante, que era um cara fantástico, uma figura lendária no Exército, um homem direito, fino e tal. Quem era o genro do Zé Pessoa Cavalcante? Roberto Marinho.

– Então, havia uns *caras* chiques que viviam cortejando o pessoal rico que vivia na Lagoa, Copacabana etc. Eram os oficiais finos; os outros eram a turma que chamavam de *gola suja*, os caras que não formavam no meio dos eleitos. O líder dos *milicos* na Academia Militar era o Jarbas Passarinho, que era capitão do Exército nessa época. E o Jarbas Passarinho era adorado por todos nós. Ele se posicionava como nacionalista (o nacionalismo, naquela época, era muito arraigado) e nós amávamos os nacionalistas. Nós amávamos o Jarbas Passarinho porque ele era nacionalista, mas ele não tinha, como nunca teve, ligação com a esquerda. Mais tarde é que eu fui saber disso. Ele era um sujeito que falava muito bem, fazia discursos bonitos, empolgava todo mundo (até agora ele fala muito bem) e liderava todos os movimentos literários (havia uma *Associação Literária* dentro da Academia Militar). Tudo que era "arte" o Passarinho liderava. Ele era o ajudante do Corpo de Cadetes; quer dizer, o cara era a pessoa mais próxima como ouvidor dos cadetes dentro daquele rígido contexto militar. Havia outros, como o Hélio Ibiapina Lima (ex-presidente do Clube Militar, grifo dos autores). Ele também liderava nas brigas e era igualmente nacionalista. Mas não era da esquerda. Da esquerda eu não me lembro de nenhum oficial lá na Academia Militar das Agulhas Negras. Agora, líderes havia realmente. Os mais destacados eram o Passarinho e o Hélio Lemos (que liderou, na Academia Militar das Agulhas Negras, a campanha *O Petróleo é nosso*, grifo do entrevistado).

***

"Fiquei dezessete anos nesse equívoco"

(Quando menino, Henrique Mello chegou a pensar em ser padre, mas foi desencorajado por um sacerdote, como acentuou, muitos anos depois, no depoimento prestado à Coordenadoria de Pesquisa da Eletrobrás).

Como foi a sua trajetória no Exército?

– Ingressei na Escola de Cadetes com 15 anos. Fui para lá porque não pude ir para a Marinha. Fui vítima da chamada *Reforma Capanema*; quando o Gustavo Capanema acabou com a quinta série ginasial e inventou a quarta série e o Curso Científico... no ano em que eu me formei, graduaram-se duas turmas: uma de quarta série e outra de quinta série. E eu tinha entrado para o Curso Gomes Carneiro, ali no Largo da Segunda-Feira (Tijuca, Zona Norte do Rio de Janeiro). Era para formar pessoal para a

Escola Naval e, num determinado momento, ele (Gomes Carneiro) disse: "Quem terminar o Curso Ginasial na quarta série não pode ir para a Escola Naval." Eu era filho de uma família numerosa. Meu pai, médico; minha madrasta, professora, e, naquele tempo, quem não fosse advogado nem padre tinha que ser *milico*, porque as meninas iam preferivelmente para o Instituto de Educação e os meninos para a Escola Militar. Um tremendo vestibular, dificílimo de passar, porque a gente entrava ali e já tinha uma profissão: trabalho para a vida toda, aposentadoria integral. Todo mundo ia para lá. Eu, não podendo ir para a Marinha... abriu concurso para a Escola de Cadetes de Porto Alegre e eu fui para lá. Me adaptei rapidamente ao Exército,[4] mas sempre achei esse negócio de você ter que obedecer cegamente às coisas um troço muito chato. Eu era um equívoco, estava equivocado. Eu me emocionava com as coisas patrióticas, mas nunca quis saber de caras metidos a mandões. Até hoje, quando vejo esses caras metidos a executivos, fico logo com raiva. Fiquei 17 anos nesse equívoco.

O senhor graduou-se oficial da Arma de Engenharia. Quais foram as suas designações?

– Saí oficial e fui servir no Batalhão Escola de Engenharia (*Batalhão Villagran Cabrita*), na Vila Militar.[5] Fiquei dois anos e queria construir estradas. O Exército construía estradas nessa época, até hoje constrói... e existiam os Batalhões Rodoviários. Os Batalhões Rodoviários apresentavam duas vantagens: uma é que você fazia alguma coisa de produtivo, porque quando você chega no quartel, depois de toda aquela emulação da Academia Militar[6] e chega daquele esquema de acordar de madrugada, ir para a Vila Militar, entrar em forma, tomar café, jogar gamão, mandar o sargento dar ordem unida, depois ir para a Educação Física e aí ficar esperando tocar a ordem para ir para casa, isso é um porre que ninguém agüenta.

Como foi o curso?

– O cara formado na Arma de Engenharia não é engenheiro. A Arma de Engenharia não é feita para formar engenheiros. A Arma de Engenharia forma os combatentes que constroem pontes, consertam estradas, fazem demolições, coisas desse tipo.[7] Nós temos, na Academia Militar, algumas noções de Engenharia, o que era outra frustração minha. Eu tinha vocação de engenheiro e o curso que eu fiz na Academia Militar era incompleto; a gente estudava resistência dos materiais, uma porção de coisas para começar; aí, de repente, interrompia: estudava pontes, estradas..., interrompia e ia para a tropa ficar andando para lá e para cá, montando pontes de equipagem, desmontando pontes de equipagem (aquelas pontes iguais a joguinhos de armar, grifo dos autores), então aquilo também não me satisfazia. Nos Batalhões Rodoviários eu teria possibilidades reais de exercer atividades de Engenharia, pelo menos a Engenharia que eu conhecia, que era construir estradas e – mais do que isso – tinha outra vantagem porque o Departamento Nacional de Estradas de Rodagem destinava verbas para essas unidades que mobilizavam empreiteiras para construir as estradas. Cada um desses batalhões apresentava uma estrutura administrativa, outra de suporte: oficinas para a missão de construir estradas; contratava taifeiros e empreiteiros para construir as estradas e nós fiscalizávamos tudo aquilo. Com o dinheiro previsto no Orçamento da União para construir aquelas estradas, os oficiais que trabalhavam na construção de estradas (bem como os sargentos) recebiam diárias, uma gratificação até *boazinha* que dava para completar o orçamento. Então, se alguém quisesse fazer alguma coisa para o futuro ia para um meio de mato desse. Eu fui lá para Santa Catarina, para o Planalto Catarinense,[8] abrindo túneis. Adorava aquilo. Até que, dentro da minha cabeça, eu disse: "Assim que abrir concurso para a Escola Técnica do Exército (atual Instituto Militar de Engenharia), eu vou fazer." Naquele tempo entravam poucos civis no IME. A maior parte era constituída de militares. Era um vestibular terrível, como é ainda hoje. Um negócio de arrasar. (Henrique Mello explica que se inscreveu faltando apenas dois meses para o concurso.) Mil e tantos candidatos. No Rio de Janeiro, os interessados matriculavam-se no *Curso Sinésio de Farias*, considerado o melhor preparatório [grifo do próprio entrevistado]. Eu estudei à luz de velas no meio do mato. Não tinha luz elétrica. Nós estávamos lá com velas e lampião, fiz o concurso para o IME e passei. Naquele ano passaram somente 17 caras para o IME e eu fui um desses. Dei sorte e fui para a Praia Vermelha.

Quando foi isso?

– Em 1954. Continuei como oficial dentro do Exército porque o IME funciona mais ou menos como a Escola Politécnica Francesa. (Neste bloco da entrevista, Henrique Mello destacou a organização e a capacidade administrativa do IME em relação aos cursos. Enfatizou, também, a excelência dos laboratórios de hidráulica e de máquinas elétricas, e ressaltou a assiduidade dos professores, dentre os quais citou Rudolf Sauer, e as exigências no plano metodológico: provas com livre consulta, mas dificílimas, além da impossibilidade ética da *cola*.) O cara estuda lá e, depois que se forma, continua prestando serviço militar. Na França, é civil ou militar, mas passa cinco anos trabalhando para o Estado, para pagar os estudos. Se a pessoa quiser desistir, terá que indenizar o Estado. E era uma fortuna que você não tinha como pagar; então, nós tínhamos que trabalhar cinco anos para depois desistir ou continuar. Eu queria fazer o curso de *Fortificações e Construções* e aí fizeram uma patifaria, um negócio de escolha de especialidade. Eu não gostei e pedi desligamento daquele negócio. Não quis continuar. Cursei um ano e pedi trancamento de matrícula, porque eu briguei com o general (com ele também trancou matrícula João Alberto Lopes, já falecido [grifo do entrevistado]).

"Nas revoluções a gente estava do lado errado e era preso"

– Eu brigava com todo mundo. Vivia preso. Se eu fosse somar todas as cadeias nesses 17 anos em que fiquei no Exército, dá quase um ano. Tudo que eu fazia virava cadeia. Nas revoluções, a gente estava do lado errado e era preso. Era um negócio assim danado.

O senhor saiu como Capitão?

– É, capitão.

O senhor disse há pouco que – nas revoluções – entrava sempre do lado errado. Por exemplo?

– Por exemplo, o seguinte: no Exército, general não entra nunca. São os *tucanos*, tudo em cima do muro.[9] É de coronel para baixo. Tem sempre que entrar de um lado... aí eu entrava do lado errado e perdia sempre. Não interessava a conotação política. Eu estava sempre do lado errado. A rigor, a gente estava sempre do lado contra o Poder.

Até o senhor ingressar no IME, havia registro de punições?

– Muitas. Por besteira. Por exemplo, uma vez eu preparei uma bombinha cheia de palitos de fósforo dentro da Escola para encher o saco dos caras que estavam dormindo. Aquilo explodiu e eu fiquei 20 dias na cadeia; outras, por me mexer em forma... Mais um exemplo: eu gostava da Banda de

Música. A Banda de Música do Exército era um troço engraçadíssimo, porque era tudo desencontrado: o gordinho vai com um bumbo enorme, o magrinho e alto vai com uma flautinha desse tamanho, então eu achava aquilo engraçado e, como a Engenharia ficava perto da Banda na hora do desfile, eu ficava "regendo" a Banda. Os caras me viam "regendo" e... tome cadeia! Eu achava aquilo engraçado, ridículo. Aquela postura de sujeito machão... repito, eu achava aquilo ridículo.

O senhor falou em revoluções do lado errado. Que revoluções foram estas?

– Nunca revoluções: golpes. Quando eu estava no IME houve o suicídio do Getúlio e era todo mundo contra ele. Nesse caso eu não entrei do lado errado porque estava todo mundo contra o Getúlio.[10] Não tinha lado para entrar. Havia uns caras, coitados... Nessa época o Jarbas Passarinho era aluno da Escola de Comando e Estado-Maior do Exército que ficava (ainda fica [grifo dos autores]) na Praia Vermelha. Ele reunia as pessoas no seu apartamento e conspirava, conspirava... Como o Getúlio estava numa posição em que o único defensor dele era o Zenóbio da Costa, que depois o traiu (Henrique Mello relembrou neste ponto da entrevista que, quando o presidente Getúlio Vargas se suicidou, e o general Zenóbio da Costa foi ao Palácio do Catete para externar condolências, Alzira Vargas deu-lhe um tapa no rosto na frente de todo mundo).

– Getúlio se matou inclusive por causa da traição do Zenóbio da Costa. Os *milicos* hipotecavam solidariedade a ele, mas traíam... e o último a trair... a traição definitiva foi do Zenóbio. E nós, doidos para o Getúlio cair, porque tinha aquele negócio da *República do Galeão*. Carlos Lacerda fora atacado próximo daqui, na Rua Toneleros, e morreu o major da Aeronáutica Rubem Florentino Vaz. Acharam aquela fita com a gravação do Climério (confessando o crime), que foi a base de todo o processo, e o pessoal escondendo tudo, é óbvio, camuflando tudo aquilo. Aí acharam a fita do Climério, levaram para a Diretoria de Rotas Aéreas, ali ao lado do Aeroporto Santos Dumont, e nós, alunos do IME (bem como oficiais da Escola de Comando e Estado-Maior do Exército, da Marinha e da Força Aérea [grifo dos autores]) dávamos guarda àquela fita para ninguém roubar. Tinha uns caras malucos..., aquele cara que foi chefe de Polícia aqui do Rio de Janeiro, Gustavo Borges. Era ele quem liderava lá na Diretoria de Rotas Aéreas; tinha o coronel Fídias Távora, irmão do Juarez Távora, que acabou embarcando num avião para rebelar o Nordeste e morreu em Caravelas. Ele saiu num *North American* T-6 vagabundo... Lá saiu o Fídias, pilotando o NA T-6 para rebelar o Nordeste. Aquele avião porcaria caiu em Caravelas (Bahia) e ele morreu. Aí continuou aquele troço: o Inquérito do Galeão andando e, afinal de contas, na madrugada em que o Getúlio se suicidou, o diretor do IME mandou acordar todo mundo no *Edifício Praia Vermelha* e disse o seguinte: que o Getúlio pediria uma licença de três meses para que o Inquérito prosseguisse, mas que o general Zenóbio da Costa garantira não somente a ele, mas a todos os generais, que ele não deixaria o Getúlio voltar; que aquela licença "provisória", "parcial", seria definitiva. Foi essa a grande traição: o Zenóbio combinou um negócio com Getúlio e manobrou com os *milicos* para não deixar o Getúlio voltar.

Quem era o comandante no início?

– Era o general Rodrigo José Maurício, um camarada nem ruim nem bom. Eu não gostava muito dele, mas ele era pai de três dos meus amigos, todos muito bons. Outra coisa ridícula: nas vésperas de o Getúlio se suicidar, inventaram que nós tínhamos que pegar em armas; foram lá e roubaram as que estavam expostas no Museu de Armas do IME: armas da Guerra do Paraguai, uma coisa ridícula. Aquilo ali era um bando de idiotas. Eram metralhadoras da Guerra do Paraguai, da Primeira Guerra Mundial. Era um museu. Não havia munição para aquela porcaria. Eles esconderam as armas na Fortaleza de São João, uma loucura...

"Eu vim dizer para você que a ordem é dormir"

– Aconteciam coisas assim completamente idiotas. Por exemplo, eu tinha um colega... coitado, ele já morreu, mas era muito bonzinho. Ele, como eu, era capitão e se chamava Luís Jorge da Silva Melo, o *Papagaio*. Todos os dias aconteciam reuniões no apartamento do Jarbas Passarinho. Uma noite eu estava dormindo e o *Papagaio* tocou a campainha do meu apartamento. Eu abri aquele olho mágico da porta e lá estava o *Papagaio* do outro lado. Perguntei: o que é, *Papagaio*? Ele respondeu: "*Eu vim dizer para você que a ordem é dormir." Mas dormir, eu já estava dormindo, vá à merda! Me acordar para dizer que a ordem é dormir. Ridículo. A coisa era tão ingênua...*

– O que eu quero caracterizar é que, nessa época, esse amor à Pátria, esse nacionalismo, essa vontade de ser herói era um conjunto de ingenuidades... Quanto aos militares, não estavam a fim de assumir o Poder. Naquela época ainda não estavam... principalmente de coronel para baixo. Não queriam assumir o Poder coisa nenhuma. A gente queria era ser herói. O ano de 1954 passou assim: Getúlio se matou, foi aquele negócio danado; quando o Getúlio se suicidou, senti um troço dentro de mim, uma coisa explodiu dentro de mim. Eu não fazia idéia de que aquela brincadeira fosse terminar de forma trágica. Eu até estava disposto a achar que nós tínhamos que lutar, matar, morrer... mas eu não avaliava o que isso fosse. Eu já era capitão, estava casado e tinha três filhos. Seu pai (voltando-se para Luiz Alberto Fortunato) estava na mesma situação que eu naquela época. Ele era tão ingênuo como eu.

Poderíamos chamar este sentimento de "vontade de rever os próprios atos"?

– Nessa época eu questionava o que estava fazendo ali.

Mas trata-se de um caso particular...

– Não, porque depois que eu pedi demissão do Exército, muitos outros pediram. Eu abri o caminho. Briguei com o general porque eu pretendia fazer o curso de *Fortificações e Construções* e eles fizeram uma *maracutaia* lá com os *peixinhos* (protegidos) fazendo com que fossem para onde queriam ir. A regra era pela média do fim do ano e eles não deram a menor bola. Eu pedi desligamento. Tranquei matrícula no primeiro ano e fui embora. Fui servir no Parque do Depósito de Material de Engenharia, na Rua Doutor Garnier (cujo comandante era o coronel Luiz de Guimarães Regadas, oficial bastante rigoroso segundo Henrique Mello). Lá, eu fiquei fazendo coisas burocráticas, um troço ridículo: despachando pedidos de material; um pedido de botes de borracha feito em 1932, que ainda rolava em 1954. Passei meses jogando fora pedidos que não prestavam. Nessa época o Café Filho era o presidente da República e o ajudante-de-ordens do Café Filho, que também já morreu, era muito amigo nosso. Nós tínhamos um grupo de camaradas que serviu na Escola de Engenharia e éramos todos muito unidos. Todos amigos também desse ajudante-de-ordens do Café Filho. Entre o período correspondente à morte de Getúlio Vargas e a queda do Café Filho, já havia entre nós uma certa conotação política; já estávamos envolvidos em alguma coisa de política. Mas era aquela de salvar a Pátria. "A Pátria está em perigo, nós temos que salvar a Pátria.[11]" *Nós identificávamos o Governo Café Filho, por alguns motivos, como a Pátria. A Pátria tinha que ser salva com o Café Filho. Naquela época funcionava aquela coisa maluca do Lacerda, na Urca (Zona Sul do Rio de Janeiro), na casa do Amaral Netto. Tinha umas reuniões do Clube da Lanterna*[12] *e o Lacerda, realmente, empolgava as pessoas com o negócio de salvar a Pátria. A gente enxergava o Lacerda como o salvador da Pátria.*

"Os comunistas tinham que levar porrada"

Mas, quais eram as ameaças?

– As ameaças eram as que hoje ainda se falam. O comunismo sempre pagava o pato de tudo. Quando tinham que escolher um inimigo, os comunistas tinham que levar porrada. Mas a iniciativa era mais definida em arrumar as coisas. Essa idéia da desorganização administrativa, esse chamado desprezo à coisa pública, uma posição moralista... a ideologia era moralista.

(Henrique Mello aponta, em seguida, os nomes de alguns colegas que militavam politicamente em campos opostos).

– Me lembro do *Quino*, do Teotônio... de uma porção de camaradas que eram os cabeças do motim. Estava lá no quarto decorando as matérias de Engenharia e as coisas que se faziam eram no sentido oposto... outra coisa que nós fazíamos: nos empenhávamos politicamente na campanha para a eleição do Juarez Távora. O Juarez tinha que ganhar porque era herói; andou com aquele lenço vermelho no pescoço, era nacionalista, moralista; então, nós nos empenhamos efetivamente, entregando panfletos nas ruas, mobilizando pessoas nas favelas, apanhando gente na *Favela do Esqueleto* (onde está localizado atualmente o campus da Universidade do Estado do Rio de Janeiro [grifo dos autores]) para pregar cartazes na rua e pagar o jantar para os caras. Nessa época eu era politizado. O Juarez ainda não era candidato; então, de repente, apareceu um tal de professor Mandarino – que mantinha um curso ali perto da Praça da República, e lançou a candidatura do Juarez. Daquilo surgiu um movimento para tirar o candidato da UDN à Presidência da República, um cara lá do Norte, que precisava sair para que o Juarez ocupasse o espaço. A UDN não queria retirar a candidatura, então nós utilizamos dois partidos: o *Partido Socialista Brasileiro* e o *Partido Democrata Cristão*, que não tinham estrutura alguma. *Criamos um Diretório. Pegávamos um livro desses de atas e enchíamos as páginas com atas sobre reuniões inexistentes; recolhíamos assinaturas de uma porção de gente, criávamos Diretórios para votar nas convenções do PDC e do PSB, apontando Juarez Távora como candidato à Presidência da República. Depois, como o movimento cresceu, a UDN encampou a candidatura do Juarez e mandou o candidato dela passear. Aí nós já estávamos mesmo envolvidos em política.* O Café Filho era a favor da candidatura do Juarez, e os *milicos* de dentro do Palácio a favor do Café Filho. Os outros...o pessoal da situação, da direita, do centro etc., queriam o Juscelino Kubitschek. E o Lacerda azucrinando que, se o Juscelino ganhasse, não tomaria posse. Começou então uma conspiração dentro dos quartéis no sentido de que, se o Juscelino ganhasse, não seria empossado. Eu e outros caras achávamos que não; que ele tomaria posse, embora tivéssemos feito a campanha do Juarez. Aí veio o dia 11 de Novembro (de 1955). Estava em casa dormindo e, de repente, meu sogro (pai da primeira mulher de Henrique Mello [grifo dos autores]) me acordou e disse: "Olha, rapaz, escuta o rádio." *Fui escutar e estava o Lott falando no "retorno aos quadros constitucionais vigentes", que eu não consegui entender por que fizeram aquela manobra de o Café Filho ficar dodói, o Carlos Luz assumir o Governo e botar o general Álvaro Fiúza de Castro como Ministro da Guerra. Demitiram o Lott e ele não foi na conversa. Prendeu Fiúza de Castro e fez aquela declaração do retorno à ordem constitucional vigente como conta do telefone. Naquele tempo, quem tivesse um telefone à mão ganhava a guerra.* Os meios de comunicação sempre foram uma arma de comando. Como os telefones não funcionavam no Brasil – ficava-se horas esperando uma linha –, quem tivesse um telefone ganhava a guerra. O Lott telefonou para os comandantes da Vila Militar – pois as coisas eram todas resolvidas na Vila Militar – ... Meu sogro me aconselhou: "*Se manda*, porque já vem um cara aqui te prender." Os caras nem discutiam: mandavam prender e acabou. Eu me piquei, *me mandei* à paisana (armado com o revólver calibre 32 do sogro [grifo do próprio entrevistado]) para a Vila Militar. Fui me encontrar com o pessoal do Batalhão Escola de Engenharia, onde eu havia servido. Lá, um amigo me recebeu (Pedro Paulo Vandeck de Leoni Ramos). O comandante, por sua vez, me viu ali à paisana e mandou me levar ao seu gabinete. Fui conversar e ele me perguntou: "Mas... o senhor está de que lado?"

"Não estou de lado nenhum"

– Respondi: não estou de lado nenhum. "Mas o General Lott disse que.."– Ele (o comandante) acrescentou: "Quer saber de uma coisa, vá embora para casa porque eu vou mandar a tropa toda para a Quinta da Boa Vista." Quer dizer... ele também não tinha opção. Tinha mesmo que mandar o pessoal para a Quinta da Boa Vista. Ele não era a favor desse ou daquele. Ninguém sabia quem iria ficar como dono. *Eu acho isso muito bom, a revolução à brasileira: a turma podia morrer de desastre de jipe, pneumonia, sarampo, mas de tiro não morria ninguém. Os brasileiros nunca chegaram a ter um enfrentamento. Essa posição fratricida não é dos brasileiros. Ocorreu em 1932, mas não morreu quase ninguém. Esse negócio de os generais ficarem em cima do muro era uma grande sabedoria porque eles não se animavam a mandar para a morte as pessoas por causa de um negócio confuso, indefinido.* Eles ficavam esperando para ver de que lado estava a maioria, porque quem ficava com a maioria ganhava a guerra. Ficava com o abacaxi na mão quem escolhia o inverso. Em 1955, o que aconteceu foi isso. Eu fui para a Vila Militar. De lá fui mandado – com o pessoal – para a Quinta da Boa Vista. Aí o Pedro Paulo Vandeck me pediu: "Vá para o Ministério da Marinha e converse com o João Batista Torrents Pereira (atualmente almirante reformado [grifo do entrevistado]), que era amigo nosso, para saber qual é a posição dele. Diga que nós estamos descendo da Vila Militar" (i.e. voltando para o Centro da Cidade [grifo dos autores]). Eu tomei um trem, fiz um percurso danado. Não tinha dinheiro. Então, entrei em um táxi e seqüestrei-o. O motorista estava morto de medo. Quando a gente chegou ali na Candelária tinha tropas do Exército de um lado, olhando de cara feia para os fuzileiros navais do outro. Ninguém fazia nada. Saltei e entrei no Ministério da Marinha. No portão estava um sargento fuzileiro naval: "Senha!" Eu não sabia senha coisa nenhuma: "Não tem senha coisa nenhuma, eu quero falar com o João Batista, o *Jobá* – que era o ajudante-de-ordens..." O cara veio, eu me identifiquei e ele: "Pô, o que houve?" Isso aqui está cheio de brigadeiros e comandantes, andando para lá e para cá, de machos andando para lá e para cá e eu não estava entendendo nada daquilo. De repente, gritaram: "Já saiu o *Tamandaré*" , e o *Tamandaré* ia saindo. Quando ele passou ali nas proximidades da Fortaleza da Lage, as baterias da Fortaleza de São João começaram a atirar. O

Tamandaré era um cruzador que tinha um casco tão grande, tão grosso, que – quando foi desmobilizado – quando a turma o vendeu como sucata, ele foi navegando, fez água e afundou de tão velho que era. Era uma embarcação da Primeira Guerra Mundial, um cruzador de merda. Aliás eram dois: o *Tamandaré* e o *Barroso*. Quando o *Tamandaré* estava saindo, as guarnições das baterias da Fortaleza de São João atiraram sobre ele, mas os caras não estavam atirando para acertar, davam um tiro longo e um curto para enquadrar o navio...e o Carlos Luz estava fugindo naquele navio. Entre a renúncia do Café Filho e a posse do Nereu Ramos, entre os dias 11 e 21 de novembro, a coisa ficou indefinida. No dia 11 de novembro, com a confusão, Carlos Luz foi para São Paulo... porque o Jânio Quadros era prefeito na Capital paulista e disse que "resistiria até a morte", e o brigadeiro Eduardo Gomes que estava lá na 2ª Zona Aérea declarou, por sua vez, que ficava contra o Lott, mas o cunhado dele – que era o general Manuel de Azambuja Brilhante – mobilizou a tropa do Rio de Janeiro para ir até São Paulo e traiu o brigadeiro Eduardo Gomes. Foi uma confusão danada. O objetivo era levar o Governo para Santos, com o Carlos Luz, e este – uma vez lá – assumiria o Governo derrubando o contragolpe do Lott. Só que quando chegaram a Santos, a guarnição local – que devia aderir – não aderiu. Tirou o *Tamandaré* do golpe quando ele ia entrando e, nessa altura, o general Brilhante já tinha saído e o Eduardo Gomes, desistido. Tanto é que nós ficamos no Ministério da Marinha e eles estavam querendo nos pegar para colocar farda de fuzileiro naval para entrar na briga. Eu não ia botar farda de fuzileiro naval coisa nenhuma. Acabaram jogando a gente numa lancha ali no cais ao lado do Ministério da Marinha e nos mandando para o Galeão; quem estava nessa lancha? O Syzeno Sarmento, aquele brigadeiro careca que depois foi ministro da Aeronáutica, Araripe Macedo; outro, que estava dormindo; aquele maluco do Carlos Ardovino Barbosa, Eli Rego, o ajudante-de-ordens do Etchegoyen (que foi preso depois), o assistente-secretário do Etchegoyen, Cerqueira Lima (posteriormente promovido a general). Fomos para o Galeão e, de lá, pegamos um avião; saiu uma revoada de aviões para São Paulo;[13] fomos bater no *Campo de Marte* em São Paulo sem saber por quê; chegando lá, os camaradas da Aeronáutica não sabiam o que nós estávamos fazendo ali. Perguntaram qual era a situação do Rio e os oficiais que estavam conosco disseram: "Não fala nada, não fala nada!" Eu não podia falar sequer para os nossos "aliados" paulistas da Aeronáutica e fiquei meio *cabreiro*; percebi que o negócio estava esquisito. Fomos bater na

Segunda Zona Aérea. O brigadeiro Eduardo Gomes nos recebeu. Disse que seguiria para Santos e recomendou que tomássemos destino, pois não podíamos ficar ali. Quando eu vi, estava num carro e fomos até a Prefeitura. O Jânio Quadros prometeu que ia mobilizar a Polícia de São Paulo para reagir. A coisa estava meio preta, nada estava resolvido e os *caras* que estavam fardados precisavam mudar a roupa, colocar roupas civis para não ficarem fardados no interior da Prefeitura. Foi um drama. Houve até uma coisa muito cômica, porque não tínhamos roupas civis e ficamos para lá e para cá, numa confusão danada (Henrique Mello explicou que, para vestir os oficiais com roupas civis, três funcionários da Prefeitura ficaram de cuecas. A dificuldade maior, relembra, ficou por conta de Ardovino Barbosa, que, casualmente, era o mais alto de todos e ninguém tinha roupas que lhe servissem). Eu sei que nós voltamos para o *Campo de Marte* e, quando ali chegamos, o avião em que o brigadeiro Eduardo Gomes viajou para Santos havia regressado; o brigadeiro explicou para aqueles *milicos* todos que estavam à sua volta que ele próprio fizera um acordo e recomendou aos oficiais que retornassem aos seus quartéis, pois ninguém seria punido (foi este o acerto feito entre o brigadeiro Eduardo Gomes e o general Henrique Lott [grifo do entrevistado]). Em seguida a essa declaração de Eduardo Gomes eu fui jantar com o brigadeiro Faria Lima e o Syzeno Sarmento. Estava *duro*, sem um tostão. Pensei: como é que eu vou voltar para o Rio? O brigadeiro Faria Lima arranjou 100 mil-réis para nós comprarmos passagens de trem e voltarmos ao Rio de Janeiro. Quando cheguei em casa, o meu sogro que lá estava me alertou: "Olha, vieram até aqui para te prender. Dá no pé que eles vão te prender." Eu fugi. Fui para a casa da Dona *Nuta* Bastos, mãe do deputado Vitorino James, em Sampaio (Zona Norte do Rio). Ela morava numa casa enorme; ela era viúva do senador James Bartlett e uma velha revolucionária. Fiquei escondido por lá uma semana. Ia passar a desertor. Daí o coronel Sidônio Dias Correia, muito meu amigo (à época subcomandante do Parque de Engenharia do Exército – morto depois num desastre de avião quando foi transferido para a Bahia), foi me buscar na casa da Dona *Nuta*. Ele me disse: "Olha, o general Ururahy Terra mandou te prender, mas acentuou que você somente ficará um dia dentro do Parque de Engenharia porque você foi o único que estava com a gente lá dentro. Você era contra o golpe, o Lott deu o golpe e você era contra o Lott.[14] Nada vai acontecer com você." Eu fiquei preso lá até o dia 21, quando derrubaram definitivamente o Carlos Luz e entrou o Nereu

Ramos como presidente da República. Eu fiz umas bobagens por lá, mas os *caras* nem ligaram, porque eu era um chato. Eles acharam que eu era um chato, não oferecia perigo para coisa alguma e bastava me encostar num canto com um soldado tomando conta de mim.

"Eu queria fazer um negócio daqueles: roubar fuzis"

Eu queria fazer um negócio daqueles: roubar fuzis... agir da mesma forma que Carlos Lamarca acabou fazendo: roubar fuzis da guarda, umas bobagens danadas... então eu comecei a pensar nas coisas: o que eu estava fazendo ali? E quis voltar para o Instituto Militar de Engenharia. O comandante do IME, Rodrigo José Maurício – que tinha bronca de mim – não queria me deixar voltar; fiz um requerimento solicitando rematrícula e ele arranjou a desculpa maluca de que, como eu estava há um ano fora do IME, me esquecera de tudo o que aprendera naquele ano e precisaria fazer novo vestibular para reiniciar os estudos. No entanto, ao mesmo tempo, ele aceitou, pedido idêntico feito pelo João Alberto, que saiu do IME junto comigo e também pediu rematrícula. Não me deixariam entrar, mas o outro podia entrar. Ora... tinha um cara muito bom, um gênio do tipo Luiz Carlos Prestes, primeiro lugar em tudo, somente tirava nota 10; já saiu segundo-tenente direto e foi para a FEB, chamava-se Hilnor Taulois Canguçu das Chagas, um cara fantástico. Ele estava servindo no Gabinete do Ministério da Guerra. Cheguei para o Canguçu, que fora meu professor, e falei: o general Rodrigo José Maurício não está querendo me deixar voltar. Ele: "O quê?! Espera aí." Foi lá dentro, passou um telegrama para o IME mandando me rematricular, pegou a assinatura do Ministro da Guerra e lá fui eu para o IME. Quando cheguei, o general perguntou: "Já que você voltou, quer ser matriculado no curso de *Fortificações e Construções*?" Eu respondi: não, quero fazer *Eletricidade*... porque eu queria sacanear o cara. Fiz aquela onda toda porque eu desejava mesmo cursar *Fortificações e Construções*, mas como ele falou aquilo, eu disse que a minha opção era *Eletricidade*. E fui cursar *Eletricidade* só de pirraça. Concluí o curso em 1958, mas, como eu adorava Lages (SC) e eles estavam eletrificando todos os canteiros-de-obras onde estavam sendo construídas estradas e ferrovias, cobri a vaga como eletricista e voltei para Lages. Fiquei em Lages, pelo

Exército, no Batalhão onde estavam os engenheiros que se encarregavam de administrar a construção da estrada e a equipe de engenheiros do IME que tomavam conta do escritório técnico. Quando eu estava em Lages o comandante da unidade militar era outro cara fantástico que foi o primeiro oficial a entrar na Segunda Guerra Mundial em combate. O comandante do batalhão era o coronel Floriano Möeller, o *Alemão*. Eu gostava demais do Möeller (quando esteve pela segunda vez em Lages, o comandante do batalhão era o coronel Afonso Augusto de Albuquerque Lima, posteriormente ministro das Minas e Energia). Veio a *Campanha da Legalidade*, em 1961, porque o Jânio renunciou. Antes de o Jânio renunciar, aqueles *milicos* que viviam fazendo revoluções já estavam conspirando, porque o Jânio havia condecorado o *Che* Guevara – que era comunista. Eles achavam, então, que o Jânio era comunista...

– Antes disso, teve a posse do Juscelino e houve outra escaramuça por ocasião da posse do Juscelino Kubitschek. Aqueles *caras* que moravam no *Edifício Praia Vermelha*, todos queriam tomar o Poder, eram lacerdistas e não queriam que o Juscelino tomasse posse. E mais: o Juscelino, no dia 31 de janeiro do ano seguinte à posse, resolveu fazer uma viagem no sentido contrário ao do cruzador *Tamandaré* – saiu de Santos para vir para o Rio. Os *caras* da Marinha ficaram com raiva e se sentiram ofendidos.

"Você está escalado para seqüestrar..."

– Então foi articulada outra conspiração engraçadíssima, porque idealizavam coisas do tipo: "Vamos seqüestrar os generais, colocá-los num navio e levá-los para o mar" e eles ficavam lá para seqüestrar os generais. Um dia houve uma reunião de revolucionários no meu apartamento. Eu morava no *Edifício Praia Vermelha* e era um negócio pitoresco, porque escalavam os *caras*... cada um teria que seqüestrar um dos generais. Tiraram na sorte o major Humberto – um oficial –, aluno que tinha uma escadinha de filhas assim: com dez, nove, sete e cinco anos – para seqüestrar o general Máza, que morava na Urca e era chefe do Estado-Maior na época. Esse major, para conseguir um dinheirinho a mais, dava aulas particulares para os alunos relapsos; naquela época se chamava *explicador*. Ele era explicador da filha do Máza e foi escalado exatamente para seqüestrar o cara. O Humberto abriu a porta, entrou no meio dos conspiradores e alguém, voltando-se para ele, disse: *"Você está escalado para seqüestrar o general Máza." Ele colocou o dedo no peito e disse: "Eu? Eu não! Eu adoro aquele velho. Eu dou aulas todos os dias para a filha dele e a netinha e me dão geléia, torradas, chocolate; me tratam na palma da mão. A família toda me adora. Eu, seqüestrar o velho? Não vou seqüestrar coisa nenhuma. Vão à merda!"* Os olhares então se entrecruzaram como se dissessem assim: "A gente vai ter que dar cabo desse cara. Rejeitou, não é?" Uma conspiração séria não podia deixar o cara, porque o seqüestrado seria ele; e, numa revolução de verdade, precisaria ser eliminado. O Humberto virou-se para nós e advertiu: "Vejam lá a sacanagem que vocês vão fazer comigo nessa guerra." Na mesma hora os conspiradores chegaram à conclusão de que ninguém faria nada contra o Humberto: "Você não fala nada para ninguém?" "Não, não falo nada para ninguém." *Havia outras coisas ridículas: todo mundo usando codinome. Telefonavam um para o outro, aí com medo da escuta telefônica, vinha uma voz assim grossa: "Quem é que está falando aí?" "É a Maria." "Maria, nada! Inventa outro codinome que esse não serve." Os codinomes eram uma bobagem. Por exemplo, o cara com codinome Maria, um homem enorme, com a voz grossa... nem bicha era. Como é que vai se chamar Maria?*

– No *Edifício Montese* ficava o escritório da Carteira Hipotecária do Clube Militar (responsável pela construção de vários edifícios no Leme). O *Montese* era o edifício mais chique. Moravam ali os generais do mais alto gabarito. Engraçado que, exatamente no *Montese*, funcionava o QG das duas conspirações. *No Exército existe o filho de Deus e o filho-da-puta. Quem está no poder é o filho de Deus e os outros estão querendo tirar aqueles caras... Mas não era poder político. Era e não era. Era quem pretendia mandar no Exército.* Por exemplo, quando era necessário resolver alguma coisa o *Clube Militar* resolvia. Os civis ficavam todos esperando para ver o que rolaria no *Clube Militar*. Isso era assim desde o tempo do marechal Hermes da Fonseca. Os *milicos* entravam nessa *jogada* para disputar um poder interno e, na realidade, eles não queriam o Poder Civil efetivamente (voltando ao tema dos seqüestros): mas, como eu disse, o plano era seqüestrar todos os generais. Eu, por exemplo, fiquei encarregado de seqüestrar o Henrique Lott.

Como os senhores seqüestrariam? Tomariam de assalto um navio e levariam os generais para o alto mar?

– Havia certa conivência com o pessoal da Marinha e da Aeronáutica. Por exemplo, *o Ardovino Barbosa era o seqüestrador-mor do Lott e eu era o seqüestrador-assistente.* Nesta época eu ainda não havia regressado ao IME; eu morava na Rua Ibituruna (Tijuca, Zona Norte do Rio). Antes, ele (Henrique Lott) morava naquela casa pertencente ao Ministério do Exército, no final da Rua General Canabarro (agora residência oficial do comandante militar do Leste [grifo dos autores]). Como eu morava perto, tinha que campanar... Muito simples, ele assistia à missa naquela capelinha existente na Rua Mariz e Barros. Vestia sempre terno e gravata. Eu caminhava atrás dele tomando conta, vigiando. A que horas saía o carro, qual o trajeto, quem ia com ele, quem não ia. Tinha um cara, campeão de xadrez, um coronel inteligentíssimo... esse cara era enigmático. Ele morava ali no Largo da Segunda-Feira. Incrível! Nesta conspiração também estava o Bayard De Maria Boiteux, que era professor do cursinho que eu fiz quando ia para a Escola Naval. E o Bayard era um cara que já tinha sido integralista, comunista... Então, o Bayard era um dos civis que estavam na jogada. Um dia promoveram uma reunião na casa desse coronel e a gente foi se esgoelando e coisa e tal, um dizendo que estava sendo perseguido e não estava. De noite, assim numa sala meio *lusco-fusco*, perguntei o seguinte: eu tenho que entrar lá no gabinete do Lott e prendê-lo. E se o velho reagir? Vira-se um e diz: "Você dá um tiro na cara dele." Dou tiro na cara de ninguém! Nem pensa nisso. Não estou mais nessa. Tchau! E saí do seqüestro do Lott, porque o Ardovino – que ia me chefiar – estava disposto a dar um tiro na cara do general. Aquilo não tinha nenhuma consistência, simplesmente não tinha consistência!

"Você vai explodir o gasômetro"

– Aquilo tudo era um *troço* romântico. Os *caras* brincavam de conspirar. Por exemplo: um outro oficial foi escalado para destruir o viaduto de Deodoro. Ele servia no Batalhão de Engenharia e tinha facilidade em obter explosivos. Sua tarefa era derrubar o viaduto de Deodoro, não sei para quê, mas queriam derrubar o viaduto. O cara se recusou, disse que aquilo era uma maluquice e o cunhado dele ficou de mal com ele para o resto da vida, porque o rapaz se recusou a participar da operação. Mais uma: chegaram para outro cara e disseram: "Você vai explodir o gasômetro.[15]" Um troço completamente sem nexo. *Os objetivos assim definidos tornam um lugar comum: explodir o gasômetro, derrubar o viaduto de Deodoro. Essas coisas estavam na ordem das operações e eram copiadas de uma revolução para a outra. Era maluquice.*

Alguém desse grupo participou da Rebelião do Aragarças?

– Isso é outra coisa. Aragarças é outro detalhe. O nosso querido presidente Juscelino Kubitschek tinha contra ele uns *caras* realmente malucos. Aquele oficial da Aeronáutica, o Haroldo Velloso, era muito doido, determinado... Ele queria ser herói. O Velloso era uma pessoa boazinha, miudinha, quietinha, mas tinha uma cabeça determinada. Ele promovia umas reuniões malucas lá na Tijuca... tinha até padre revolucionário. Ele era um ícone entre os colegas e arranjou até mesmo um padre francês revolucionário... *De repente o Velloso armou aquela rebelião. Nesse tempo eu não tinha voltado para o Rio, o Juscelino ainda era presidente e resolveram levar a gente lá para Jacareacanga. O pessoal estava mal e tiveram que levar uns caras do Exército para Jacareacanga.* Me convidaram para participar da rebelião e eu, muito do besta, entrei naquela de me oferecer como voluntário. Mas aconteceu o seguinte: eu estava com um problema gravíssimo: um filho recém-nascido, dois meninos para criar e sem dinheiro, morando numa casa de vila na Rua Ibituruna. Daí eu pensei: "Eu vou para essa rebelião e como é que vai ser? Como é que esse pessoal come?" Eu cheguei para um dos revolucionários, um mobilizador, e perguntei: escuta, se eu for para lá, como vai ser? Ele argumentou: "A gente arranja uma grana para sustentar a sua família enquanto você estiver lá etc." Eu refleti melhor: não vou *porra nenhuma*. Fiquei na minha. Cheguei a escrever uma carta para a minha mulher me despedindo dela com lágrimas nos olhos, mas a sorte foi que eles pegaram um dos oficiais que era parente do general Henrique Lott e ele *dedurou*; daí não saiu avião algum e eu não fui, graças a Deus. Teve um outro cara, um oficial da Aeronáutica, que veio de Belém do Pará e se juntou com o Velloso; e o Juscelino, muito sabido, perdoou todo mundo. Os *caras* fugiram para a Bolívia e ficou por isso mesmo, ninguém fez coisa alguma.

– Naquele dia 31 de janeiro, saíram uns *caras* malucos: um para revoltar a guarnição de Juiz de Fora, outro para rebelar Curitiba. Chegando lá, eles entraram no QG e o general-comandante perguntou: "O que vocês estão fazendo aqui?" "Não, não é nada" e a coisa ficou por isso mesmo. O tal do *Retumba*, que era aluno da Escola de Comando e Estado-Maior, também saiu num avião para rebelar a guarnição de Maceió. O piloto fez uma barbeiragem, o avião caiu e morreu o *Retumba*; morreu ele, morreu todo mundo. Estou fazendo um relato meio tumultuado, mas a coisa era realmente tumultuada. Eu nunca vi nenhuma organização dessas funcionar para, efetivamente, fazer face ao Poder. *Era tudo romântico. Duvido que o seu pai (voltando-se para Luiz Alberto Fortunato) ou qualquer cara realmente explodisse o gasômetro ou derrubasse o Viaduto de Deodoro. Não havia uma convicção, uma ideologia que os conduzisse a fazer isso naquela época.*

E o brigadeiro João Paulo Burnier?

– Bom, esses *caras* vieram a se rebelar depois. Os *caras* que eram efetivamente doentes... Eu considero o Burnier um *cara* doente, psicopata; outros psicopatas se revelaram daquela turma que eu conheci na época romântica. Tinha um da minha turma, o *Boquinha*, que todo mundo chamava de *náuseo* (quando tinha um cara que ninguém gostava a gente apelidava ele de *náuseo*), então, nós já sabíamos que não era à toa que esse rótulo lhe cabia. Esse cara foi um dos organizadores da *Operação Bandeirantes*, em São Paulo. A *Operação Bandeirantes* foi um negócio horroroso.[16] Eu conheci uma moça que foi queimada dias a fio com cigarros e ficou pendurada num *pau-de-arara*. O Cerveira, de quem lhes falei (Joaquim Pires Cerveira, o cadete mencionado como o " comunista da turma" [grifo dos autores]), foi morto lá.

"No terceiro dia já surgia uma bolinha de meia, a turma começava a jogar pelada e a coisa desaparecia"

As personalidades dessas pessoas foram-se relevando ao longo dos anos.

– Eu digo o seguinte: enquanto os militares idealizavam revoluções românticas... eles aprenderam depois das Revoluções de 1930 e 1932, quando ficaram dentro dos quartéis (...). É o pior lugar onde alguém pode ficar. É necessário ir para a rua, porque se ficar no quartel está cercado. Aquele episódio que eu contei, da praça do portão lá em Porto Alegre, que o cara atirava no inimigo de fora para dentro; a *Intentona Comunista*, em 1935, em que o pessoal se revoltou e saiu dos alojamentos atirando para dentro do alojamento. Na hora das Revoluções, todos têm que ir para as ruas. Quando não tinham lugar para ir, ia todo mundo para a Quinta da Boa Vista. A Quinta ficava cheia de soldados. *No primeiro e no segundo dia da revolução os caras ainda ficavam sérios, andando para lá e para cá, cochichando. No terceiro dia já surgia uma bolinha de meia, a turma começava a jogar pelada e a coisa desaparecia.* Até me lembro de uma crônica do Fernando Sabino. No dia em que o Getúlio se suicidou, ele escreveu uma crônica dizendo que caminhava na Rua do Catete e observou uma porção de soldados montados a cavalo durante a madrugada. Tinha um *negão* com capacete todo torto na cabeça, triste, cansado. Ele chegou para o cara e (Sabino) perguntou: "O que está havendo aí que tem tanto soldado?" O negão respondeu: "Não sei, mas deve ser uma confusão danada; eu sou do Primeiro Regimento de Infantaria e estou montado neste cavalo desde as quatro horas da manhã." A expressão atordoada é exatamente essa, não tem outra: coloca os *caras* em cima dos cavalos e manda para as ruas.

(Henrique Mello retoma a narrativa recuperando detalhes sobre outra conspiração articulada pelos militares. O quase seqüestro de Juscelino Kubitschek em 31 de janeiro de 1956).

– Os oficiais da Marinha não queriam que os pilotos da Aeronáutica pousassem com suas aeronaves no porta-aviões *Minas Gerais*, cuja compra estava sendo cogitada e os oficiais da Aeronáutica diziam que somente eles podiam pilotar as aeronaves. Então, ficou aquela briga. Foi a primeira deixa que o Juscelino Kubitschek aproveitou bem, porque eles haviam combinado. Foi um negócio mu ito bem organizado. Quando o Juscelino entrasse no cruzador *Tamandaré*, o pessoal da Marinha ia seqüestrá-lo. Isso também seria a ordem para seqüestrar os generais fiéis ao Juscelino. Então, o Juscelino entrou no *Tamandaré* e houve aquela reunião de formatura. Um negócio assim tipo comemoração, todo mundo fardado, de roupa branca, bonitinho e tal; e ele chegou, virou-se para os oficiais presentes e disse mais ou menos o seguinte: eu acabei de determinar ao ministro da Fazenda e ao ministro da Marinha para concluírem as negociações destinadas à compra do porta-aviões que será rebatizado como *Minas Gerais*. Que era um porta-aviões construído na Inglaterra e entrou em operação durante a Segunda Guerra Mundial.

Derrubou os planos de todo mundo...

– Ele inverteu a jogada dentro do cruzador *Tamandaré*, mandando dizer que comprara um porta-aviões. Isto aconteceu de fato. O cruzador faria a viagem de volta ao Rio no sentido inverso daquela que levou Carlos Luz para Santos em 1955. E aí, como eu já lhes disse, o *Retumba*, que tinha decolado junto com aquele cara da Aeronáutica para rebelar a guarnição de Maceió, acabou morrendo. A mesma confusão aconteceu com os *caras* que seguiram com esta mesma finalidade para Juiz de Fora. Para lá foi o Pedro Maciel Braga, "Cabeça de Motim", pessoa muito honesta. Todos ficaram sem Governo, porque acabou a Revolução e, no dia seguinte, ninguém falou mais nada; acabou, esvaziou completamente... Acho que não havia uma convicção, não havia ideologia...

"A conspiração é um estado de espírito"

Isso aí aconteceu antes de Aragarças.

– Antes de Aragarças, início de 1956. O Juscelino tomou posse no final de 1955.

Aragarças acalmou parte dos descontentes, mas os focos de conspiração foram mantidos.

– Sim, porque a conspiração é um estado de espírito. Naquela época era aquele estado de espírito pela disputa do poder. O objetivo não era conquistar o Governo. Eram grupos que manifestavam um conflito permanente para assumir o Poder Militar. Porque, na realidade, o Poder Militar – desde os primórdios da nossa existência política – sempre foi decisivo. A minha interpretação é a de que o Poder Civil foi várias vezes tão desorganizado que deixou um espaço vazio e os militares tiveram que – provisoriamente – ocupar este Poder para reorganizar as coisas e devolvê-lo aos civis.

O Poder Moderador virou Poder Interventor

– Houve somente uma intervenção militar anterior e mais duradoura na República: foi quando entrou o Deodoro da Fonseca e, em seguida, o Floriano Peixoto... até o Floriano sair, eles exerceram esse poder a ferro e fogo, embora com uma Constituição fabricada; depois disso, as demais intervenções militares ocorreram à custa de *quarteladas* e coisas desta natureza... os militares entravam, retiravam-se e deixavam civis no seu lugar; e esse era o alvo que o pessoal disputava dentro do Exército para exercer esta parcela do poder, que é o Poder Militar.

O senhor mencionou os nomes de algumas pessoas que se revelaram psicopatas. Nós gostaríamos que o senhor lembrasse um pouco mais. Em princípio, esse oficial cujo apelido era *Boquinha*.

– Esse daí era realmente um deles. Acabou morrendo do coração. Ele era um *naúseo*. Tudo o que ele fazia tinha esse caráter assim, de baixo nível. E ele demonstrou, finalmente, que era uma pessoa assim, porque foi capaz de organizar com o maior carinho a *Operação Bandeirantes*, entenderam?

Então o nome dele não é segredo.

– Vocês sabem quem é... Valdir Coelho, oficial da Arma de Engenharia. Eu havia me comprometido a não dizer certos nomes, porque não tenho o direito de colocá-los no Purgatório: questão minha, pessoal..., o que eu quero deixar claro com esse depoimento é que, até o dia em que eu deixei o Exército, o que eu presenciei desses Movimentos Militares tinha caráter romântico. Eu saí em 1963. Então, passado esse período crítico do governo Juscelino, eu estava em Lages e votei em Jânio Quadros; me empolguei com a postura dele. *Ele tinha carisma de reformador e eu comecei a desconfiar que alguma coisa acontecia de ruim no momento em que aqueles mesmos conspiradores do passado rodavam o Brasil inteiro, cooptando o pessoal para derrubar o Jânio Quadros. Quer dizer, o Jânio Quadros não saiu do Poder assim por intermédio de um rompante não. Aqueles seis meses que ele governou..., no momento em que ele condecorou o Che Guevara, armou-se um esquema para derrubá-lo do Poder.* Eu desconfiei que a coisa não ia bem. Quando chegou o dia da renúncia do Jânio Quadros eu fiquei *pau da vida*, fiquei com muita raiva porque, num primeiro momento, pensei que ele tinha sido forçado a renunciar. Eu fiz esse tipo de análise. Me revoltei com aquilo. (Henrique Mello recorda-se mais uma vez do tempo em que estava servindo no Batalhão Rodoviário, em Lages – Santa Catarina – sob as ordens do coronel Floriano Möeller, o primeiro oficial que – à época servindo como capitão no 9º Batalhão de Engenharia – , entrou em combate na Itália). Era um sujeito assim *milico*. Nasceu para aquilo, embora não fosse nem de Infantaria nem de Cavalaria. Era de Engenharia, mas ele viveu a Guerra, tinha aquelas coisas na cabeça; e os outros camaradas, a maior parte dos oficiais que serviram na unidade eram *Lottistas*, quer dizer, pessoas que não queriam saber do Jânio Quadros, à exceção de um major de quem eu gostava e que era o Fiscal Administrativo (nome este não lembrado [grifo dos autores]), um gaúcho lá de Santa Vitória dos Palmares. Vocês já ouviram falar em Santa Vitória dos Palmares, no Arroio Chuí, lá no fim do mundo? É meio Uruguai/Brasil... enfim, era aquele *gauchão* danado – e que estava contra a história toda desse golpe por causa de João Goulart, que também era gaúcho; então, exatamente por ser gaúcho, não podia ser passado para trás. Quando nós percebemos – eu e esse major – o que estavam armando, fomos falar com o coronel Floriano Möeller: "Olha, nós não vamos ficar aqui, porque nós somos contra esse golpe que aplicaram no Jânio. Se o senhor decidir apoiar o Odílio Denys..." o Denys colocara a pistola sobre a Constituição e disse algo assim: "Estou aqui para garantir a Constituição e o combate ao comunismo." A gente acompanhava aquilo; não tínhamos televisão, não tínhamos nada. Para que vocês tenham uma idéia da precariedade das comunicações na época, nós nos comunicávamos por intermédio do telégrafo da sede para as unidades, para os canteiros de obras no Rio de Janeiro (onde havia escritório de representação), e para Florianópolis – que era a sede da organização militar. Mas as informações chegavam deturpadas. Vai daí que o general Machado Lopes se aliou ao Leonel Brizola e quis garantir a posse do João Goulart. Então, eu e esse major nos dirigimos ao coronel: "O senhor nos deixa pegar um jipe que nós vamos para o Rio Grande do Sul. Ninguém briga." Ele respondeu: "Olha, vocês vão para casa." Tinha uma pequena vila de militares ao lado da sede do Batalhão. "O que eu resolver eu chamo vocês depois." Prometeu-nos um jipe. "Se eu decidir ficar do lado do general Denys, empresto o jipe para vocês irem embora." O general Machado Lopes manifestou-se a favor da Legalidade; quando ele, Machado Lopes, tomou essa posição, o Brizola estava organizando aquela *Cadeia da Legalidade*, os *Grupos de Onze*;[17] o povo do Rio Grande do Sul se levantou em peso. Houve um episódio interessante lá em Porto Alegre, na Base Aérea de Canoas. Os oficiais da Aeronáutica pretendiam decolar com suas aeronaves para bombardear o Palácio do Governo estadual (à semelhança do que aconteceu na Argentina, na *Casa Rosada*), e os sargentos desarmaram os aviões; teve um coronel da Aeronáutica – morto posteriormente quando eclodiu o Movimento de Março de 1964 (coronel Alfeu Alcântara), que reagiu e não deixou os pilotos decolarem e atacarem o Palácio ocupado pelo Leonel Brizola. No meio de toda essa confusão, o coronel Möeller reuniu o pessoal que apoiava o Machado Lopes que fora comandante dele. Apareceram aqueles *caras* que ficam fazendo firulas, se entregando presos e que alegam não querer manchar o solo pátrio com sangue generoso... fazem logo um discurso: "Prendam esse cara!" e prendiam. Aí mobilizaram os *caras* que estavam a favor do coronel Möeller e me mandaram tomar conta do Aeroporto de Lages. Lá fui eu para o Aeroporto de Lages e me lembrei do que acontecera em Jacareacanga. Consegui uma porção de tambores de asfalto – pois nós estávamos asfaltando a ferrovia – ; pegamos os tambores vazios, porque fazer isso com os cheios era maluquice, carregamos até o aeroporto e interditamos a pista com os tambores. A coisa era ridícula, porque o marechal Cordeiro de Farias veio do Rio de Janeiro para Florianópolis; sob seu comando, uma tropa de pára-quedistas e outra dos fuzileiros navais. O porta-aviões *Minas Gerais* estava cheio de *milicos* e ficaram todos em Florianópolis. "Desceram" diversas unidades da 1ª e da 2ª Regiões Militares em direção ao Paraná (lá estavam sediadas as tropas da 5ª Região Militar) e ficaram estacionadas na divisa com o Paraná. Não entraram em Santa Catarina e nem no Paraná. Depois as tropas do Cordeiro de Farias ficaram em Florianópolis. Nós dominávamos o eixo da estrada (estávamos construindo a antiga BR-2), mantínhamos o controle da ponte sobre o Rio Pelotas. Controlávamos tudo que era ponte e estávamos com elas preparadas para serem dinamitadas. Se necessário, nós isolaríamos Santa Catarina. Os *caras* não dispunham de tropas para subir a serra e nos capturar lá em cima. Ficamos por lá. Aí sim, aí era guerra. Achávamos que era guerra: "É, hoje vai ser a guerra." E me deram uns soldadinhos que tinham tão-somente sete dias de incorporados. Os *caras* nem sabiam o que estavam fazendo ali. Nós cavamos uma porção de *tocas de raposa* em volta do Aeroporto para defendê-lo, porque você não pode fazer um obstáculo e não colocar fogo em cima. Tem que haver cobertura de fogo. Aí, eu lá com os soldados... coitados! Passamos três noites pegando chuva, escondidos naquelas *tocas de raposa*. *Toca de raposa* é um buraco redondo com uma banqueta embaixo e terra em cima para servir como proteção. Embaixo das banquetas têm uma rampinha que a gente faz para o caso de, se cair granada dentro, a granada escorrega para baixo. Eu tive, sob as minhas ordens, um sargento que teve tanto *cagaço*, mas tanto *cagaço*, que fez uma *toca de raposa* em ângulo reto. Fez um buraco assim e outro buraco assim (explica, gesticulando [grifo dos autores]) e se escondeu naquele buraco. De noite, eu procurava aqueles soldadinhos todos e lhes dizia: "Olha, eles vão lançar pára-quedistas aqui. Aí vocês têm que acertá-los no ar. São soldados. Vocês não são porra nenhuma! Se eles colocarem os pés no chão, eles vão matar vocês." Teve um tenente que designaram para ficar no radiofarol do aeroporto. O cara se escondeu embaixo da cama da sua mulher. Ficou escondido, e ninguém mais o achava. As granadas de mão que eu tinha... os detonadores não entravam, munição de submetralhadora, aquela de ponta de aço, não havia, a gente tinha que usar balas de revólver. Eu virava para os soldados e dizia: "Ninguém atira! Só atirem se eu atirar." Eu recomendava ao aspirante: se eu *encagaçar*, você atira. Porque só temos chance de acertar nos caras ainda no ar. Um negócio completamente doido. E nós ficamos ali três dias e três noites, *chovendo pra burro*, com água por aqui... a minha família em casa na vila dos militares, toda de madeira... as únicas coisas de alvenaria eram a cozinha e o banheiro. Eu deixei a minha família sob a mesa na cozinha, porque, se bombardeassem a casa, eles estariam protegidos. Quer dizer, aquele dia foi o único dia em que eu senti que alguma coisa estava acontecendo. As famílias da Cidade de Lages foram para o mato, e a cidade ficou vazia. Acabou o dinheiro, acabou comida, acabou tudo. Se fizessem uma revolução, acabava depressa porque não havia dinheiro nem nada. A cidade ficou às bananas e a gente ali, esperando para ver o que acontecia. E vinham aviões... aí eu engatilhava a metralhadora e ficava esperando. Daí, quando passava aquela vaga de aviões, soltava (desengatilhava) a alavanca. Só não disparava porque, se eu atirasse, os demais atirariam à toa. E ficava rezando sem parar. Eu emendava *Ave-Maria* com *Pai-Nosso*, com *Salve-Rainha*, acabava a *Salve-Rainha*, voltava para a *Ave-Maria*, voltava para o *Pai-Nosso*. Estava rezando de *cagaço* e aí eu me dei conta que aquilo ali era maluquice. Que loucura era aquela? Até então eu tinha brincado. Naquele dia não era mais brincadeira, e as pessoas podiam efetivamente morrer, como morreram... o general Machado Lopes conseguiu mandar dois Grupamentos Táticos: um pelo planalto, outro pelo litoral. Os Grupamentos Táticos têm geralmente a seguinte configuração: um regimento de Infantaria, uma bateria de Artilharia, um Pelotão de Comunicações. Não é uma Divisão. É um negócio mínimo. O regimento tem três Batalhões de Combate e um de Serviço (de Infantaria). Os grupamentos também incorporam um Esquadrão de Reconhecimento Mecanizado... aqueles carros com pneus. Então, ele deslocou um Grupamento lá para Lages. Chegou um pessoal bem mais *milico* do que a gente: quer dizer, organizados realmente para ocupar o terreno. Graças a Deus tomaram conta daquele Aeroporto. E, pelo litoral, veio outro Grupamento Tático em direção a Florianópolis. O que é que aconteceu?

"Teve um sargento que acordou no meio da noite com um pesadelo e disparou sua metralhadora"

– Quando passaram por Vacaria, no Rio Grande do Sul, eles foram alojados num galpão daqueles *Centros de Tradição Gaúcha*, onde os gaúchos fazem aquelas *gauchadas* todas, um negócio de madeira do tamanho do Maracanã. Teve um sargento que acordou no meio da noite com um pesadelo e disparou sua metralhadora no interior do acantonamento, matando oito soldados. Sabiam disso? Os soldados viajavam numas caçambas do Departamento de Estradas de Rodagem do Rio Grande do Sul. Já conceberam viajar 400, 500, 600 km dentro de uma caçamba daquelas? Soldados amontoados ali dentro sem saberem para quê. Não tinham cobertura da aviação, não tinham defesa antiaérea, e a Aeronáutica efetuando vôos rasantes em cima da coluna, jogando panfletos, dizendo que eles não podiam passar de Passo do Socorro... que seriam todos mortos antes de chegar a Passo do Socorro. Refiro-me à aviação legalista pró-ministro da Guerra. Os aviões dando rasantes nos caminhões repletos de soldados e eles num *cagaço*, com um medo danado. Quando chegou por cima da ponte de Passo do Socorro, deu um desespero num sargento, e ele se jogou lá de cima dentro do Rio Pelotas e morreu, se suicidou...

Essas tropas queriam defender o Jango?

– Essas unidades estavam descendo, cumprindo ordens do Comando do Terceiro Exército, em direção a Lages, para ocupá-la em defesa do *Jango*. E nós lá, segurando a barra sozinhos. Para vocês verem qual era a situação do meu ex-cunhado. Ele era tenente de Infantaria numa unidade deslocada para a fronteira do Paraná. Eu estava em Lages, com a irmã e o sobrinho dele, na iminência de entrar em combate com os *caras*. Havia esta hipótese. O primo dela era pára-quedista do Corpo de Fuzileiros Navais e estava em Florianópolis para saltar sobre nós. Nós sabíamos disso porque, de um jeito ou de outro, eu também sabia que o Rômulo estava em Curitiba; o Joseni estava em Florianópolis e eu ali, com a irmã do Rômulo e os sobrinhos dele numa ratoeira. O pessoal do Rio de Janeiro – que foi para a fronteira com as tropas de São Paulo – começou a enviar patrulhas para o lado do Paraná, e o pessoal do Paraná a mandar patrulhas para o lado de lá. As patrulhas se encontravam e combinavam um jeito de não atirar uma na outra.

"Teve *nego* que chegou de cueca em Florianópolis"

O senhor defendia a manutenção do Jango no Poder e se distanciava dos seus parceiros que apoiavam o outro lado?

– Eu, em princípio, achava o seguinte: depuseram o Jânio Quadros, e eu estava *puto da vida*. Eu não era *pró-Jango*; não era do outro lado; eu não era coisa nenhuma. Eu estava com raiva daquele episódio no qual o Odílio Denys colocou a pistola sobre a Constituição, dizendo que estava protegendo a democracia contra o comunismo. Achei que era *papo-furado*; então, estava com raiva daquela *merda*. Daí, o que aconteceu? A tropa que veio do Rio Grande do Sul pelo litoral passou por Laguna, Tubarão e teve um tenente que acabou se perdendo. Ele comandava um Esquadrão de Reconhecimento Mecanizado e vinha na vanguarda. Em vez de ir para um lugar, foi para o outro (parece que, em vez de ir para Tubarão, foi para Laguna, ou vice-versa) e havia por lá uma guarnição da Marinha. Os *caras* da Marinha, quando viram a coluna, *se picaram* para Florianópolis. Teve *nego* que chegou de cueca em Florianópolis. Aí explodiram intencionalmente duas pontes na atual BR 101. Foi "aquela" confusão, e esse Grupamento Tático acabou chegando ao continente. Havia um Batalhão de Caçadores por lá. Eles foram tomar o quartel do Batalhão de Caçadores. O Cordeiro de Farias, metido a grande estrategista, ordenou que o coronel comandante do Batalhão de Caçadores resistisse até à morte. O cara mandou ele ir à merda e se entregou. O Cordeiro de

Farias colocou a *milicada* dele toda no *Minas Gerais*, saiu ao largo e disse que ia bombardear a ilha; quer dizer, ele ia atirar contra os quartéis lá do *Minas Gerais*. Artilharia de droga. Artilharia de porta-aviões e nada são a mesma coisa. Aí criou-se um impasse: nessa mesma noite votaram pelo Parlamentarismo. O Congresso foi tão sábio que votou pelo Parlamentarismo e desmobilizou aquela coisa toda. O *Jango* assumiu com restrições, com menos poder. Deram uma solução conciliatória para a coisa porque, se isso não acontecesse, eu tenho a impressão de que ocorreriam escaramuças. Seria um negócio muito triste. Não digo que fosse durar muito, porque não duraria o tempo de gastar a pouca munição que nós tínhamos. Não havia condições de aquilo virar uma guerra civil. Mas as pessoas sofreriam muito. *Esse Congresso que todo mundo esculhamba, na realidade, dentro dessa própria safadeza dele, de vez em quando acha soluções ao estilo brasileiro: pela não-agressão, pelo não-conflito final. Isso tem muita importância.*

Qual o efetivo de que o senhor dispunha?

– Nós éramos um Batalhão de Construção Rodoviário (em torno de 130 homens [grifo dos autores]). Se formos comparar, devia equivaler ao efetivo de uma companhia de um batalhão de Infantaria. É só a parte de serviço, para manter oficinas e fiscalizar a construção da estrada. Era quase nada.

Retomando:

– Enfim, um grupo já chegara e outro mais estava para chegar. O Cordeiro de Farias já tinha seguido com as tropas para o porta-aviões *Minas Gerais*, e as tropas que chegaram na divisa com o Paraná estavam combinando as coisas no sentido de não brigar, como efetivamente não brigaram. E aí, caso não se chegasse a uma solução do impasse com a Emenda Parlamentarista, haveria muitas coisas desagradáveis. Então, para nós, daquela época... eu, por exemplo, que havia passado incólume pela fase romântica, tive que encarar um negócio maluco que nem eu próprio conseguia explicar... isso de ficar rezando sem parar lá dentro daquele buraco era porque eu não estava preparado para aquilo, ia brigar por quê?

“Eu estou querendo salvar a Pátria e só estou fazendo merda”

O senhor consideraria esse momento um divisor de águas?

– Principalmente por parte da minha família, porque eu estava tentando “salvar a Pátria” e fiz um balanço disso mais tarde. Para cada brasileiro ativo existem 10 brasileiros que dependem dele: 10% da população do Brasil são efetivamente produtivos. Eu pensava comigo: eu estou querendo salvar a Pátria e só estou fazendo *merda*. Se cada brasileiro cuidar dos 10 que dependem dele, é uma beleza; então, eu vou tomar conta de cinco, que são a minha família. Com isso eu já estou fazendo muita coisa. Eu me metia nessas articulações para fazer loucuras que não produziriam coisa nenhuma. Aí a minha cabeça mudou. Eu achei que não era bem por aí. O Haroldo Corrêa de Matos, que fora meu professor no IME (depois foi até ministro das Comunicações)..., bebia demais, mas era fantástico. Ele me convidou para ser professor do IME. Ele era chefe do Departamento de Eletricidade. Eu topei. Naquele tempo você recebia um mandato de cinco anos para ser professor e eu refleti: vou embora. Vou ser professor.

Isso durante o Governo do Jango?

– O *Jango* assumiu o Governo; eu vim para o Rio de Janeiro para ser professor do Instituto Militar de Engenharia e aqui fiquei. Na Companhia Hidrelétrica do São Francisco havia um diretor que, para mim, foi uma pessoa importantíssima: chamava-se Amauri Alves de Menezes. O Amauri foi um *leão*. Ele organizava equipes: a gente não sabia fazer nada, e a Chesf foi o berço da Engenharia Elétrica porque foi construída por brasileiros; colocaram lá uma porção de norte-americanos, e nós mandamos todo mundo embora, mas... nesse tempo ainda era professor do IME. O Amauri, por sua vez, era muito amigo do general Luís Neves, que era o diretor do IME e cursara a Escola Superior de Guerra junto com o Luís Neves.

– O Luís Neves era amicíssimo do Juscelino desde Barbacena (Minas Gerais). Era um sujeito fantástico, uma pessoa calma e tranqüila. O Amauri, como tinha sido amigo dele na Escola Superior de Guerra, foi até lá pedir uns *milicos* emprestados porque estavam faltando engenheiros na Companhia Hidrelétrica do São Francisco. Houve uma briga do Amauri com um dos engenheiros que chefiava a parte técnica de lá, e o Luís Neves resolveu montar uma firma de eletricidade... saiu levando os engenheiros, e o Amauri ficou pendurado na brocha. Então, o Amauri queria engenheiros para elaborar os projetos. Foi lá no IME e pediu aqueles *milicos* emprestados. Foi até lá no Laboratório de Máquinas. Eu ministrava aulas de máquinas elétricas, era assistente do Rudolf Sauer. Aquela apostila sobre curto-circuito que nasceu no IME, eu ajudei a fazer. Então, eu estava lá no céu, estava fazendo a parte técnica de que eu tanto gostava. A minha vocação de engenheiro estava lá em cima, *estava estufado trabalhando no laboratório...* Eu fazia a calibração dos instrumentos dos laboratórios. Eu calibrava umas pontes, fazia a calibração de capacitores e, num dado momento, chegou aquele homem com gravatinha borboleta, parecendo artista do cinema de antigamente e me disse assim: "Você quer trabalhar na Chesf comigo?" Eu fiquei espantado e respondi: "Mas eu sou capitão." Ele argumentou: "Eu já falei com o Luís Neves, e ele me empresta você meio expediente. Você trabalha meio expediente aqui, ministra as aulas que tem que dar, regula o seu cronograma de aulas e, à tarde, você vai lá para a Chesf." Eu fui falar com o general Neves. Ele: "Se quiser ir pode ir." Fomos eu e mais uns dois *milicos* para a Chesf. Fomos para lá e ficamos trabalhando no Escritório Técnico da Chesf. Me deram uma subestação para projetar. Eu fiquei como se estivesse no céu... eu queria porque queria exercer a profissão de engenheiro eletricista. Recebi a Subestação de Piracama para projetar. Nós espalhamos subestações no Nordeste inteiro. A metade daquilo foi feita pelo Mauro Amorim, no campo, e eu no escritório. Eu fazia uma coisa deliciosa.

"Era uma miséria tão grande que tinha capitão e major dirigindo táxis"

– Quando acabou o primeiro mês, me veio um pacote de dinheiro desse tamanho. Naquele tempo eles pagavam em dinheiro. Veio o envelope com aquela maçaroca de dinheiro, e jogaram aquilo na minha mesa. Eu olhei para aquilo revoltado e disse: "Esses corruptos civis estão me corrompendo. Eu sou oficial do Exército, ganho para trabalhar, e esse cara vem e joga dinheiro na minha mesa." Peguei aquele dinheiro, fui lá no gabinete do Amauri e disse: "Botaram esse dinheiro na minha mesa." Ele respondeu: "Você não trabalhou?" Trabalhei. "Você não acha que merece receber o dinheiro pelo qual você trabalhou?" Outro abalo em cima de mim. Ele completou: "Pegue essa grana e compre uns ternos, porque você se veste muito mal. Você parece um mendigo. Você veio para cá. Pelo menos melhore essa aparência." Eu refleti: esse cara tem razão! Naquele tempo a situação dos *milicos* era bem pior do que agora. Era uma miséria tão grande que tinha capitão e major dirigindo táxis. Então, os coitados se viravam assim: eram também motoristas de praça. Era uma coisa desagradável. Eu fazia desenhos. Tinha uma prancheta em casa e virava as madrugadas desenhando projetos. Eu fazia projetos de edifícios, de instalações. Eu mesmo desenhava, porque não tinha dinheiro para pagar um desenhista. Eu fiz os projetos de uns prédios e ganhava algum dinheirinho. Quando fui para a Chesf, vi aquele montão de dinheiro sem precisar fazer além do que uma pessoa normal faz; quero dizer: ir para casa, jantar, dormir, acordar no dia seguinte... sem precisar virar as madrugadas trabalhando. Eu achei aquilo um negócio diferente.

– Aí veio a outra parte, isto é, a minha última participação maluca nesse troço. Tinha um general que se chamava Augusto Magessi; que era presidente do Clube Militar e ele ficou *na bronca* com o João Goulart. Os *milicos* promovendo reuniões na Vila Militar, reclamando de salário e, enquanto isso, os metalúrgicos entravam em greve, e o salário dobrava; outro sindicato se reunia, e o salário dobrava. *Pintou* sindicato de marinheiro, *pintou* sindicato de tudo. Os sindicatos se reuniam, e os trabalhadores conseguiam obter reajustes, enquanto os *milicos* ganhavam pouco. O general Augusto Magessi resolveu emprestar o auditório do Clube para que os militares se reunissem e juntou, como sempre, o pessoal da Escola de Aperfeiçoamento de Oficiais, da Escola de Comando e Estado-Maior do Exército e do IME para protestar contra a situação dos militares. Era ministro da Guerra o general Jair Dantas Ribeiro; o chefe do Estado-Maior era o general Armando de Moraes Âncora. O Jair reprimindo, não querendo que houvesse reuniões no Clube Militar, e eu dando aulas no IME e indo para a Chesf. Um dia, um colega me perguntou: "Poxa, rapaz, você agora que virou rico, que está lá na Chesf ganhando um dinheirão, esqueceu da gente?" Eu perguntei: "Por quê?" "Porque estamos nos reunindo no Clube Militar para protestar contra os baixos salários, e você não aparece." Então fui até lá.

"Xingavam todo mundo e cantavam a Canção da Cavalaria"

– Cheguei lá e tinha muita gente: dois mil, três mil *milicos* dentro do Clube. Chegava um cara lá, fazia discurso e ofendia D. Maria Thereza

Goulart, a primeira-dama do país. Um baixo-astral danado e quando chegava mais tarde um pouquinho, quando a turma estava com sono, cantavam uma canção militar, e ia todo mundo para casa heroicamente reconfortado. Eram canções da Escola Militar, pretensiosas para burro, um troço assim: *"Escola Militar, heróis a lutar. Na paz como na guerra, honrando as tradições da nossa terra..."* Aí fazia um estribilho assobiado. Aí marcavam reunião para o dia seguinte, iam para lá, xingavam o Jango, xingavam a Maria Thereza, xingavam esse, xingavam aquele e cantavam a *Canção da Infantaria*. No outro dia, xingavam todo mundo e cantavam a *Canção da Cavalaria*. No outro dia, também xingavam todo mundo e cantavam a *Canção da Artilharia*. Quando chegou na *Canção da Intendência*, encheu meu saco porque o pessoal cantava e não fazia nada. Eu peguei e redigi um manifesto propondo que a responsabilidade tinha que ser restabelecida. Estavam lá o João Baptista Figueiredo, o Newton Cruz, que depois foi candidato a um cargo eletivo, o Plínio Pitaluga e aqueles colegas do próprio Clube Militar que faziam política. Eu quis ler o meu manifesto. Tinha um coronel por lá que era o segundo do general Augusto Magessi, o qual me falou assim: "Vamos encerrar a reunião por aqui. Você não lerá manifesto algum porque essa reunião aqui é para prestar solidariedade ao general Magessi e você já quer ler manifesto." Eu retruquei: "Não estou aqui para prestar solidariedade ao general coisíssima alguma. Eu estou aqui porque o pessoal está reclamando dos vencimentos, não está ganhando dinheiro suficiente para sobreviver com dignidade. Não tem nada a ver com o general Magessi." Ele voltou-se e argumentou: "Mas eu estou cansado, estou com reumatismo e vou para casa." Eu retruquei: "Lugar de velho é em casa rezando o terço." Então, foi aquela confusão. Já tinha virado bagunça. O camarada se levantou num rompante, foi embora, e o João Figueiredo se sentou lá como dirigente da mesa, virou-se para mim e disse: "Você vai ler o manifesto." Eu fui. Li o manifesto. A turma não gostou, e teve um cara lá que falou que estavam faltando os considerandos; que um manifesto sem considerandos não é manifesto. Eu pedi que ele sugerisse o primeiro considerando. Ele disse: "O presidente da República é irresponsável..." Entrou vice-presidente, senador, deputado, ministro, ministro militar, porque todo mundo era irresponsável. *Então, o manifesto era assim: os militares se recolheriam às suas unidades e de lá somente sairiam quando fosse reestabelecido o clima de responsabilidade no País. A idéia era fazer uma greve ao contrário. O*

Exército vive de economias administrativas; então, chega no fim do expediente dispensa todo mundo para não jantar no quartel, fim de semana também; e militar não pode dispensar duas coisas: a Etapa (que é a comida). Ele tem que comer. E o soldo. Tem que receber e comer. É obrigado. Se a gente mantivesse os soldados dentro dos quartéis numa prontidão voluntária, a economia do Exército ia para o espaço em pouco tempo. Na medida em que a greve prejudica o industrial ou o dono da empresa porque ela não produz, no Exército a gente pretendia fazer um negócio que ia levar a economia do Exército para o espaço, pela exacerbação do cumprimento do dever; quer dizer, o *cara* que tinha direito de ir para casa simplesmente não ia. Ficava segurando os soldados lá dentro. A idéia era essa.

O senhor tem cópia desse manifesto?

– Não. Mas a idéia era essa. O pessoal gostou e aplaudiu o manifesto, etc. Tinha um *cara* lá cujo nome era Benito Mussolini... Como é que um pai coloca o nome no *cara* de Benito Mussolini? Esse sujeito, todo metido a macho, deu um berro lá do meio do salão: "Mata esse comunista filho-da-puta!" Aconteceu, porém, que *os oficiais deram um pau nele*, levaram-no para um canto, para o banheiro, porque o *cara* sacou uma arma. Mas ficou por isso mesmo. O Estélio Galvão, major de Artilharia (que já está morto), fez um discurso inflamado. Em seguida o Ardovino Barbosa resolveu discursar. Eram três horas da madrugada, ele não acabava o discurso, e eu continuava com o manifesto nas mãos. Alguém taquigrafou o manifesto, esses *puxa-sacos*, e levaram para o Ministério da Guerra, para a Segunda Seção (Informações). O *cara* que taquigrafou deu para o jornal também e, na madrugada, enquanto eu estava lá dormindo, descansando, publicaram o texto na primeira página do ***Jornal do Brasil***. Isso foi em agosto de 63. Não me lembro direito.

Houve um momento em que o senhor registrou a situação de um colega que se suicidou, atirando-se no rio porque entrou em pânico. O Exército treina as pessoas para a guerra, para defender-se do inimigo. Uma vez que essas mesmas pessoas não encontram esse inimigo, deve ser uma frustração muito grande...

– Mas não foi frustração. Foi medo. Todo mundo que viu disse que o *cara* ficou desesperado e com medo dos panfletos lançados daqueles aviões em vôos rasantes, então saltou da caçamba do caminhão e se jogou lá embaixo.

Foi significativo...

– Não, foi pitoresco. Um pitoresco trágico; mas é para ressaltar como é que as pessoas estavam despreparadas para aquilo. Aquele sargento que se levantou com um pesadelo no meio da noite no *Centro de Tradições Gaúchas*, atirou e matou pessoas, aquele *cara* estava atormentado. Ele gritava: "Inimigo, inimigo!" E *nego* que estava deitado lá morreu à toa, de graça. Aquilo foi combate? Não foi coisa nenhuma. Foi pura bagunça, gozação e medo. Eu não disse para vocês que, em Lages, eu já era capitão, com três filhos, e estava dentro daquela *toca de raposa* rezando sem parar? A única coisa que eu sabia era rezar porque eu estudei em colégio de padre. Na hora eu somente rezava...

"Setenta e um, acerta o passo!"

O senhor é bastante crítico no que diz respeito à vida militar...

– Eu não quero ser crítico do Exército. Acho o Exército uma corporação fantástica. Eu é que não tinha nada a ver com aquilo. Eu somente concluí isso depois de passar 17 anos lá dentro. Depois que eu li aquele manifesto no Clube Militar, me prenderam porque saiu no ***Jornal do Brasil*** a publicação, informando que o capitão Mello lera o seu manifesto e coisa e tal. Quando eu levantei pela manhã, meu sogro chegou com o ***Jornal do Brasil*** e disse: "Rapaz, você se meteu numa enrascada, numa complicação danada." Eu li aquilo e preparei a bolsa de viagem com pasta de dente e tudo... No Instituto Militar de Engenharia, logo que eu entrei no saguão, um dos sargentos que estava de serviço me alertou: "Capitão, o general está esperando o senhor lá em cima; quer falar com o senhor." Eu fui falar com o Luís Neves, o coitado estava com as duas mãos na cabeça. Quando eu cheguei, ele disse: "Porra, você só faz merda." Ele me deu um papel onde estava o recorte do jornal colado e escrito embaixo assim: "*Ouvir o capitão Mello. Se confirmar a autoria do manifesto, recolhê-lo à Fortaleza da Lage*". Eu peguei aquele papel, corrigi os erros de português, coloquei vírgula, corrigi a concordância... O *cara* que taquigrafou fez uma droga. Eu escrevi o troço mais ou menos na forma e assinei. Eu assinei porque não toleraria que ficasse aquele manifesto do jeito que o jornal publicou. O general disse: "Você é o único *cara* que acha que está de passo certo."

Passo certo é quando a gente está marchando no ritmo, direitinho, batendo o pé direitinho. Eu nunca marchei no passo certo. Eu me virei para o general e lhe disse: "Olha general, o senhor tem toda razão, eu que estou no passo errado. O Exército todo está certo, eu estou errado". Desde o tempo de cadete... tinha um tenente lá como instrutor dos cadetes que vivia dizendo: "Setenta e um acerta o passo!" Esse 71 era eu. Eu não tinha nada a ver com aquilo. Me colocaram a bordo de uma lancha e me levaram para a Fortaleza de Santa Cruz, porque para ir para a Fortaleza da Lage você tem que ir de lancha. Aquilo ali é uma rocha, tem até escotilha, o diabo. Quando a maré sobe, aquilo fica semi-submerso. Aí eu fui de lancha e cheguei lá, mas os *caras* não conseguiram me colocar na Fortaleza da Lage e me levaram para o Forte do Imbuí, lá do outro lado da baía. Fiquei preso um mês. Certo dia chegou um capitão que servia na fortaleza e me disse: "Você deve liderar o movimento!" A mulher daquele oficial estava até tuberculosa e eu respondi: "Olha rapaz, fica na sua porque eu já tomei uma decisão. Não vou liderar coisíssima nenhuma. Eu vou é sair do Exército. Vou pedir demissão dessa porcaria." "Mas... como você vai pedir demissão?" O *Paulinho*, que é meu filho mais novo do primeiro matrimônio e hoje trabalha como analista de sistemas da *Light*, tinha uns três anos de idade, então eles permitiam visita. No dia da visita, minha ex-mulher me levou um bilhetinho do Paulinho que estava aprendendo a ler. Ele colocou aquela coisa feita com espadinhas desenhadas: "Pai, faz o que tu quer."

– Eu assinei o requerimento, pedi demissão do Exército no dia 12 de agosto de 1963. Eu trabalhava na Chesf e pedi para me desligar da empresa porque eu não queria complicação nem para o Amauri, nem para o doutor Apolônio Sales, que era o presidente da empresa. Me conduziram preso para o forte do Imbuí para checar se eu era daquele *Comando Anticomunista;* me incluíram num Inquérito Policial Militar; o general Antonio Henrique de Moraes me ouviu e constatou que eu não tinha nada a ver com aquilo. Daí o Amauri me chamou e perguntou se eu queria trabalhar por lá. Aceitei. No primeiro mês – eu ganhava 40 contos, sei lá quanto, no Exército – como engenheiro da Chesf eu ganhei 200 contos, cinco vezes mais. Já havia pedido demissão, e os *caras* do Exército me perguntavam fundamentado em quê eu estava pedindo demissão. Eu disse: "Na Constituição. Quero trabalhar onde eu quiser. Não quero mais trabalhar com vocês. Vocês ficarão livres de mim, porque o que vocês vêm fazendo comigo é me prender. Como eu faço tudo errado, vocês ficam livres de mim." Naquela época eu completara 17 anos de serviço, dos quais nove anos como capitão. Os colegas da minha turma começavam a ser promovidos a majores. Era a turma do Rubens Bayma Denys. Esse que depois veio a ser ministro do Exército, o Zenildo Zoroastro de Lucena, foi meu *bicho* na Escola Militar.

Notas

[1] Dona Ernestina Penna Franca era uma simpática senhora que, no seu bem localizado apartamento em Copacabana (na Avenida Atlântica, quase esquina com Rua Siqueira Campos), promoveu uma série de reuniões políticas. Desses encontros participaram, entre outros, o então coronel-aviador João Paulo Moreira Burnier e o sr. Antonio Carreira – que organizou uma associação denominada *Clube dos Pajés*, cuja primeira sede social ficava na Rua São Clemente, 249, em Botafogo – e que, pode-se dizer, foi um reduto fortíssimo dos conspiradores de Março de 1964.

[2] Órfão de mãe com apenas um ano e meio, Henrique Mello nasceu no Espírito Santo. Seu pai, Álvaro Ferreira de Mello, era médico sanitarista e foi um dos precursores da luta contra as endemias rurais. Foi, inclusive, aluno de Carlos Chagas na Escola de Medicina. Clínico, montou uma pequena farmácia em Vila Velha. Foi secretário de Punaro Bley e integrou os quadros da *Aliança Liberal*.

[3] No depoimento prestado à *Coordenadoria de Pesquisa da Eletrobrás*, Henrique Mello destaca: "... é uma coisa que impressiona um jovem que vê aqueles filmes com Gary Cooper atrás de uma metralhadora que não pára de atirar e via um companheiro morrendo à esquerda... aquilo para nós era fantástico..."

[4] Dentre as reminiscências, Henrique Mello destaca os trotes recebidos na Escola Preparatória de Cadetes. Por exemplo, colocar o *bicho novo* (isto é, o aluno recentemente admitido) para medir o pátio com um palito de fósforo; furar todas as letras **O** de um jornal com um palito; obrigá-lo a bater numa lata e gritar *mexeu* toda vez que o ponteiro dos minutos do relógio do alojamento se movimentava etc.

[5] À equipe de entrevistadores do *Centro da Memória da Eletricidade* da Eletrobrás, Henrique Mello contou que, durante o tempo em que prestou serviços no Batalhão Escola de Engenharia, um soldado sob o seu comando morreu durante um exercício denominado *Abertura de Brecha em Campo Minado*:

Eis o relato:

(...) Eu fui encarregado de coordenar este exercício. Tinha que simular um campo minado. Mas o campo minado... eu não ia colocar minas. Então, eu botei uns petardos. Não sei se vocês sabem o que é petardo. Petardos são uns artefatos assim, pouco maior do que isso (exemplifica utilizando as mãos) de trotil, que é um explosivo violentíssimo (...) Então, para não utilizar minas, eu peguei petardos e retirei o invólucro deles, para não haver estilhaços, e armei alguns desses naquele suposto campo de minas, porque numa determinada etapa do exercício uma das coisas exigida era acionar a mina com uma *fateixa*; *fateixa* é uma espécie de ancorazinha de quatro pontas. (...) Então, o *cara* que vai atravessar um campo minado, para que ele possa acionar todas as minas que vão funcionar a tração... porque é um aramezinho fininho, esticado, e o sujeito vem e tropeça naquilo, aciona uma mina pessoal e morre, não é? Então, eu armei um negócio desses para mostrar, no exercício, como é que se acionava por *fateixa* uma mina dessas. Então, era pegar uma corda fininha, amarrar a *fateixa* na ponta. Você lança aquela *fateixa* lá na frente e vem arrastando, explodindo as minas que tiverem dispositivo de tração. Eu coloquei um petardo numa área equivalente a dois campos de futebol e balizei. Botei umas bandeirinhas para ninguém passar por ali. Um dos exercícios era abertura de brecha. Como é que a gente fazia isso? Existe uma coisa chamada *torpedo bangalore*. É uma espécie de cano (...) cheio de explosivos dentro com roscas dos dois lados. A gente vai emendando aqueles pedaços de cano com roscas e empurrando para dentro do campo minado. Uma tripa comprida para o lado que você quer passar. Coloca espoleta do lado, explode e aquilo abre uma passagem. (...) Então, eu precisava mostrar à Infantaria (...) E aí eu não sei qual foi o idiota que inventou... porque como o pessoal da unidade de Engenharia não era muito treinado em coisas de Infantaria, eu tinha que designar um cabo ou sargento que deveriam comandar aquele grupo que atravessaria a linha. E aí convocaram os *caras* e enxertaram nesse grupo o pessoal da minha companhia. Eu só sei que o cabo, o sargento que ia à frente se perdeu e, em vez de passar pela brecha, atravessou o campo à louca, e os soldados mais loucos ainda, em vez de passarem em coluna, desenvolveram, abriram em leque. E eu com um pressentimento *filho da mãe* lá atrás, saí correndo, gritando para os *caras* pararem... mas não deu. Um soldado não teve sorte.

Chamava-se Arlindo Armando Suzano... Porque o dispositivo de tração é de compressão também. Ele tem uma *chapeleta* em cima que se o cara pisar ela também aciona. Pois o rapaz pisou em cima dessa chapeleta. Aí voou para o espaço. Voou. Foram resgatar os pedaços do cara. E esse troço me chocou muito. Eu achei que se aquilo era brincadeira, imagina se fosse de verdade.

[6] Nas lembranças dos primeiros tempos de caserna, Henrique Mello acrescenta que, quando cursava o segundo ano da Escola Militar, houve um acidente gravíssimo envolvendo alunos do terceiro ano. Eles participavam de um exercício com minas e um artefato anticarros explodiu. Saldo trágico: dois mortos, alguns aleijados e muitos feridos.

[7] Aos pesquisadores do *Centro de Memória da Eletricidade* da Eletrobrás, Henrique Mello particularizou algumas situações curiosas e exemplos não abordados pelos autores. Sobre a arma de Engenharia, disse ele (vol. 1, pp. 29-30):

(...) A arma de Engenharia é, vamos dizer, uma arma do Exército que, na guerra, se encarrega de demolir e construir, não necessariamente nessa ordem. Mas quem se defende, demole e quem ataca, constrói. Não sei se isso dá para sintetizar a coisa. Então, quem se defende coloca entre ele e o inimigo um campo minado. Quem ataca tem que abrir uma brecha no campo minado para passar, isso tudo envolvendo explosivos. E aí, quando abre essa brecha, a Infantaria passa através da brecha e o inimigo – que está se defendendo – atira em cima dos *caras* que estão passando por aquela brecha. Então, é uma fase muito crítica, muito triste. Essa, a intenção dos artefatos. Porque são artefatos ultraperniciosos, ultratraiçoeiros. Inclusive, na Segunda Guerra Mundial, as minas pessoais se revestiam... a montagem das minas pessoais se revestia de uma crueldade fantástica. É o que os norte-americanos chamam de *body-trap* (engana bobo). A ponto de pegar um cadáver e botar em cima de um dispositivo de descompressão, porque existem vários dispositivos capazes de acionar uma mina pessoal. É descompressão. Tem um dispositivo com uma mola que você bota alguma coisa que pese em cima, tira o pino de segurança e quando esse peso é removido por algum motivo, aciona, bate o percussor e a mina explode. O próprio *cara* que tem um amigo, um soldado amigo ferido, gravemente ferido ou morto, coloca uma mina embaixo dele. Então, um inimigo que se aproxima, até por uma questão de humanidade para remover aquele corpo (ou socorrer o ferido), morre na explosão da mina.

E prossegue:

(...) Existem dois tipos de minas. A mina antipessoal e a anticarro. A mina anticarro é geralmente feita de plástico, que o detector de minas não identifica. Feito um disco cheio de um explosivo chamado trotil, e o detonador dela é uma peça assim, do tamanho desse copo que a gente abre por cima e, quando o carro (o tanque de batalha) passa por cima, aquilo cisalha, corta (ver Aurélio, p. 412) uma parte do metal por causa do peso. Se uma pessoa passar por cima, aquilo não detona. Agora, passando um veículo, ela é feita somente para veículos, quando cisalha aquilo o percussor fere a espoleta e destrói a lagarta do carro. Ele pára, porque o carro de combate quando pára está liquidado (...).

[8] Henrique Mello explicou que o Batalhão Rodoviário sediado em Lages foi integralmente transferido como castigo para aquela região após a Revolução Constitucionalista de 1932:

(...) Foi cumprir uma punição, porque quando ele estava sediado em São Paulo a sua denominação era Batalhão de Sapadores. Um dia o povo paulista vaiou o batalhão quando ele estava desfilando, e aí os soldados saíram de forma e deram uma surra no povo. Então, como punição, eles foram mandados a Santa Catarina para construir estradas lá no planalto (...).

[9] Durante a entrevista que concedeu sobre a sua atuação no *Putsch* Lott (1955); nos preparativos para a *Rebelião de Aragarças* (1959); e, posteriormente, junto ao aparato destinado a esmagar a Guerrilha do Caparaó, quando comentou sobre a prisão e morte de Chael Schreier nos bastidores da Comunidade de Informações e, ainda, ao particularizar suas ações como um dos principais agentes operativos do ***Grupo Secreto***, junto com Pierre Richel Pellegrin, Hilário José Corrales e o coronel de Artilharia Alberto Carlos Costa Fortunato, o coronel Luiz Helvécio da Silveira Leite também assegurou que, dificilmente, os generais participavam dos exercícios conspiratórios.

[10] Henrique Mello recordou-se da violenta campanha empreendida pelo ***O Globo*** contra o presidente Getúlio Vargas. Em particular, da série de reportagens denominada *O livro negro da corrupção*.

[11] Henrique Mello conta que, no mesmo dia, num dos boletins do Exército e na edição do ***Diário Oficial***, aparecerem os nomes de Café Filho, Carlos Luz e Nereu Ramos, todos os três ocupando a presidência da República.

[12] Ver DULLES, John N. F. Forster. *Carlos Lacerda, a vida de um lutador*. V. 1, cap. 6, pp. 161-164.

Clube da Lanterna

Fundado em 28 de agosto de 1953 no Rio de Janeiro pelo jornalista Carlos Lacerda para combater o Governo Vargas. Conforme consta no *Dicionário Histórico e Biográfico* do Cpdoc que o presidente efetivo do Clube era o (então) jornalista Fidélis Amaral Neto.

O *Clube da Lanterna* (cuja sede inicial ficava na residência do jornalista Amaral Neto, na Urca) reunia diversos parlamentares, principalmente da UDN, todos interessados em desarticular o que classificavam de "a oligarquia de Getúlio".

Entre os que prontamente se integraram ao movimento e participaram da primeira reunião oficial, na *Associação Brasileira de Imprensa* (19 de maio de 1954), destacaram-se o senador Hamilton Nogueira e os deputados federais Raimundo Padilha, José Eduardo Prado Kelly, Olavo Bilac Pinto, Odilon Braga, Maurício Joppert e Heitor Beltrão (todos da UDN), e os também deputados federais Raul Pilla e José Pereira de Souza (do Partido Libertador).

Registra o *Dicionário Histórico e Biográfico* do Cpdoc:

" No ano de 1955, alinhando-se com udenistas e os militares do grupo do brigadeiro Eduardo Gomes e do general Juarez Távora, o *Clube da Lanterna* se opôs às candidaturas de Juscelino Kubitschek e João Goulart às eleições presidenciais de outubro, julgando-as demasiadamente comprometidas com o getulismo. Em 26 de abril, a Comissão Executiva e o Conselho Nacional do *Clube* solidarizaram-se com a candidatura de Etelvino Lins, homologada dois dias depois pela Convenção Nacional da UDN, e apoiada por setores dissidentes do PSD. Em 10 de maio foi endossado oficialmente o nome de Etelvino Lins (...)

" (...) No final de outubro, quando os resultados do pleito presidencial já estavam praticamente definidos a favor de Juscelino e Goulart, o vereador Wilson Leite Passos, ligado ao *Clube da Lanterna*, leu na Câmara dos Vereadores do Distrito Federal um manifesto da organização. Devido ao teor do documento, que foi considerado um atentado contra as instituições democráticas, o coronel Geraldo de Menezes Cortes, chefe de Polícia do Distrito Federal, abriu inquérito contra o *Clube* no dia 25 daquele mesmo mês.

" (...) No decorrer de 1956 – primeiro ano do Governo Juscelino – o *Clube da Lanterna* pautou sua atuação por ataques sistemáticos ao general Henrique Lott, então ministro da Guerra. Em setembro (a revista *O Maquis*, órgão oficial do *Clube*) teve sua edição apreendida por ordem do general Augusto Magessi Pereira, chefe de Polícia do Distrito Federal, que considerou a capa da revista ofensiva ao general Odilio Denys, comandante do Primeiro Exército. Em seguida, porém, Juscelino Kubitschek, preocupado em preservar a imagem democrática de seu governo, liberou os exemplares apreendidos, o que levou Magessi a pedir demissão.

Tempos depois (...) "identificado como um dos responsáveis pela crise político-militar que o país atravessava, o *Clube da Lanterna* foi fechado por decreto assinado pelo próprio Juscelino e datado de 24 de novembro de 1956. Outro decreto, também promulgado no dia 24 por pressão de altos oficiais da Marinha, fechou a *Frente de Novembro*, organização acusada de ser subversiva. Segundo alguns, a proibição das atividades do *Clube da Lanterna* foi uma espécie de satisfação ao general Lott, descontente com a punição imposta à *Frente de Novembro*, que sempre o prestigiara."

[13] Henrique Mello apresenta uma versão curiosa sobre o cerco do Exército à Base Aérea do Galeão. Segundo ele, o comandante da Base fez um acordo com o comandante do Batalhão Blindado, no sentido de que as unidades do Exército somente poderiam entrar naquele conjunto de aquartelamentos da Força Aérea depois que todos os aviões decolassem. Ou seja: a revolução foi contida exatamente ali.

[14] O General Henrique Lott angariou centenas de inimizades enquanto ocupou o Ministério da Guerra. Henrique Mello conta que uma das idiossincrasias praticadas pelo ministro foi a chamada *Lei da Vingança*. Ele achava que os infantes estavam indo muito devagar e – pasmem! – ele próprio era da Infantaria.

Henrique Mello explica à equipe de pesquisadores do *Centro de Memória da Eletricidade* da Eletrobrás, v. 1, página 60:

(...) então, ele inventou uma coisa muito má que era o seguinte: o pessoal da Arma de Engenharia, mesmo que houvesse vaga para ser preenchida, mesmo que tivesse tempo de serviço, somente era promovido quando o equivalente dele, da arma mais atrasada, fosse promovido. Não tinha nada a ver. Vamos dizer: a Engenharia estava precisando de major. O *cara* continuava capitão porque o infante não tinha vaga para major. Então, isso se chamou *Lei da Vingança*. E aí, para nós, a *Lei da Vingança* deixou de vigir no dia que inventaram o quadro de engenheiros militares dissociado do quadro de combatentes. Quadros separados. Então, passou a existir o quadro de Engenheiros Militares e o quadro de Material Bélico e o quadro de Telecomunicações. Comunicações saiu da Engenharia. Então, o pessoal de eletricidade, fortificações e construções e não sei qual outra especialidade permaneceu no quadro de engenheiros militares. O pessoal industrial de armamentos, industrial de automóveis, química e uma quantidade de outros ficou no quadro de Material Bélico...

[15] As declarações de Henrique Mello confirmam que o plano de explodir o gasômetro fora defendido por militares do Exército muito antes das acusações feitas (no final dos anos 60) ao brigadeiro João Paulo Moreira Burnier.

[16] Sobre a *Operação Bandeirantes* (Oban), vale reler a reflexão de Jacob Gorender (in *Combate nas Trevas – A Esquerda Brasileira: das ilusões perdidas à luta armada*, pp. 156-157):

Ei-la, como no original:

"O súbito aumento da escala da luta armada pôs à mostra a incapacidade do aparelho policial para o enfrentamento das novas organizações revolucionárias. Além de funcionarem no ritmo burocrático das repartições públicas, os Deops se achavam defasados e minados pela corrupção. Ganharam fama delegados paulistas com predileção por prisões de gente rica para extorquir dinheiro.

A ineficiência dos Deops e a dispersão dos recursos das Forças Armadas fizeram surgir a idéia de uma entidade centralizadora de homens e materiais na luta contra-revolucionária. Uma vez que em São Paulo mais se multiplicavam as ações de guerrilha urbana, fundou-se ali, a 29 de junho de 1969, a *Operação Bandeirantes* (Oban), iniciativa conjunta do general Canavarro Pereira, Comandante do 2º Exército, ao qual cabia a direção do novo organismo, e da Secretaria de Segurança Pública do Governo Abreu Sodré. Os quadros da Oban foram preenchidos por oficiais e subalternos das três Armas e da Força Pública de São Paulo, bem como por delegados, investigadores e pessoal burocrático da Secretaria de Segurança, então chefiada pelo professor Hely Lopes Meirelles. Incumbiu-se do comando operacional da nova instituição o major do Exército Waldir Coelho.

"Uma vez que não constava de nenhum organograma do serviço público, a Oban tinha caráter extralegal. Os problemas decorrentes desta circunstância se resolveram mediante transferência de recursos dos órgãos já existentes e do apelo a contribuições de grandes empresas brasileiras e multinacionais. Na coleta das contribuições se mostrou especialmente interessado e ativo o industrial Henning Albert Boilesen, presidente da *Ultragás* (executado a tiros por um comando conjunto do MRT e da ALN, no dia 15 de abril de 1971 [grifo dos autores]).

"A Oban se instalou nas dependências do 36º Distrito Policial, à Rua Tutóia. O lugar se tornou o mais famoso centro de torturas de Brasil em todos os tempos, só igualado pelo Quartel da Polícia do Exército do Rio, à Rua Barão de Mesquita.

"O êxito alcançado pela experiência-piloto de São Paulo venceu as objeções de oficiais que julgavam indevido ou inconveniente o envolvimento institucional do Exército em missões policiais. Em setembro de 1970, por decreto do presidente Médici, a Oban se integrou no organograma legal sob a denominação de Doi/Codi II (Destacamento de Operações e Informações/Centro de Operações de Defesa Interna do II Exército). Assumiu o comando do Doi/Codi II paulista o major do Exército Carlos Alberto Brilhante Ustra, oficial de Estado-Maior. De maneira meticulosa, Ustra sistematizou as operações de investigação, captura, interrogatório, análise de interrogatórios, fichário, cruzamento de informações etc. Sob suas ordens, a tortura deixou de ser arbitrária e caótica e se tornou uma prática orientada e metódica, friamente executada."

[17] Os *Grupos de Onze* foram instituídos por Leonel Brizola para servir "como instrumento principal à vanguarda avançada do Movimento Revolucionário que libertará o País da opressão capitalista internacional e de seus aliados internos, com a finalidade de instituir no Brasil um governo do povo, pelo povo e para o povo". Vitorioso o Movimento de Março de 1964, os militares constataram a existência de 1.298 desses grupos em todo o Brasil.

A propósito dos chamados *Grupos de Onze*, vale reler o texto publicado originalmente no livro *História das Revoluções Brasileiras*, do jornalista Glauco Carneiro, pp. 506-511).

Missão dos Grupos de Onze — O documento que veremos em seguida foi apreendido, pelo Exército, numa célula comunista de Niterói (Rua Marquês de Caxias, 24) e trata da missão dos *Grupos de Onze*, instituídos por Leonel Brizola para a revolução marxista a ser desencadeada. Recomendando as devidas cautelas, assim começa o relatório ultra-secreto: "Só os fortes e intemeratos podem intentar a salvação do Brasil das garras do capitalismo internacional e de seus aliados internos. Quem for fraco ainda terá tempo de recuar ante a responsabilidade que terá de assumir com o conhecimento pleno destas instruções. Após tomar conhecimento, só a morte libertará o responsável pelo compromisso de honra assumido com o *Comando Supremo de Libertação Nacional*, e é necessário que isso fique bem esclarecido a todos os companheiros dos *Grupos de Onze*. Procure sempre certificar-se de que o companheiro manterá sigilo sobre estas IS (Instruções Secretas). Através de conversa reservada com ele. Provoque-o antes, por outros companheiros, para testá-lo na salvaguarda de assuntos sigilosos. O compromisso de resguardo deverá ser um tanto solene, para impressionar o companheiro, devendo, antes, verificar-se as idéias desses soldados do *Grupo de Onze*, a fim de que sejam selecionados, ao máximo, os autênticos e verdadeiros revolucionários, os destemerosos da própria morte, os que colocam a pátria e nossos ideais acima de tudo e de todos – inclusive de sua própria família. Evitar-se, nos G.11, parentes consangüíneos ou amigos íntimos, é extremamente necessário. O ideal será constituir, cada *Grupo de Onze*, com elementos de categoria profissional, prontos e aptos a obedecer, nos vários escalões revolucionários, a todas as diversas tarefas que possam vir a ser-lhes recomendadas. O êxito do Comando dos Onze Companheiros dependerá, sempre, de observância fiel a estas Instruções Secretas e as outras que, proximamente, deverão ser divulgadas, em idênticas condições, pelo Comando Supremo de Libertação Nacional.

Em seguida, segundo Glauco Carneiro, as Instruções recomendam: "Sigilo, segredo, observação, conhecimento, informação e relatório, nossa principal tarefa, antes do dia libertador."

"Leiam e divulguem, com as devidas e naturais reservas, estas instruções. Nossa vitória final depende de sua fiel observância. **1. Objetivos** – 1.1 – Os *Grupos de Onze Companheiros* têm, por finalidade precípua, servir como instrumento principal e vanguarda avançada do Movimento Revolucionário que libertará o país da opressão capitalista internacional e de seus aliados internos, com a finalidade de instituir no Brasil um governo do povo, pelo povo e para o povo. 1.2 – Os G.11 serão como foi a *Guarda Vermelha* da Revolução Socialista de 1917 na União Soviética – da qual seguirá o vitorioso exemplo –, os agentes e aríetes da libertação do nosso povo do capital espoliativo norte-americano. 1.3 – Em conseqüência, não nos poderemos deter à procura de justificativas acadêmicas para atos que possam vir a ser considerados pela reação e pelos companheiros sentimentalistas, agressivos demais ou, até mesmo, injustificados. 1.4 – Devemos, e é nossa obrigação principal, fazer ver aos *Grupos de Onze Companheiros* que estamos em permanente luta contra os inimigos internos e externos do povo brasileiro e que, qualquer que seja a situação que lhes apresente ou as ordens a serem executadas, *os fins justificam os meios e que tudo será ainda pouco para libertação nacional.* 1.5 – É extremamente necessário, absolutamente indispensável mesmo, que os comandos saibam escolher, com grande cuidado, os companheiros, estudando-lhes o caráter, a educação, os sentimentos, os problemas íntimos, o padrão de vida, a necessidade individual de cada um, a fim de dar a cada qual o tipo de tarefa que combine com a personalidade, posses e educação do militante". **2. Observações** – 2.1 – Os companheiros deverão, e isto lhes deve ser dito, conseguir, o mais rapidamente possível, os instrumentos próprios para a *Guerra de Libertação Nacional* que será travada, e toda e qualquer arma servirá ao fim proposto. 2.2 – Os *Grupos de Onze Companheiros*, como vanguardeiros da libertação nacional, terão que se preparar devidamente, sem atentar para a situação política do momento, sem medir conseqüências ou esperar ocasião propícia, devendo considerar-se, de já, em revolução permanente e ostensiva contra a situação vexatória a que é submetido o Brasil pelos grupos imperialistas internacionais através de seus aliados nacionais. 2.3 – O estudo da arte militar e dos ensinamentos advindos das Revoluções Populares já havidas em outros países, assim como os exemplos patrióticos das Frentes de Libertação Nacional de outros povos devem ser incentivados ao máximo em todas as nossas várias unidades, razão pela qual precisamos nos armar sempre e cada vez melhor para destruir o inimigo comum que se levantou, apoiado nas forças mais retrógradas e antipopulares, contra nossos ideais de libertação nacional e contra as indispensáveis reformas de base. 2.4 – A condição de militante dos gloriosos G. 11 traz consigo enormes responsabilidades, e, por isso, embora para a formação inicial de nossas Unidades não seja *condição sine qua* o conhecimento da técnica propriamente militar, torna-se absolutamente necessário o da técnica de guerrilhas e a leitura, entre outras importantes publicações, do folheto cubano a respeito daquele mister, é essencial, sabendo-se que poderão todas aquelas indicações ser melhoradas por improvisações na hora da ação libertadora. **3. Ação Preliminar** – 3.1– Os companheiros dos *Grupos de Onze* deverão procurar conseguir, como já ficou esclarecido, todas as instruções revolucionárias possíveis referentes às técnicas guerrilhescas; eis que a falta de preparação e a ignorância, em momentos que poderiam ter sido decisivos para a libertação nacional, deixaram de ser aproveitadas em decorrência daquelas insuficiências, devemos nos lembrar que, hoje, temos tudo a nosso favor, inclusive o beneplácito do governo e a complacência de poderosos setores civis e militares, acovardados e temerosos de perder seus atuais e ignominiosos privilégios. 3.2 – Os companheiros dos *Grupos de Onze* procurarão conseguir, de já, os armamentos necessários para o Momento Supremo, e lembrarmos que tudo servirá como arma, desde as rudimentares e pouco eficientes *manulichas* (*mannlichers*) e espingardas de carga dos camponeses, até revólveres, pistolas e metralhadoras, sendo de não se esquecer dos preciosos coquetéis molotov e outros tipos de bombas incendiárias, até mesmo estopa e panos embebidos em óleo ou gasolina. 3.3 – A escassez inicial de armas poderosas e verdadeiramente militares será suprida pelos aliados militares que possuímos em todas as Forças Armadas, notadamente nos grandes centros como Guanabara, Pernambuco e, especialmente, nos Estados do Rio de Janeiro (PM) e no Rio Grande do Sul (Brigada Militar, grifo dos autores), além do Corpo de Fuzileiros, que nos fornecerá de imediato, para a ação libertadora na Guanabara, o material potencialmente necessário. 3.4 – Nesse mesmo dia, os camponeses, queimando plantações, engenhos, celeiros, depósitos de cereais e armazéns gerais, convergindo para as sedes de seus respectivos povoados, fazendas, vilas e distrito onde reunir-se-ão aos G. 11 ali em atuação, desenvolvendo-se, então, uma operação geral designada em outro local destas Instruções Secretas. 3.5 – Nas cidades, os companheiros, instruídos e já em ação, incitarão a opinião pública com gritos e frases patrióticas, procurando levantar, as bandeiradas mais sentidas, reivindicações populares, devendo, para a vitória desta tática, atrair o maior número de mulheres e crianças para, à frente da massa popular, acobertar a ação dos G. 11 da reação policial-militar. 3.6 – A agitação será nossa aliada primordial, e deveremos iniciá-la nos pontos finais dos veículos coletivos, à hora de maior movimento, nas ruas e avenidas de aglomeração de pedestres, próximo às casas de armas e munições e nos bairros eminentemente populares e operários. *3.7 – Desses pontos e à sombra da massa humana, deverão convergir os G. 11 especializados em destruição e assalto, já comandando os companheiros e com outros se juntando pelas ruas e avenidas, para o centro da cidade, vila ou distrito, de acordo com a importância da localidade, depredando os estabelecimentos comerciais e industriais, saqueando e incendiando, com os Molotov e outros materiais inflamáveis, os edifícios públicos e os de empresas particulares.* 3.8 – Deflagrada igualmente a greve geral em todo o território nacional, as indústrias, edifícios públicos e comerciais incendiados, agitações estalando em todos os pontos com as autoridades policiais e militares totalmente desorientadas, estaremos, nesse momento, a um passo da tomada efetiva do Poder-Nação, graças à ação decisiva dos nossos G. 11 e da força dos nossos ideais. 3.9 – Ataques simultâneos serão desfechados contra as centrais telefônicas, radioemissoras e, onde houver, de TV, casas de armas, pequenos quartéis militares das PM e de outras Forças Armadas isoladas em locais interioranos etc. **4 – Tática Geral da Guerrilha Nacional** – 4.1 – O conglomerado de observações reservadas sobre a ação revolucionária resume-se, em análise sintética, em que o ponto principal das operações iniciais será nos bairros, realizando-se, simultaneamente, desordens em outros quarteirões, executando-se, depois, um ataque geral e concentrado dirigido aos quarteirões centrais. Para conhecer-se bem os objetivos antes de atacá-los, é necessário que sejam organizados "cadernos especiais" contendo todas as descrições dos futuros objetivos a serem atingidos. Destruição de armazéns, pontes, passagens, vias férreas, ataque e desarmamento de pequenos grupos de soldados, procurando-se organizar a revolta das tropas, difundindo-se notícias falsas, tendenciosas e inteiramente favoráveis aos nossos G. 11 e aos nossos planos. Interceptação de comunicações telefônicas para isolamento das cidades e de seus meios de comunicação. Fechamento de barreiras, ruas principais e praças mais movimentadas. Lembrar sempre que a surpresa é o fator principal de sucesso inicial da libertação nacional e trabalhar, naquele momento com o máximo de nossos esforços, o meio de atingir aquela libertação. 4.2 – A greve geral será o sinal inicial de que a massa operária está disposta à luta em qualquer terreno e, no momento exato, será deflagrada através de senha especial. 4.3 – Os Grupos de Onze Companheiros terão que suportar o peso de toda a operação inicial. O *Partido Comunista do Brasil* será nosso principal aliado, ao lado de organizações poderosas, como o *Comando Geral dos Trabalhadores* (CGT), o *Pacto de Unidade e Ação* (PUA), o *Comando Intersindical* (CIS) e todos os sindicatos nacionais. 4.4 – É necessário que todos os companheiros dos G. 11 se imbuam do sentimento místico e essencial de serem a alavanca militar do progresso e da libertação nacional brasileira, e isso deve ser repisado a todo instante pelos comandos regionais, a fim de que não se sintam eles tentados a fugir ao primeiro embate com os reacionários e outros inimigos do povo brasileiro, inclusive alguns destacamentos militares, que, certamente, procurarão nos destruir.

Tarefas e seus Executores – 5.1– As tarefas deverão ser designadas na forma do disposto nestas Instruções Secretas de acordo com as características individuais de cada companheiro dos Grupos de Onze e conforme o que se tornar necessário improvisar no curso da Ação Libertadora.

O documento justifica:

6. O porquê da revolução nacional libertadora. – 6.1 – Devemos agora fazer um entreato nestas Instruções Secretas, absolutamente indispensável, para explicarmos as razões da nossa luta em defesa da libertação nacional. 6.2 – *É que o Brasil sofre a exploração de capital monopolista estrangeiro através do comércio exterior, dos empréstimos financeiros e das inversões diretas de capital, inclusive em ramos fundamentais da indústria, sendo que os monopólios norte-americanos já alcançaram o predomínio absoluto sobre seus competidores de outros países imperialistas e passaram a atrair para os seus empreen-*

dimentos capitais brasileiros. Essa exploração de Wall Street impõe pesados sacrifícios à nação, pois os monopólios ianques apoderam-se da parcela mais considerável do valor criado pelos trabalhadores nacionais, provocando grave deformação na economia nacional, entravando o seu progresso e agravando, sobremodo, a situação de pobreza de nosso povo, notadamente nas camadas mais humildes, embora essa opressão norte-americana e de seus aliados internos se faça sentir sobre todas as camadas de nossa população. A estrutura agrária se baseia predominantemente na grande propriedade de terra, sendo o país de maior concentração latifundiária do mundo moderno, o que serve de base às formas pré-capitalistas de exploração, através do enriquecimento pelo valor das terras e pelo elevado grau da exploração dos trabalhadores do campo. É sabido que a classe mais reacionária da sociedade brasileira, a dos latifundiários, encarna as relações de produção mais atrasadas e constitui um obstáculo à expansão das forças verdadeiramente produtivas, que teriam campo livre para agir, se a elas fossem entregues essas terras havidas ilegalmente. Afora isso, existem as reformas de base preconizadas pelo atual governo, que não podem deixar de ser apoiadas pelo povo e pelos patriotas de todos os partidos políticos. Mas, os latifundiários, os anti-reformistas de toda a espécie, os aliados dos norte-americanos e os congressistas acumpliciados aos interesses antinacionais, enfim, todos os que constituem a vasta *Camorra* contrária ao alevantamento da Pátria e aos interesses proletários estão lutando para impedir possa o atual governo levar avante seus planos de salvação nacional. 6.3 – É necessário, portanto, que todos lutem em defesa do atual governo, embora nele estejam representadas parcelas ponderáveis de inimigos do povo e do próprio presidente da República, que está atualmente sem forças políticas no Congresso para realizar as necessárias reformas preconizadas pelo Chefe da Nação. A reação do povo em favor do governo fará com que ele se sinta com poder suficiente para enfrentar a reação e o latifúndio, assim como os inimigos do Brasil enquistados em vários e importantes comandos do poder civil e militar do país. 6.4 – A burguesia nacional, por sua vez, estará disposta a nos auxiliar através de alguns dos seus mais representativos líderes, se tiverem certeza de que os respeitaremos na luta e na vitória. Por isso, já estamos com ela como aliada, daí contarmos com fundos para nossa guerra contra o capital espoliativo estrangeiro e de seus aliados internos. A burguesia ligada aos interesses nacionais possui duplo caráter. Pertencendo a um país explorado, encerra um potencial revolucionário capaz de opor-se à dominação imperialista, desde que existam garantias reais de sua sobrevivência futura. Nós a apoiaremos após a vitória, respeitados os limites de nossa própria segurança e o interesse dos nossos companheiros e aliados. Por isto, elas nos fornece, através de veladas pressões de alguns companheiros, fundos para a *Campanha de Redemocratização do Brasil* através da *Guerra de Libertação Nacional*. 6.5 – Estes são os principais motivos, e não poderíamos nos furtar a explicá-los e aos nossos companheiros dos G.11, do nosso Movimento Revolucionário de Libertação Nacional.

7. O aliado comunista – 7.1 – Devemos, no item de referência, ter sempre presente que o comunista é nosso principal aliado, mas, embora alardeie o *Partido Comunista* ter forças para fazer a Revolução Libertadora, o PCB nada mais é que um movimento dividido em várias frentes internas em luta aberta entre si pelo poder absoluto e pela vitória de uma das facções em que se fragmentou. 7.2 – Esse o grande erro que tem como principal fator a atuação negativista do camarada Luiz Carlos Prestes, que vem dia a dia enfraquecendo a unidade partidária no outrora coeso e único *Partido Comunista do Brasil*. 7.3 – As alas cindidas daquele movimento não nos auxiliarão uníssonas mas, pelo contrário, uma delas se alevanta não contra nossos ideais, mas à forma como estamos pelejando por eles. São fracos e aburguesados esses camaradas chefiados pelos que vêem, em Moscou, o único PC que poderá guiar o proletariado mundial à libertação internacional. Fogem à luta como fogem à realidade e não perderão nada se a situação nacional perdurar por muitos anos ainda. 7.4 – Mas não é nessa malta aburguesada que nos apoiaremos nessa luta sem tréguas contra o capitalismo internacional e contra a escravização nacional ao imperialismo norte-americano. Existe uma ala mais poderosa que, dia a dia, está se elevando no conceito do proletariado marxista, seguidora dos ideais de Mao Tsé Tung, de Stálin, e que são, em última análise, os de Marx e Engels. É nessa malta hoje muito mais poderosa que a de Moscou que iremos buscar a fonte de potencialidade material e militar para a luta de libertação nacional. E ela, felizmente, está totalmente coesa, ao nosso lado, pois têm a mesma férrea decisão que a nossa, os seus militantes. 7.5 – Por tática, diante de algum companheiro que não encare o comunismo com sentimentos agradáveis, devemos afirmar que os comunistas, compreendendo os nossos ideais e com eles se entrosando, nos darão, no momento de luta aberta, o seu fraternal apoio, a sua decidida colaboração. 7.6 – Os Comandos Regionais ficam, de já, autorizados a entrar em contato imediato, resguardadas as naturais cautelas para evitar a reação e a imprensa a soldo do imperialismo ianque, com os camaradas dos *Comitês Comunistas*, a fim de que, unidos, possam melhor traçar os planos para a libertação nacional. Mapas esquematizados com os pontos e objetivos a serem atingidos e destruídos no dia da libertação deverão ser uma das tarefas, afora outros misteres que, certamente, os experimentados camaradas do PC indicarão para aquele momento decisivo.

8 – Guarda e julgamento dos prisioneiros – 8.1 – Devemos instruir os *Grupos de Onze Companheiros* para missões especiais de prisão, guarda e julgamento sumário dos prisioneiros de guerra. 8.2 – Para essa tarefa de suma importância deverão ser escolhidos companheiros de condições humildes mas, entretanto, de férreas e arraigadas condições de ódio aos poderosos e aos ricos, a fim de que não discutam ordens severas que poderão ser conhecidas no momento da luta pela libertação. 8.3 – Esses *Grupos de Onze Companheiros* terão, como finalidade primordial, deter, em todo o seu raio de ação — municípios, vilas, distritos e povoados — todas as autoridades públicas, tais como juiz de direito, prefeito, delegado de Polícia, vereadores, presidente da Câmara, políticos influentes e outras personalidades que, por acaso, estejam dentro de sua esfera de atribuição e limites de ação, recolhendo-as a locais apropriados, preferencialmente no meio da mata, sob guarda armada e permanente. 8.4 – Está claro que as autoridades que com o ***Movimento de Libertação Nacional*** cooperarem, deverão ser prestigiadas e a elas dado todo o apoio. 8.5 – *No caso da derrota do nosso Movimento, o que é improvável mas não impossível, dadas certas características da situação nacional, e temos que ser verdadeiros em todos os nossos contatos com os Comandos Regionais e esta é uma informação para uso somente de alguns companheiros de absoluta e máxima confiança, os reféns deverão ser sumária e imediatamente fuzilados, a fim de que não denunciem seus aprisionadores e não lutem, posteriormente, para sua condenação e destruição.* 8.6 – Estas instruções sobre os autênticos Comandos Revolucionários que representarão os integrantes dos *Grupos de Onze Companheiros* encarregados da tarefa de suma importância e gravidade que é a de deter, guardar e eliminar os anti-revolucionários, os antipovo, aos quais poderão se juntar os latifundiários e grandes proprietários, deverão ser guardadas somente de memória, destruídas, por separação de todo complexo destas Instruções Secretas a fim de evitar-se o seu conhecimento por quem delas não deva saber.

9. Pseudônimos dos integrantes do G. 11 – 9.1 – Os companheiros dos *Grupos de Onze* deverão ter, cada qual, um pseudônimo, somente conhecido por seu próprio *Grupo*. Não devem ter papéis comprometedores, nem quaisquer documentos que possam vir a personificá-los como integrantes dos *Grupos de Onze*, até o momento em que possam vir à luz os nossos heróicos Soldados da Libertação Nacional.

10. Consideração Final – 10.1 – É extremamente necessário que todos saibam a responsabilidade que, do momento em que tomarem conhecimento total destas Instruções Secretas, passará a pesar sobre seus ombros. 10.2 – Por outro lado, desnecessária se torna qualquer preocupação para após o momento da vitória final. Todos os planos já estão traçados, e o Brasil alcançará, dentro em pouco, seus gloriosos destinos, ao lado de todas as nações livres do mundo. 10.3 – Que todos e cada um saibam cumprir com o seu dever, atendendo ao chamamento que a Pátria lhes faz para a luta pela libertação nacional, sem medir esforços, conseqüências ou percalços, é o que espera o seu Comandante Supremo.

Parte 2

Em tempos de sombra

(...) E a verdade nua e crua é que o Lott é um militar estranho. Por mais que eu tente traçar seu perfil, não consigo. Até chegar ao cargo de ministro da Guerra, Lott comportou-se sempre como um militar preso aos regulamentos, um homem sem afetividade com os companheiros, respeitado mas não querido. Já no Ministério da Guerra ele se recusava a receber generais e quando os recebia deixava-os de pé, sem convidá-los a sentar. No entanto, confabulava com sargentos. Era um esquerdista? Ao que eu saiba nunca foi, mas teve no Ministério um comportamento de esquerdista.

Aliás, quando eu deixei o governo de Pernambuco e vim para o Rio tive que me apresentar no Ministério. Alguns companheiros me preveniram: "Olhe, cuidado, porque ele não manda sentar. Recebe generais em pé." E eu respondi firmemente: "Comigo não, porque eu vou entrar e sentar." E foi o que fiz. Quando Lott se deu conta eu já estava sentado ao seu lado. E ainda puxei a cadeira para ficar mais perto.

Osvaldo Cordeiro de Farias, depoimento a Aspásia Camargo e Walder de Góes, em *Meio Século de Combate – Diálogo com Cordeiro de Farias*. Rio de Janeiro, Nova Fronteira, 1981, p. 452.

Eles eram dezoito... os mais partiram
Tanto que a causa, enfim, viram perdida.
Eles – dezoito apenas – preferiram ficar,
quando ficar custava a vida
Os Dezoito do Forte
Winckelmann Kopke, cit. por Hélio Silva:
1922 – *Sangue na Areia de Copacabana*, p. 469

Luiz Helvécio da Silveira Leite nasceu no Maranhão, no dia 21 de junho de 1923. Um ano antes, mais precisamente a 5 de julho, acontecera a epopéia dos *Dezoito do Forte*, ocasião em que os tenentes Eduardo Gomes, Antônio de Siqueira Campos, Nilton Prado e Mário Carpenter, à frente de pequeno grupo de cabos, soldados e quatro civis (como observa Hélio Silva: *op. cit.* pp. 174-175), cada um deles guardando consigo um pedaço da Bandeira Nacional cortado por Siqueira Campos com o auxílio de uma navalha de barbear, rebelaram-se contra a ordem de prisão do capitão Euclides Hermes da Fonseca (filho do ex-presidente da República e marechal, Hermes da Fonseca), e marcharam contra as tropas do Governo, lutando até o limite das suas forças e esgotada a pouca munição disponível.

No dia primeiro de maio de 1944 (conforme consta nos seus assentamentos militares) Luiz Helvécio sentou praça nas fileiras do Exército. A Segunda Guerra Mundial aproximava-se do fim e, na Itália, unidades da Força Expedicionária Brasileira davam a sua cota de sangue na luta contra o nazismo; quatro anos depois (1947), foi declarado aspirante a oficial. A 25 de junho do ano seguinte (1948), foi promovido a segundo-tenente. A chamada *Doutrina Truman* estava em pleno vigor e, impressionados com a capacidade industrial e de mobilização dos EUA durante a Segunda Guerra Mundial, alguns militares brasileiros de elevado conceito intelectual (como Juarez Távora, os irmãos Orlando e Ernesto Geisel, Golbery do Couto e Silva e Jurandir de Bizarria Mamede, entre outros) começaram a delinear uma *Doutrina de Segurança* que serviu, inclusive, de inspiração a outros governos na América do Sul.

Em 25 de junho de 1950 Luiz Helvécio foi promovido a primeiro-tenente e, dois anos depois (25 de dezembro de 1952), a capitão. Sua promoção a major, porém, somente foi concedida a 25 de abril de 1960. Na ocasião, o sr. Jânio da Silva Quadros era candidato à Presidência da República e, atendendo a um convite do governo cubano, viajou para Havana onde participou de alguns jantares e encontros políticos com Fidel Castro – líder máximo da revolução que derrubou Fulgêncio Batista –, seu irmão Raul e Ernesto *Che* Guevara.

A ascensão ao posto de tenente-coronel veio seis anos depois, no dia 25 de agosto de 1966. Passados dois meses, o general Arthur da Costa e Silva (candidato único) era eleito presidente da República pelo Congresso Nacional, tendo como vice-presidente o sr. Pedro Aleixo. Consolidava-se o Golpe Militar e, no campo da política interna, a *Aliança Renovadora Nacional – Arena* congregava nada menos que 254 deputados federais (contra 149 do *Movimento Democrático Brasileiro – MDB*), 731 deputados estaduais (o MDB elegeu 345) e, na eleição destinada e preencher um terço das vagas (22) no Senado, o partido governista elegeu 18 senadores.

Luiz Helvécio foi promovido a coronel no dia 31 de agosto de 1973 e, não demorou muito, solicitou passagem para a reserva – fazendo jus, conforme a legislação militar da época, a um soldo equivalente ao de general-de-divisão.

Nas fileiras do Exército brasileiro, além da formação na Academia Militar de Realengo, cursou as Escolas de Aperfeiçoamento de Oficiais (EsAO) e de Comando e Estado-Maior do Exército. Fez, ainda, cursos de Classificação de Pessoal e de Comunicação Social (Categoria B – exclusivo para oficiais). Destacou-se como aluno da primeira turma do curso promovido para oficiais superiores da Escola Nacional de Informações (do Serviço Nacional de Informações) e foi estagiário na Escola Superior de Guerra.

Por sua dedicação ao Exército brasileiro recebeu as seguintes condecorações: *Ordem do Rio Branco* (Oficial), *Medalha de Trinta Anos de Bons Serviços* (ouro), *Medalha de Mérito Santos Dummont* (prata), *Ordem do Mérito Militar* Oficial, *Medalha de Mérito Tamandaré* e *Medalha do Pacificador* (originalmente concedida àqueles que se destacaram nas ações empreendidas pela Força Terrestre).

Luiz Helvécio da Silveira Leite

Um Operador nas Sombras

O sofá é de tecido estampado na cor caramelo. Nele, sentado confortavelmente, está um senhor de aproximadamente 1,70 m, óculos de aro metálico dourado, lentes grossas. A tez é levemente morena e quase sem rugas; as raízes dos cabelos um pouco mais claras do que nas pontas. Fala em voz baixa, com calma e em tom didático, nunca professoral. À sua frente, um copo de *Coca-Cola* e algumas pedras de gelo.

As roupas são simples e sóbrias: calça de tergal cinza, camisa de mangas curtas em tom caramelo, mocassins e meias brancas. Refletem, na exata proporção, o estilo do anfitrião em seu apartamento de dois andares na Rua Frei Leandro, na Lagoa (Zona Sul do Rio de Janeiro).

O imóvel, por sua vez, é bastante amplo (no primeiro pavimento uma sala de estar, sala para refeições etc.); quanto aos móveis, predominam os de estilo antigo e de indiscutível bom gosto.

O coronel reformado Luiz Helvécio da Silveira Leite, ex-chefe de Operações do *Centro de Informações do Exército* (CIE), dosou cuidadosamente as palavras antes de conversar sobre a sua participação nas antecâmaras do aparato repressivo. Durante a primeira sessão de perguntas (que se estendeu das 14h40min às 17h10min do dia 14 de abril de 1994), ele optou por uma conversa mais genérica, embora sempre demonstrando memória milimétrica sobre os fatos descritos e/ou personagens citados.

No total, foram aproximadamente dez horas de gravações que se estenderam por dois encontros (o segundo e último, no dia 21 de abril de 1994). Luiz Helvécio morreu pouco depois, em 1995, de um câncer na próstata, e o seu depoimento evidencia – em paralelo à narrativa histórica – o profissional da *escola da espionagem* criada durante a *Guerra Fria*. Profissional este que criou o serviço de contra-informação no SNI – Serviço Nacional de Informações –, sua última trincheira na luta anticomunista.

Alguns anos antes, o jornalista Ayrton Baffa também teve a oportunidade de ouvi-lo sobre algumas ações ao tempo em que Helvécio trabalhou no CIE, mas o depoimento foi considerado – por ele próprio, Luiz Helvécio – incompleto.[1] A passagem do tempo, disse ele, ajudou bastante na tarefa (por vezes duríssima) de reinterpretar certos episódios históricos ou situações esdrúxulas.

Assim, os relatos sobre a morte do estudante de Medicina Chael Charles Schreier (nas câmaras de tortura da repressão); a desarticulação da Guerrilha do Caparaó e o desmantelamento do Congresso da *União Nacional dos Estudantes* (em Ibiúna, São Paulo); a participação de refugiados do Leste Europeu na *Liga das Nações Cativas*, bem como algumas desavenças no desfiladeiro representado pelos governos militares (pós-Movimento de Março de 1964) podem ser interpretados como compartimentos estanques e, acreditam os autores, bastante completos.

Entrevista

> *Porque aqueles dias serão de tamanha tribulação como nunca houve desde o princípio do mundo que Deus criou, até agora e nunca jamais haverá.*
>
> *Marcos 13.19*

Luiz Helvécio – Eu tinha por proposta escrever um livro. Pensava nisso há mais tempo. Mas eu não tenho facilidade para escrever manualmente. A mão direita treme um pouco. A esquerda, não. Isso me dificulta. Eu não escrevo direito à máquina, mas ainda vou romper essa barreira da datilografia. Eu escrevo umas cartinhas. Mas... vejam bem. Dada a hipótese, um jornalista me fez dar um depoimento. Eu até começava a fazer um juízo *menos indecoroso* sobre os jornalistas, sabe? Aí nós pegamos certa confiança etc. Eu lhe disse do meu propósito e ele concordou: "Não, coronel, isso a gente faz." A gente grava, depois eu peço para desgravar. Ele era o chefe da Redação de ***O Estado de S. Paulo***.

O senhor chegou a gravar a entrevista? Por que esse trabalho não foi adiante?

– Eu notei que ele começou a se afastar de mim. Supus que ele pretendia se apossar daquilo. Ele me entregou uma parte para corrigir, já desgravada etc. *Eu até alterei intencionalmente algumas coisas: nomes etc.* Não sei se ele desconfiou. O certo é que nunca mais se aproximou de mim. Aí, de tempos em tempos, eu recebia notícias de que ***O Estado de S. Paulo*** publicava trechos daquele futuro livro. Há alguns anos, quando eu estava em Cachoeira do Sul, em 1990 precisamente (o coronel Luiz Helvécio confundiu-se. A entrevista citada foi publicada em 1988 [Nota dos autores]), um amigo de São Paulo me telefonou. Ele trabalhava na área de Inteligência (não especificou qual o órgão, se do Exército ou SNI [grifo dos autores]). Ele disse: "*Amigo, você está na página central de O Estado de S. Paulo, duas páginas e tudo o mais.*" Porra! Tudo aquilo que eu confidenciara e que, no livro, seria uma narrativa, saiu como reportagem.

Quando o senhor começou a falar com ele?

– No início da década de 80. O relacionamento, porém, era anterior. Ele, sempre trabalhando em ***O Estado de S. Paulo***. Bom, mas eu fui surpreendido com aquilo. Voltei para o Rio de Janeiro, e ele entrou em contato: "Ah, me desculpe, porque o senhor sabe como é jornal. Vivem cobrando da gente. Eu tive que lançar mão daquilo... Ficou até como *avant-premiére do livro.* Vai ser um *best-seller* e coisa e tal... Nunca mais! E, olhem bem, no mês passado (março de 1994 [grifo dos autores]) recebi em minha casa uma notificação judicial informando que eu deveria comparecer numa Vara Federal Cível no dia 6 de setembro para ser ouvido com base em *Carta Precatória* sobre a morte de um rapaz judeu comunista, Chael Charles Schreier, cujo nome fora citado numa reportagem do Baffa... o jornalista chama-se Ayrton Baffa.[2]

Com quem ficou esse material?

– Eu não tenho cópia. Devolvi, com as "corrigendas". Ele[3] ficou com as correções.

"Mata, mas não tortura"

O rapaz a que o senhor se refere na reportagem...

– Ele foi vítima. *Morreu durante o interrogatório*. Eu não o conheci. Não estava preso, digamos, sob a responsabilidade do Centro de Informações do Exército (CIE), onde eu trabalhava. Soube que havia uma *Central de Interrogatórios* funcionando na Vila Militar... porque eu gostava de saber, uma vez que o ministro poderia indagar o que se passava lá na Vila. Então, um dia, eu soube que um cidadão estava passando muito mal por lá. Preso à disposição do Regimento-Escola de Cavalaria, estava sendo interrogado na Companhia de Polícia do Exército. E, para que eu não fosse surpreendido com frases do gênero "*olha, morreu fulano*", "*como é que você não sabia das coisas?...*", chamei o Alexander (general Alexander Murillo Fernandes, já falecido [grifo dos autores]), que era meu assistente e companheiro de todas as lutas: "Ô *Alex*, dê um pulo até lá, veja o que houve!" Fiz isso para proteger os meus companheiros. Tem que se jogar no time; devia proteger os nossos. E o *Alex* era um sujeito extraordinário, inteligente e com iniciativa. Uma vez lá chegando, me telefonou: *"Olha, Helvécio, o camarada lá de São Paulo que fora preso aqui no Rio e entregue à Polícia, o Exército recebeu e mandou para a Vila para ser interrogado. Esse cara faleceu durante o interrogatório.*" Quem o estava interrogando? Ary Pereira de Carvalho. Era capitão de Cavalaria e servia no Regimento-Escola de Cavalaria, cujo comandante na época era o general Sebastião Clério de Castro. Eu pedi ao *Alex*: "Veja se recolhe o corpo ao Hospital Central do Exército." O *Alex* foi até lá, e a direção do HCE não aceitou. Aí eu telefonei para o general Faustino, que era o chefe de Polícia, e pedi para ele *quebrar o galho* daqueles *caras*. Ele determinou que o Instituto Médico-Legal recebesse o corpo. E o *Alex* foi lá, sabe? Acompanhou o (traslado do) cadáver. Disse-me o *Alex:* "Ô Helvécio, eu fiquei encabulado." A essa altura os pais (do rapaz) já tinham sido avisados, estavam no Rio e, quando descobriram o lençol, viu-se um corpo cheio de equimoses, torto... que banditismo! Dói, né? Mata, mas não tortura! Mas eu não conhecia bem o cara (o capitão Ary Pereira de Carvalho), e ele continuou na ativa até depois do tempo em que eu já não estava no Primeiro Exército. O chefe da *Máfia* (pejorativo dado por Luiz Helvécio à chefia do CIE [grifo dos autores]) era o general Carlos Alberto Cabral Ribeiro, um revolucionário. Ele me disse: "*Porra,*

Helvécio, você viu? Depois vão dizer que nós é que matamos aquele comunista! Quer dizer, antes era deles, e agora eles vão dizer que nós matamos." Há um porém: a polícia o entregou para que fosse interrogado e, de fato, ele morreu nas mãos dos militares do Exército. Essa é que é a verdade. Eles (a Polícia Civil) *quebraram o galho* e receberam o corpo no Instituto Médico-Legal. Eu era contrário a essa *violência asnática*, principalmente tortura. Prefiro matar. Fuzilo e estamos conversados. Mas ficar torturando... aquilo me faz um mal... Trata-se de um ser humano sob a sua guarda, sob a sua responsabilidade. Acho que é muita covardia você torturar. Eu prefiro matar. Mas... (recorda-se) eu quase matei um comunista em Juiz de Fora. Digo isso com toda a satisfação. Quase matei um comunista ficando em cima dele. Ele havia sido interrogado 14 vezes e somente dizia: "O senhor me trate com dignidade. Sou um patriota, pertenço à milícia tal, grupo tal, de acordo com a *Convenção de Genebra* e somente a isso estou obrigado." E dava o *nome de guerra*...

– Então... eu entrava de serviço de sexta para sábado, porque o *malandro* (referência ao oficial responsável pelo plantão [grifo dos autores]) viajava para o Rio. Ele não gostava desses interrogatórios. Daí eu lhe disse: "Me escale de sexta para sábado que eu vou." Comigo não tinha conversa. Dure 20 anos, eu não largo do pé. Não torturo, mas fico ali em cima. O certo é que ele (o prisioneiro) veio com esse negócio de citar a *Convenção de Genebra*. Bom, eram ordens do general Castro! *A Bandeira Nacional foi apanhada lá com vocês. Olha o que vocês fizeram: prostituída e, na esfera anular, uma foice e um martelo em vermelho.* Olha, aquilo foi uma explosão. Sabe como é, eu fui educado... nos dias em que havia solenidade de hasteamento da Bandeira... eu morava próximo do quartel, em São Luís do Maranhão; eu pedia ao meu pai – como prêmio – que me levasse até lá para assistir. Porque eles me incutiram... (minha mãe me incutiu um sentimento nacionalista muito grande. O nosso País era o maior país do mundo, o mais rico... enfim, na realidade, eu tinha uma superestimação pelo Brasil), e *achava que o Exército era o escudo do Brasil.* Nos dias de solenidade, quando eu ia até o quartel assistir... ficava com os *pêlos* arrepiados quando a banda de música tocava o Hino Nacional e ouvia aquelas histórias sobre o Marcílio Dias, que morreu quando um paraguaio mandou ele arriar o Pavilhão Brasileiro. Aquelas histórias ecoavam na minha cabeça. Agora... eu entrei para o Exército por vocação, verdadeira dedicação; achava que era, de fato, onde eu poderia melhor servir ao País e, depois (consolidada a vitória do Movimento de Março de 1964) *acreditava que os órgãos de Informações constituíam a vanguarda da revolução. Então, era lá que eu deveria estar e assim fui, coerente com esse princípio.* Tanto que tomei parte nesse interrogatório em Juiz de Fora, a respeito da Operação militar em Espera Feliz (no meio da Serra do Caparaó). Tomei parte nas operações e peguei o encarte com a bandeira que foi recolhido. (Abre um breve hiato na narrativa.) Fiquei pensando no presidente Castelo Branco, pensando no presidente Costa e Silva... isto (a Bandeira) tremulou nos mastros para as nossas tropas nos campos do Paraguai onde tantos dos nossos morreram, combateram e defenderam esta Bandeira também nos campos do Uruguai, e você diz que isto aqui... Quando ele, após ressaltar que era um patriota, falou: "*Senhor, para mim isto não tem mais significado algum. É um pedaço de pano como outro qualquer.*" Olha, aquilo foi uma reação... é difícil eu perder a calma, principalmente com eles. Sou muito paciente. *Pois eu tive uma violenta explosão e, quando vi, estava em cima dele, dando com a cabeça dele no chão. Eu mataria aquele cara. Me tiraram de cima dele e eu ouvi: "Ah, o Helvécio perdeu a calma.*" Não, eu quero dizer a vocês (aos demais oficiais presentes [grifo dos autores]) que não estou arrependido do que fiz. Se vocês não estão satisfeitos eu vou embora; hoje mesmo me recolho ao Primeiro Exército."Não, Helvécio, nós não estamos contra você..." Olha, isto para mim (a Bandeira Nacional) tem o mesmo valor que o *totem* para o africano, que tem a pedra, o machado sagrado...

Isso aconteceu quando?

– Em 1968.

O rapaz se machucou? Bateu com a cabeça...

– Ele ficou um bocado machucado. Podia ser o *Mike Tyson* que eu me atracaria com ele. Valia por 20 homens naquele momento. Mataria ele, mataria com satisfação. Porque era um ser desgraçado, desnaturado...

(A narrativa do coronel Luiz Helvécio retorna ao tempo em que ingressou nos bastidores das conspirações militares).

"Sem campo para a luta armada"

Como é que o senhor deixou a vida essencialmente militar e evoluiu para as ações de caráter político?

– Vejam bem, é preciso voltar um pouco no tempo. De 1952 a 1955 eu servi no Centro de Preparação de Oficiais da Reserva – CPOR, em Recife. De Cachoeira do Sul eu fui para lá. Gostei. Um ambiente de estudantes, um pessoal muito bom. Casualmente passei a chefiar um setor. A turma me tratava muito bem, com camaradagem. Eu era duro, duríssimo. Passava um mês e meio junto à aldeia acampado com eles. Dizia-lhes: "Olha o que eu posso fazer para dar a vocês uma *tintura* militar." Às vezes eu passava no QG que ficava no caminho e os oficiais do Estado-Maior conversavam comigo sobre a situação aqui no Rio.

Isto no Governo?

– Governo Café Filho. O Getúlio se suicidara. Então eu comentei: "Olha, a situação no Rio de Janeiro está cada vez mais difícil." O (Jarbas) Passarinho escrevia na *Revista do Clube Militar* uma série chamada *Cartas ao Quincas*[4]. Muito bem escritas. Aquilo poderia constituir uma antologia. Cartas políticas muito bem escritas. Então recebi uma sugestão: "Você *cola* com o Passarinho. Esse negócio (a *situação política* [grifo dos autores]) não pode ficar assim." Fiz primeiramente uma viagem ao Nordeste. Diziam que era um *barril de pólvora*. Viajei sozinho. Passei por várias cidades do interior. Fui para Campina Grande e, de Campina Grande, passei por Bananeiras...

O senhor viajou por iniciativa própria...

– Eu queria ver se havia mesmo o tal *barril de pólvora*. Porque, se houvesse, eu ficaria por lá.

Alguém estimulou o senhor, colegas de trabalho?

– Não. Eles diziam que havia um movimento das *Ligas Camponesas* etc.; e eu estive lá em Sapê e, dali, fui por terra até o Maranhão. Cheguei à conclusão de que o Nordeste era infenso a qualquer movimento. Não havia ânimo que acendesse a flama revolucionária por lá. Era um povo bom, mas desassistido... Religioso e ao mesmo tempo muito aberto aos sujeitos de fora. Muito hospitaleiro. População boa. Talvez seja a melhor população do Brasil. Uma população extraordinária, que é capaz de lhe dar o seu próprio prato de comida e ficar sem comer. Então eu observei que, de fato, não havia problema. No Nordeste, eu confirmei depois, não havia problema. É um pessoal pacífico. Estava desassistido. Faltava água, faltava isso e aquilo. São pessoas em estado primitivo. Eu não falaria em má-fé. Existe por lá um primitivismo. As populações ainda têm famílias estruturadas; a gente notava uma influência muito grande da Igreja. Não havia campo para a luta armada, luta de guerrilha, não havia nada. Esse chefe das *Ligas Camponesas*, como se chama?

Francisco Julião[5]

– É. Um chefe assim, algo carismático. Eu disse: "Esse camarada não vai adiante." E ele queria eleger-se deputado federal. Ele fez todo aquele banzé das *Ligas Camponesas* etc., querendo tomar as terras dos outros, promover na marra a reforma agrária. Mas o certo é que, no Nordeste, não havia condições para uma sublevação.

"Eu tinha certeza do golpe"

Em seguida eu voltei para o Rio. Havia servido no Primeiro Grupo de Obuses 155, e o Fortunato (Alberto Carlos Costa Fortunato, ver *A Direita Explosiva no Brasil*) na Escola de Comunicações. Nós mantínhamos contato.

O senhor o conheceu na Escola?

– Na Escola de Comunicações na Vila Militar (Deodoro). Pois bem, fizemos amizade. Os colegas também se referiam muito bem a ele. Um revolucionário nato. Era tremendamente revolucionário.

Conspirador nato...

– É. E de vez em quando eu ia até a Escola de Comunicações. Estivesse ou não de serviço. O certo é que nós mantínhamos contato. Eu cheguei do Nordeste em julho de 1955 e notei que um golpe estava em gestação. Esse *feeling* político eu sempre tive. Notei a presença de generais lá no Grupo de Obuses. O comandante do Grupo de Obuses era um coronel que não permitia intimidades e tratava todo mundo a distância. Mas eu percebi que ele conspirava. Bom, se ele está conspirando...

(Luiz Helvécio acrescenta que, poucos dias depois, pressentindo a hipótese de um golpe, alertou os demais oficiais com quem se identificava politicamente.)

– Vou embora para casa, pois estou certo de que, amanhã, haverá golpe. "Não, Helvécio!" – tentaram argumentar. Reiterei: vai acontecer, sim, não tenham dúvidas! Tanto que eu ia levar a minha mulher ao Hospital Central do Exército e nem vou mais. Estarei cedo no quartel. Um detalhe: o general Manuel de Azambuja Brilhante não gostava de ver o Grupo de Obuses trafegando pela Avenida Duque de Caxias, porque os tratores com esteiras utilizados pelo Grupo estragavam a pavimentação da Avenida. O certo é que assim o fiz (Luiz Helvécio explicou que, com alguma antecedência, o comando daquela unidade solicitara uma determinada quantidade de munição, e que o pedido não fora atendido). Ele (o coronel comandante [grifo dos autores]) não conseguiu a munição solicitada. Mas, então, nós vamos sair mesmo que seja sem bombas e munição. Eu disse: "É, sem problemas. É só uma farsa, não?..." Porque se o sujeito não estiver armado, não combate. O certo é que se deu exatamente conforme eu havia previsto. À noite houve a demissão do general Lott, decidida pelo presidente em exercício, Carlos Luz. O sr. Café Filho "passou mal" e já estava internado no Hospital dos Servidores do Estado. E o general Henrique Lott foi substituído pelo general Álvaro Fiúza de Castro,[6] que não fez – naquele momento – o que podia ter feito; isto é, assumido logo. Troca não se deixa para depois. Num momento daqueles, de muita ebulição. A situação estava muito nebulosa. Delineava-se um antagonismo dentro do Exército. Eu achava que ali foi uma *bobeada de cabo-de-esquadra*. Perdeu-se assim um momento...

O senhor assistiu isso à parte, junto com esses capitães?

– No dia seguinte, quando eu cheguei à Central do Brasil. Estava tudo ocupado pelo Exército. Na Ponte de Deodoro a guarnição estava em posição de combate. Pensei: Ah, quer dizer que a munição era mesmo para combate... O Grupo já estava com os portões fechados, como se fosse realmente uma situação de guerra. Eu vi as baterias... nós dispunhamos de duas baterias com obuseiros de 155 milímetros. Entrei. O coronel estava no pátio, aflito: "Ah, capitão... eu não sabia o número do seu telefone". Tudo bem, coronel, qual é o problema? "O senhor sabe que os *brios do Exército* foram feridos ontem à noite..." Retruquei: "Ontem à noite? O que eu soube é que o general Lott se aborreceu com o presidente, pediu demissão e foi substituído pelo general Álvaro Fiúza de Castro, que, por sua vez, tomará posse hoje, às dez horas da manhã." Ele ..."Os *brios do Exército* foram... a personalidade do general Lott..." Respondi: "Bom, isso já é outra questão. Eu estou à paisana, permita que eu vista a minha farda." Aí fui me vestir e encontrei alguns companheiros: "Olha, vocês estão liberados." Eu pensava que o pessoal havia aderido àquele quase estado de guerra. O nosso compromisso está desfeito... "Não, Helvécio, calma. Calma, nós estávamos esperando você até às 4 da manhã. Esse cara (o coronel comandante [grifo dos autores]) está querendo *puxar* (conduzir as tropas) para o (a Base Aérea do) Galeão..." Está certo, então vamos conversar. "Olha, você vá até ele como capitão mais antigo, uma vez que estão ausentes o subcomandante e o fiscal. Você vá até ele e diga que o nosso grupo deseja uma reunião de oficiais." Voltei ao comandante: "Coronel, os oficiais estão solicitando uma reunião..." "Reunião? Para quê? Hoje em dia é preciso reunião para cumprir ordens?" *Não, coronel. Vamos e venhamos. Isso aqui é uma situação diferente de uma guerra. Mais parece uma luta fratricida. Cada um tem as suas colocações pessoais, suas restrições etc. Queríamos conversar com o senhor a esse respeito.* "Quer dizer, capitão, que o Grupo somente sairá se houver essa reunião?" Argumentei: "Não estou autorizado a tanto, coronel, mas quero crer que sim." Fui muito sibilino. Voltei ao encontro dos capitães. Relatei que ele aceitava reunir-se dentro de cinco minutos. Fomos ao seu encontro: "Olha, Helvécio, você não deve falar em primeiro lugar. Em primeiro lugar falará fulano, depois beltrano etc. Você entra em quarto lugar e será o último dos capitães a falar..." Assim foi feito.

"Capitão, modere o seu palavreado"

– Quando chegou a minha vez de falar, eu me levantei e lhe disse: "*Coronel, o senhor sempre se jactou nos nossos encontros, aqui no seu gabinete, de ter 37 anos de serviços prestados à legalidade. Atravessou toda a década de 20 cheio de motivos e revoluções e não tomou parte em nenhuma delas. Muito me admira, e eu estou perplexo de vê-lo, hoje, embarcando numa causa de golpistas.*" Ele: "Capitão, modere o seu palavreado..." "Coronel, eu acho que o momento não comporta mais moderação. Nós estamos aqui para debater em toda a sua extensão os fatos que se desenrolaram ontem à noite e que continuam hoje pela manhã. *Para mim, o comandante do Exército, essa figuração natural do comando do Exército, repousa no general Álvaro Fiúza de Castro, que, ontem à noite, foi nomeado. Então, somente obedecerei às ordens dele. E acho que os oficiais que estão aqui têm todos essa mesma idéia. O general Henrique Lott já deixou de ser ministro. E se o senhor tiver alguma dúvida, basta falar.* Aqui estão 24 oficiais do Exército. Aqueles que quiserem que o Grupo saia (isto é, que vá para as ruas em apoio ao general Herinque Lott [grifo dos autores]), levantem-se! Aqueles que não quiserem, permaneçam sentados!" Foi feita consulta: *24 a 0*. Até o pessoal que estava *meio-Lott* aderiu. Daí ele virou-se dramaticamente, chorando: "Meus senhores, a que ponto está a minha unidade..." Eu disse: "Coronel, neste momento o senhor deve ter bastante calma, tranqüilidade. Senhores (voltando-se para os oficiais), este homem é, de fato e de direito, o nosso comandante. Ele aderiu ao nosso pensamento. Então, nós nos comprometemos a obedecer às suas determinações. Nada faremos sem o seu conhecimento. O senhor telefone para a Divisão de Infantaria e informe que o Grupo de Obuses não sairá." "Ah, mas eles estão me chamando..." O Senhor vá até lá e liga... "Vão me prender..." "Coronel, se o prenderem nós bombardearemos o QG da Vila." "Não, pelo amor de Deus!" "Nós somente faremos isso com o seu consentimento. Se o senhor estabelecer um prazo viável... Dali para o nosso quartel, na Vila, são uns cinco, seis minutos. Daremos uma hora, uma hora e meia. Se o senhor não retornar sabemos que está detido. E então bombardearemos... *Temos que provar a esta Nação que ainda existem homens dispostos a se sacrificar por um ideal. Nós poderemos até ser soterrados pelas paredes do nosso quartel, mas vamos provar que ainda há homens capazes de um ato de decência.*" "Não!" "Nós faremos isso se o senhor quiser." Ele foi. Demorou. Voltou uma hora depois, muito abatido. Parecia até que envelhecera repentinamente. Coronel?... Ele: "O general Manuel de Azambuja Brilhante me tratou como um verdadeiro pai e não sei mais quê..." "Coronel, o senhor se contenha, está muito nervoso. O senhor é o nosso chefe e precisa manter as idéias claras. Me perdoe, mas o senhor não pode ficar assim. Está muito acabrunhado, deprimido. O senhor é um soldado. Tem que enfrentar com brio..." Aí ele acrescentou: "O general quer que nós participemos do policiamento da Vila e guarneçamos os paióis, porque o senhor ministro..." Eu rejeitei a determinação. "Coronel, nós não somos tropa de Polícia. Nós somos tropa de Artilharia. Ou nós tomamos parte no Golpe atirando, ou não vamos fazer parte desse dispositivo."

"O coronel era um miserável"

– Aí alguns dos nossos acompanharam-no ao gabinete mas, antes disso esteve por lá um filho do general Manuel de Azambuja Brilhante, um coronel, informando que nós estávamos detidos e não poderíamos sair; adiantou, inclusive, que um pelotão da Polícia do Exército estava chegando para que fosse cumprida a determinação do comandante. Nós ficamos com raiva. O coronel era um miserável. A água que ia para a mesa era acondicionada em antigas garrafas de vinagre. Um vexame. Mais tarde, por volta das primeiras horas da manhã, um dos capitães do Grupo me alertou: "Helvécio, olha a canalhice desse pessoal. Acaba de chegar (e estacionou diante do prédio) uma companhia de carros de combate..."

"Faça um bombardeio, acabe com eles!"

(Luiz Helvécio lembrou-se, por exemplo, da preocupação de parte da oficialidade com o presidente eleito, Café Filho.) – Eu não conhecia o Café Filho, mas sabia que nós estávamos com a ordem legal. O presidente ficou doente, foi acometido de *crise coronariana*. Os colegas não quiseram que eu fosse ao QG da Divisão de Infantaria (DI) apresentar a nossa opinião. Embora oficial mais antigo, foi enviado o Newton Câmara Sena, que era de Estado-Maior e servia como oficial de Operações no Regimento-Escola. Excelente militar, do mais alto gabarito e homem de muita moral, muito correto, inteligente e capaz. Pois o Câmara Sena foi receber o *carão* do comandante da DI (Luiz Helvécio dá detalhes sobre aquele momento de crise). Indagamos ao nosso comandante sobre qual seria a manobra a ser empreendida: "Sair e esperar!" Pois é, argumentei, estamos esperando o Câmara Sena voltar. E acrescentou: vou expressar minha opinião: eles "*rocaram*" uma companhia de carros de combate, e nos tornamos prisioneiros deles. De modo que, apreciando sob esse ângulo, vou lhe dizer: O senhor está enviando tropas para a Quinta da Boa Vista por determinação do comandante da Vila Militar para tomar parte no golpe contra o presidente Café Filho. Por motivo de consciência, o senhor saia com a tropa, rebelando-se contra as determinações deles. Por que ficar de braços cruzados?

Coronel, eu vou lhe dizer: não sou nenhum estrategista, mas tenho senso prático das coisas. Me preparei para servir o Exército e procuro raciocinar com objetividade. Tanto na revolução como na guerra. Onde estão os generais amotinados? Estão no QG da Divisão de Infantaria? De quantas peças de artilharia o senhor dispõe? Ele: "Dezoito." O tempo voa e o meu compromisso com o senhor vai até às duas e meia. *Vire seis peças, no mínimo, para lá, e faça um bombardeio. Acabe com eles. Será um cartão de visitas nosso. Estamos dizendo a que vamos, e o senhor distribui as bazucas que puder, porque eles estão querendo fazer sucesso com os carros de combate, e carros de combate a gente também destrói... Eu sei atirar muito bem de bazuca. O senhor me ceda uma bazuca e mais dois ou três oficiais, e nós destruiremos (referindo-se à Companhia de Carros de Combate) esses tanques aí. Não passará um carro sequer na Avenida Duque de Caxias.*

"Eu estou com essa 45 aqui e lhe desfecho o pente todinho"

(Luiz Helvécio acrescenta alguns dados sobre o clima de desordem instaurado entre os militares e dá um exemplo grotesco)

– Quando eu retornei mais tarde ao Grupo, a situação estava confusa: o comandante havia entregue à guarda de um sargento a estação de rádio. Vários sargentos já estavam acordados... Eu chamei o Damião (sobrenome não lembrado) e indaguei: "Escuta: não foram convocados somente oficiais? Mande retirar o rapaz dali. Como é que será amanhã ou depois de amanhã? Como nós vamos encará-los?" Pois sabe o que o sargento fez? *Pegou o equipamento* e *deixou* a *alta tensão* ligada. Ficamos sem comunicação. Pouco depois um dos nossos pediu para um oficial ir até a Quinta da Boa Vista tentar convencer os oficiais de um Grupo (de Obuses) do Regimento Floriano, que, por sua vez, substituíra o Regimento-Escola. Sabia-se que um batalhão do Regimento-Escola de Infantaria também não concordava com o Golpe, bem como os efetivos de uma Companhia de Engenharia. Ponderei: esta é *uma missão a Garcia* (quase impossível de se fazer [grifo dos autores]), mas eu vou. Ainda existem pessoas que reagirão contra essa vilania. Embarquei num trem, passei deste para um outro parador e saltei na Quinta da Boa Vista. Os portões estavam fechados, e eu precisava entrar. Aproximou-se um padeiro carregando um cesto de pães. Ele caminhava na direção da tropa e eu o abordei: "Olha, eu preciso transmitir um recado a um oficial." Como estava sem a farda, por certo não me deixariam entrar. Disse àquele cidadão português: "Eu carrego o seu cesto de pães e o senhor me dará cobertura." *Agora, se o senhor fizer qualquer sacanagem ou traição comigo, eu estou com essa 45 aqui e lhe desfecho o pente todinho.* Ficou apavorado. Eu caminhei até o acampamento do Grupo de Obuses do Regimento Floriano. Com os pães doces na cesta, era um chamariz para o pessoal. Quando me aproximei, os oficiais estavam tomando café. Perguntei a um dos tenentes: "Aqui deve estar um rapaz que estudou comigo no Colégio Militar. Talvez o senhor o conheça. Já deve ser major: Jonas Correia." Respondeu: "É realmente major." Consegui chegar até ele. "Ah, não foi você que estudou comigo no Colégio Militar?" Ele me conhecia de vista, das reuniões lá na Vila. Ele mordeu a isca... "Mas o que é que houve? Vocês estão com as tropas nas ruas, que negócio é esse?" Ele se mostrou meio assustado: "Não estou topando muito com esse negócio não" (ele reconheceu Luiz Helvécio, identificando-o como oficial). Daí, ele se comprometeu a falar com outro oficial, o Valdir (sobrenome não lembrado) que era na época o comandante do Grupo: ele topou e indagou como poderia sair para as ruas com a tropa. Primeiramente era necessário dar uma checada no Largo da Cancela, em São Cristóvão. Os portões estavam fechados... Pois bem, eu saí e caminhei até o Largo da Cancela. Um carro de combate fora atravessado bem junto da passagem principal... Mas eu percebi que estava desarmado, sem munição. Daí, um sargento se aproximou... as guarnições estavam aquecendo os motores das viaturas. Várias viaturas ao longo daquela rua que sai na Avenida Dom Pedro II. Essas viaturas estavam dispostas no sentido contrário. O sargento disse que fora mandado para lá pelo comandante do Regimento-Escola de Infantaria e recomenda que eu tratasse de me escafeder. Entrei no *Parque Xangai* (um antigo parque de diversões instalado nas proximidades [grifo dos autores]) e passei três horas escondido num banheiro. Pensei: estou perdido!... Quando acalmou a barra, eu voltei a conversar com aquele oficial de quem lhes falei, o Valdir... Para sair daqui tem que ser no peito. É chegar lá e (imita o som dos disparos) *pá!pá!pá!* "Prenda o sargento". Ou atire nele ou então empurre ele para fora! Tem que ser a *fórceps*. Eu já estava quase dissuadindo o Valdir de sair também, mas, quando eu vi o pessoal meio que desistindo, concluí: querem saber de uma coisa? Eu vou me embora... Vocês não querem nada!...

"Do Trevo existente na Rodovia Presidente Dutra nós atiraremos"

Segundo Luiz Helvécio, a crise militar evoluíra rapidamente, e tudo sugeria uma confrontação armada. Nesse trecho da entrevista, ele observou que havia uma forte tendência no sentido de derrubar o general Henrique Lott, Odílio Denys e os demais "golpistas" de 11 de novembro. Ele se recordou das palavras ditas aos oficiais do Regimento:

– *Eu juro a vocês, se nós sairmos da Vila Militar com o Grupo de Obuses 155, dali do Trevo existente na Rodovia Presidente Dutra, nós atiraremos... Do primeiro local adequado que pudermos, nós vamos disparar; porque eu não dependo de três mil tropas do Governo e de covardes. Vocês vão me perdoar, mas vocês têm que lutar, rapazes, como é que vocês não gostam de uma situação e ficam como carneirada aqui? Estou avisando. Do Trevo da Rodovia Presidente Dutra... Corram, porque virá chumbo grosso*!

"Grandes movimentos começam com essa indiferença que o senhor está me transmitindo"

Aquilo era mais desabafo... bom, saí dali e andei até a única saída que não estava guarnecida na Avenida Pedro II. Qual não foi minha surpresa quando vi uma caminhonete chegando com um colega, o Antônio Manuel escoltando os presos do Regimento-Escola... *Não sou profeta, mas estava ficando cancheiro.* Passaram-se alguns dias, e eu pensei: vou ver se converso a respeito da situação política com o brigadeiro Eduardo Gomes. Uma legenda viva! Não havia capitão algum naquele tempo, nem major... Ninguém empolgava nada. Conversei com um oficial amigo e a mulher dele era jornalista; ela falou com o brigadeiro, e ele concordou em me receber às 13h30min. Assim fui. Sujo, barba por fazer. Estava, digamos assim, pouco agradável socialmente. Cheguei lá na Praia do Flamengo número 224, apartamento 702... *Edifício Cidade de Salvador.* Quem abriu a porta foi a irmã do brigadeiro, a Eliane. Me apresentei: "Eu gostaria, se possível, de falar com o brigadeiro." Ele veio, e eu me identifiquei. Ele: "Ah, vocês tiveram muita sorte naquele dia do golpe, porque os meus *Gloster Meteor* não puderam decolar como eu desejava." Eu comentei: "Olha, brigadeiro (referindo-se aos oficiais contrários ao ministro da Guerra [grifo dos autores]), o senhor está cometendo um grande insulto a mim, porque pertenço ao Exército de Caxias; aquele outro era o exército golpista, o Exército do Lott. Eu também observei o momento em que seus *Gloster Meteor* seguiram rumo a São Paulo."

– Disse-lhe, então, que eu esperava um homem com qualidades capaz de assumir o Comando Militar da Vila, um companheiro do Exército ou ele mesmo, se assim o quisesse, ao que se recusou alegando ter feito um comunicado ao almirantado. Aí notei que ele não gostou do meu papo. Levantou-se. Estava pedindo que eu me retirasse. "Brigadeiro, o senhor me desculpe por tê-lo importunado... mas de tudo isso me resta um consolo: todos os grandes movimentos começam, geralmente, com essa indiferença que o senhor está me transmitindo." Pedi licença e saí. Desci o elevador, caminhei um pouco junto à orla da Praia do Flamengo, e uma pergunta logo me veio: o que fazer? Uma solução prática seria me asilar na Embaixada do Uruguai, que ficava na Rua Arthur Bernardes. Mas se eu me asilasse criaria um problema danado. De ordem familiar etc. Depois eu estava convicto da minha atuação na legalidade. E que os golpistas eram o general Henrique Lott e os seus comparsas. Eu fui, sem dúvida, o homem que levantou essa tentativa de reação no Grupo de Obuses 155. Era, portanto, responsável. Às vezes, ainda hoje, me vem à cabeça aquela idéia de que, como *Tiradentes*, que não se furtou, eu deveria assumir plena responsabilidade pelo que fiz. Não estava arrependido, somente tinha uma mágoa, a de o movimento não ter vingado. Mas estava certo que agira corretamente. Voltei para Vila Militar... e, quando lá cheguei, a situação era a seguinte: eles (os militares do Exército favoráveis ao general Lott [grifo dos autores]) estavam me procurando, eu soube que seria imediatamente preso etc. Tive tempo apenas de avisar à minha mulher.

"Documentos comprovavam a urdidura de um golpe"

– Assim que cheguei à Ponte de Deodoro já me aguardavam. Disse à escolta: *Assumo toda e qualquer responsabilidade. Fui o chefe do movi-*

mento em defesa da legalidade dentro do Grupo de Obuses 155. Não estou arrependido do que fiz... Preocupado, um dos oficiais me confidenciou: "Olha, o coronel comandante não quer nem te ver." Respondi: "Eu também não quero vê-lo. Mais tarde, porém, ele veio conversar comigo. Eu lhe disse: "Coronel, eu tenho as minhas idéias, e o senhor tem as suas. O senhor é um intelectual... mas eu tenho as minhas razões;" "isso independe de intelectualidade." Acrescentei que julgava ter agido em prol da legalidade. Cumprira meus deveres de soldado. Eu não estava arrependido. E mais: *havia documentos que comprovavam a urdidura de um golpe, desde quando eu havia chegado àquele aquartelamento, em julho daquele ano. Eu constatei os preparativos para um golpe.* Foi a partir daquele instante eu passei a conversar com os oficiais contrários a qualquer tentativa de golpe. Eu dispunha, além disso, de uma fotografia da *Ordem de Operações* onde estava escrito que seria ateado fogo ao material da Aeronáutica... nas bases do Galeão e de Santa Cruz, procurando com isso inutilizar o material da Aeronáutica (essa fotografia mostrava os locais onde ficariam os cemitérios previstos no plano). Eram indicativos que comprovavam exaustivamente a urdidura do golpe montado bem antes da eleição de outubro daquele ano. Eu lamentava somente que não houvesse mais gente para engrossar as forças da reação. Finalizando nossa conversa o coronel comandante me assegurou que eu seria transferido sem problemas..." Eu respondi: "Quero informar ao senhor, não por subserviência, que, se nós vencêssemos, o senhor seria tratado corretamente. O senhor seria preso e deixado na sua residência. Isso eu posso assegurar ao senhor. Quero também acrescentar que o senhor não devia ter tripudiado de nós. O senhor seria tratado com urbanidade..."

"Vocês serão fuzilados na Ilha de Bom Jesus"

Não demorou eu fui transferido para o 2° Grupo de Obuses 155 em Jundiaí (2° GO 155), São Paulo. Li no ***Diário de Notícias*** (comentava-se, na época, que este era o verdadeiro *Boletim do Exército* e publicava todas as movimentações de oficiais). Todavia, uma semana depois, qual não foi minha surpresa: *última forma* na classificação para Jundiaí: *capitão Luiz Helvécio transferido para o Quadro Suplementar Geral-QSG – e classifi-*

cado na 7ª Circunscrição de Recrutamento, em Goiânia... O Cézar Montagna também estava lá... o *Calunga*... o Serpa tinha ido para Teresina... todos aqueles companheiros que não apoiaram o Golpe foram transferidos. E eu me preparei para viajar para Goiânia... Esta foi a minha saga. Eu sequer fui para a 7ª Circunscrição de Recrutamento. Acabei sendo chamado para cursar a Escola de Aperfeiçoamento de Oficiais. Eu já estava enfiadíssimo, marcadíssimo como *golpista*. Não perdi um dia sequer daquele ano sem fazer um ato contra o Governo. Eu dormia com remorsos se não disseminasse pelo menos um boato contra o Governo.

(Luiz Helvécio comenta sobre o que aconteceu logo após o *putsch* Militar).

– Eu fui proibido de servir no Primeiro Exército após cursar a EsAO... sabiam que, na EsAO, eu dispunha de todo o tempo para conspirar. Éramos marcadíssimos, fomos ameaçados mesmo. Chegaram a colocar mensagens no nosso carro. "*Vocês serão fuzilados na Ilha de Bom Jesus.*" Tínhamos a solidariedade de muitos capitães... a EsAO em peso; dentre os capitães, sem exagero, 80% pregavam contra o Governo. Foi um golpe da minoria sobre a maioria, e a omissão permitiu a vitória do general Lott. Houve gente que saiu dos quartéis às 2 da madrugada sem saber que era para derrubar o movimento. Um comandante de esquadrão, o tenente Amaro Moura, quando soube que era para isso, voltou e foi preso e destituído do comando.

Houve conscientização de que aquilo não podia acontecer mais?

– Foi uma transmutação muito grande, sabe? Nós éramos proibidos de servir nas unidades do Primeiro Exército... (Luiz Helvécio acrescenta que o general Henrique Lott efetuou uma série de visita-surpresa às unidades do Exército em todo o País, com o propósito de amenizar o desgaste provocado pelo Golpe de 11 de novembro e, ao mesmo tempo, angariar a simpatia, sobretudo dos suboficiais e sargentos.)

"... Lott, Geisel... esse pessoal não raciocina como nós"

– Ele (Henrique Lott) criou uma rede direta com os sargentos. Um sargento de cada unidade do Exército deveria escrever diretamente a ele. Isso foi fatal, porque ele perdeu, digamos assim, uma pedra angular na questão da hierarquia. Isso foi logo após o Golpe. Os sargentos poderiam escrever cartas... E logo ele, Lott, que sempre foi extremamente autoritário... vocação de tirano... *eu digo mais: se nós tivéssemos um pouco mais de calma, deveríamos colocar na Constituição que filho de estrangeiro, mesmo neto de estrangeiro, de um lado ou do outro, não deveria, principalmente anglo-germânico... chegar à Presidência da República... ou mesmo nos altos escalões do Exército, porque esse pessoal tem outro tipo de sentimento... Lott, Geisel... esse pessoal não raciocina como nós. A Constituição do Equador tem uma proibição dessa.* (Voltando à questão da quebra da hierarquia)... Pois o ódio que isso proporcionou: Os sargentos escreviam diretamente. Qualquer incidente no interior do quartel... O sargento relator poderia se dirigir diretamente ao Ministro... Então, quando eu chegava para um colega, vinha a resposta: "Você não pode servir aqui. O seu nome está na ficha do Primeiro Exército... está na Segunda Seção do Gabinete do Ministro" (Serviço Reservado [grifo dos autores]).

"É um dia em que eu me sinto mal quando eu visto essa farda"

(O coronel Luiz Helvécio volta a comentar sobre o tempo em que, como tantos outros oficiais do Exército, foi punido por discordar do general Henrique Lott).

– Como eu disse há pouco, eu havia sido classificado para servir no Grupo de Obuses em Jundiaí (São Paulo) por não tomar parte no Movimento de 11 de Novembro de 1955. Lendo o jornal, soube da minha classificação e refleti: tudo bem, não foi tão mal assim. Achei até que eles tinham sido benevolentes comigo. Todavia, eles deram *última forma* (voltaram atrás), e me reclassificaram na 7ª Circunscrição de Recrutamento (Goiânia). O fato é que eu acabei chamado para cursar a Escola de Aperfeiçoamento de Oficiais (EsAO), e eles sequer me convocaram para depor no IPM. Eles somente chamaram o Perdigão. O encarregado do IPM realmente não tinha antipatia por nós. Eu disse a ele que prestaria depoimento nessa fase processual, porque aquilo não tinha valor algum; mas ele, por sua vez, aguardava a fase da Auditoria, ocasião em que apresentaria as provas de ter sido eu a me lançar contra a articulação golpista desenvolvida desde agosto de 1955. Como assinalado, eu dispunha de uma fotografia da ***Ordem de Operações,*** emitida pelo comandante da Primeira Divisão de Exército, general Manuel de Azambuja Brilhante, mandando os diversos grupamentos da Divisão (grupamentos táticos) se prepararam para cercar as bases do Galeão, de Santa Cruz e as instalações da Marinha suspeitas de reação. Mandava *tocar fogo* no material de vôo. Um local para servir como cemitério foi assinalado no Galeão. Era para juntar os mortos. Aquilo me indignou. Eu fiquei com aquela documentação guardada. Então, disse a ele: "Olha, tenho documentos irrefutáveis." Não houve contragolpe, houve um golpe urdido desde agosto. Eu senti, na Vila Militar, que estava sendo preparado um golpe com a presença do general Jairo de Almeida – constantemente no nosso aquartelamento – e outros oficiais generais. Quando, às vezes, eu era chamado pelo comandante – eu era fiscal do Grupo –, a conversa era imediatamente interrompida. Essas coisas foram se somando. Eu sempre tive muita sensibilidade política e percebi que havia alguma coisa. Tratamos, aí sim, de preparar o nosso contragolpe.

– Todos os oficiais... os capitães que lá estavam naquela época foram solidários comigo quanto à idéia de reagir ao golpe. Até hoje eu guardo mágoa de não termos partido para uma reação com toda a força. Até a consolidação do Movimento Militar de 1964, eu dizia à minha mulher: "Olha (Luiz Helvécio referia-se ao dia 11 de novembro [grifo dos autores]), esta é uma data em que eu me sinto mal, quando visto essa farda. Porque eu me sinto um cadáver. Eu podia ter morrido, podia ter morrido porque devia ter reagido. Como soldado eu poderia ter morrido na defesa da Ordem e da Legalidade. Então, eu me sentia muito mal. Aquele foi um ano de muita tristeza, profunda tristeza...

"Nós estávamos certos de que ia haver uma revolução"

– Eu me preparei para fazer o concurso para a Escola de Comando e Estado-Maior. Eles sabiam que eu estava na *marca do pênalti*. Não iam me deixar cair. Nós éramos vigiadíssimos. O certo é que, ao final daquele ano, fui reclassificado em Bagé. Ao me apresentar, me disse o coronel – comandante, homem sem maldade: "Então, o senhor está aqui?" Eu respondi: "É, estou aqui porque estamos *lotteados*. Agora, para que o senhor não fique preocupado, coronel, não precisa me acompanhar ou mandar me vigiar. Agora, se houver qualquer revolução, pode ter certeza de que estarei no meio. Nós estamos a 60 km da fronteira. Se não der certo, eu vou para o

Uruguai." "Não, não há preocupação nisso..." Foi sempre muito correto, mas... na realidade, ele fazia como todo comandante que não desejava se surpreender: tomava conta.

– Ele (o comandante) tinha um sargento motorista que o auxiliava. Chegava lá o general: "Como é, como é que vai o capitão Helvécio? Olha que esse homem é perigoso." Esse sargento – eu o conhecia desde Cachoeira Grande – me alertava: "Olhe, capitão, cuidado, estão de olho no senhor." Mas lá também estavam o coronel Édson Figueiredo, o Pascoali Campos, o Perald (prenome não lembrado)... uns seis a oito capitães igualmente *lotteados*. Nós nos reuníamos na casa do Pascoali Campos, uma casa grande. Com ele e com o Édson Figueiredo eu não ficava preocupado. Nos reuníamos aos domingos e analisávamos os fatos políticos da semana. Tivemos boa receptividade em Bagé. Aliás, logo depois que o Figueiredo chegou do Paraguai (onde integrara a *Missão Militar Brasileira*) foi cedido à Seção de Apoio – que era uma das *peças de manobra* –; a nossa unidade era um Regimento de Cavalaria. O Figueiredo exercia a função de fiscal, e ele próprio admitia que não havia "melhor maneira de pensar no País do que votar no regime do comandante em exercício: no chefe". Eu estava sempre em contato com ele. Havia um relacionamento estreito. Ele me conhecia da Escola e era um sujeito muito simples. Ficamos lá para o que desse e viesse. Alertavam que haveria uma revolução etc. Quando eu fui para lá, disseram: "Olha, pode estar certo de que você receberá ordens do Édson Figueiredo." E assim foi. Procurei o Édson Figueiredo, que era o subcomandante do Regimento, e ele me tranqüilizou. Alguns oficiais da Divisão de Santa Maria – então 3ª Divisão de Infantaria – passavam próximos à linha da fronteira: "Como é? Alguma coisa?" Nada!

"Golpistas são os senhores!"

– Fiquei dois anos em Bagé: 1957, 1958... em 1959 me habilitei ao curso de Psicotécnico Militar. Fiz toda a parte teórica e, por ocasião dos testes, surpresa! Fui aprovado! Me deslocaram aqui para o Rio de Janeiro. Aqui chegando encontrei o João Ladário, um amigo que servia no Quartel General do *Grupo de Unidades Escola*. Ele era oficial do Estado-Maior: "Você vai ficar tirando esses cursinhos aí? Você tem é que se preparar para a Escola de Comando e Estado-Maior do Exército." Respondi: "Lá em Bagé eu não podia estudar para a Eceme. A gente estuda mesmo é aqui. E, este ano, eu vou me preparar para o curso." Ele: "Eu, se fosse você, deixava isso. Posso te colocar no QG *do Grupo de Unidades Escola.* Você quer?" O Ladário me apreciava militarmente, me distinguia... ele acrescentou que até mesmo conseguira reclassificar alguns oficiais que estiveram a bordo do cruzador *Tamandaré.*

Isso em 1959?

– Exatamente. Aí eu fui. Ele me recomendou que fosse à Diretoria de Pessoal pedir desligamento do curso: "Nós classificaremos você." Solicitei o desligamento na DP, mas a minha classificação no *Grupo de Unidades Escola* não saía. Falei novamente com o João Ladário e ele confirmou: "Está tudo certo." Fui lá mais duas ou três vezes, aí constatei a existência daquele *jogo de empurra.* "Não. Houve ordem do Gabinete do Ministro para não efetuar sua classificação." Ah, é? Fui ao gabinete do ministro e encontrei o tenente-coronel (prenome não lembrado) Tinoco, também maranhense, por sinal uma péssima figura, sórdida. Ele disse: "Ah, o senhor é um daqueles *golpistas*?" Respondi: "Não, eu não sou golpista. *Golpistas são os senhores!*" "O senhor ainda tem...?"... "Tenho coragem, sim!" Ao final, retrucou: "O senhor terá que regressar a Bagé com seus próprios vencimentos. Nós não lhe daremos passagem de volta. O senhor terá que se reapresentar em Bagé." Eu contrapus: "Olha, coronel, quando falta justiça sob a bandeira que nós vivemos, podemos procurá-la em outro canto." "O que é que o senhor quer dizer com isso?", indagou. "Acho que o senhor entendeu muito bem. Com licença." Imediatamente passei no Estado-Maior do Exército e conversei com o João Figueiredo que, na ocasião, trabalhava lá, e com o coronel Antonio Herrera: "Olha, vou me entregar. Vou me asilar na Embaixada do Uruguai. Vou criar um caso político. Eles estão fazendo discriminação política." Aí apareceram alguns oficiais do Estado-Maior do Exército: "Vamos quebrar o galho por aqui. Não se afobe não." Respondi: "Já tomei minha decisão." Eles: "Não faça isso, não faça isso! Hoje à noite nós te daremos um *feedback* sobre o caso." Com efeito, naquela mesma noite eles me asseguraram: "Olha, Helvécio, você pode se apresentar no *Curso de Classificação de Pessoal*, onde funcionava o ensino de Psicotécnico. O chefe é o Candal da Fonseca,[7] que é gente nossa e, com certeza, vai gostar de você." Ora, esse curso começara há duas semanas. Funcionava em Realengo e parecia uma sacristia de igreja;

não tinha nada. Era só giz e quadro-negro. A condução era difícil: trem, um trem miserável, daqueles que o passageiro pega na Central, faz baldeação e corre para outro trem. O certo é que fiquei lá. Fui muito bem recebido pelo coronel Candal.

– Eram aproximadamente 20 alunos, inclusive civis. Quando fui me apresentar, eu disse a ele: "Olhe, coronel, eu estou aqui porque, na realidade, quero me preparar para a Escola de Comando e Estado-Maior. Para não sofrer outras injunções, vou ficar muito pouco. O senhor vai me desculpar". Candal: "Não, você está certo." Prossegui: "Vou freqüentar as reuniões do Clube Militar e tentar fazer a aproximação rumo ao concurso para a Eceme." "Está certo", ele disse. "Agora, eu queria que o senhor me proporcionasse uma certa folga, porque eu tenho que conspirar. Não descansarei um dia enquanto não acontecer essa virada." Ele concordou. De sorte que, à tarde, eu partia feroz para qualquer direção.

– O Candal da Fonseca era um revolucionário e estava lá. Há nove anos ele continuava coronel e não fora promovido a general... Então, havia uma conspiração geral. O subchefe do curso chamava-se Assis Nogueira. Essa diretoria que funcionava em Realengo, era, digamos assim, uma miscelânea. Havia vários cursinhos por lá, duas escolas especializadas, enfim... e o chefe era o general Galhardo, um general fraquíssimo. Para *puxar o saco* do Juscelino Kubitschek ele resolveu que o encerramento de todos os cursos, fosse de cabo a coronel, tinha que ser feito na Vila Militar em solenidades presididas pelo Chefe de Estado. No estádio do Regimento Sampaio, que fica em frente ao Quartel-General da Vila... Mas o Candal da Fonseca era o comandante desse dispositivo, porque era o coronel mais antigo... pois bem, então o Candal incluiu a Banda de Música. E toca a ensaiar. Não prestou! Volta de novo até acertar – eu achava gozadíssimo!

"Cadeia para os oficiais. Todos, com ou sem Estado-Maior"

– No dia da cerimônia, todos os oficiais estavam obrigados a comparecer, mas – dos oficiais classificados na diretoria – ninguém foi. Ninguém! O Lott soube disso por intermédio de um sargento. Este sargento informou ao ministro que os oficiais da Diretoria de Aperfeiçoamento e Especialização não haviam comparecido. Daí o Lott mandou chamar o Galhardo, um oficial que trabalhava na área de Engenharia. Digamos assim, de modo geral esta não é melhor militância... mais ou menos técnica... e ele era até médico, imagine!... O Galhardo chegou lá, e o Lott advertiu: "*Eu soube que os oficiais da sua diretoria não compareceram à solenidade de encerramento dos cursos, com a presença do presidente Juscelino Kubitschek, o que corresponde a uma atitude de insubordinação... quais as providências que o senhor tomou?" Ele respondeu: "Eu estou estudando o problema..." Lott: "Estudando o problema? Diante de uma evidência como esta? Olha, Galhardo, se você não der a cadeia, eu vou dar a cadeia. Todos eles vão para a cadeia. Cadeia para os oficiais. Todos, com ou sem Estado-Maior.* Aí o Galhardo voltou para a diretoria, reuniu o pessoal e só faltou chorar para dizer que havia recebido a missão de prender o pessoal. Respondi: "Claro, general, dê logo... é isso mesmo... é isso mesmo, não há dúvida, amanhã isso vai estar na imprensa, é bom... dê logo!" E assim foi feito.

"Ele era tirano, tinha um passado tirânico"

E a oposição ao general Lott?

– Ele era tirano, tinha um passado tirânico... bem depois é que ele começou a se vincular com a esquerda. Ele era ministro da Guerra do Juscelino e, segundo ele, o Juscelino seria impedido de tomar posse. Ele foi o avalista, recebeu uma espada de ouro... mas naquele momento era impensável dispor de força política para substituir o Lott como ministro da Guerra. Nós queríamos, de fato, derrubar o Governo, mas ele nomeou, como Comandante do Primeiro Exército, o general Odílio Denys, que já estava na reserva e foi reconvocado... então, era uma vigilância tremenda do Conselho de Segurança para judiar da gente. Uma minoria tentava controlar a maioria. Foi o que aconteceu. Eu terminei o curso em Realengo e me classificaram – a pedido do comandante da EsAO – na diretoria do Departamento de Ensino da própria EsAO. Fiquei, portanto, lá na Vila Militar, cheia de capitães rebeldes. Na EsAO se desenvolvia um tremendo proselitismo. E ali também estavam os nossos contatos com as unidades-escola. Era uma situação efervescente. Havia comícios...

"Eu acho que isso é uma iniqüidade"

Um dia o coronel chefe do Departamento de Ensino me chamou: "Olha, Helvécio, você é um oficial atualizado, tem um bom currículo e será o encarregado de reformular as *Normas Gerais de Ação* do Departamento de Ensino." Tudo, inclusive os graus... todo aquele regime de apuração de graus; enfim, qualificação de oficiais... tudo ficou nas minhas mãos. Eu me fechei durante 15 dias e *toquei a caneta*... Terminei e entreguei a ele, que ficou admiradíssimo. Ele até observou: "Esse oficial não pode sair daqui tão cedo." Aí um dia, lá na EsAO, o Olavo Viana Moog decidiu promover um curso para oficiais: curso de tática, de aperfeiçoamento... Não sei por quê, acho que eles pretendiam formar generais...Tanto é que, entre os alunos, estava o filho do Arthur da Costa e Silva... muitos coronéis foram matriculados. Ora, as notas são colhidas durante os cursos e entregues à Divisão de Aprendizagem... uma vez reunidas, era dado tratamento estatístico etc. e saíram, digamos assim, *50% de notas R*, quer dizer *Regular*. No final do ano eu entreguei os resultados ao comandante. Ele ficou chocado: "Esse pessoal vem para cá tirar o curso com prejuízo, não sei o que mais... o cara se afastou da família e tal..." e eu somente escutando... "Agora, sair com resultado R?" Ele acrescentou: "Olha, você modifique isso." Eu contra-argumentei: "General, o senhor certamente desconhece o que está se passando... não sou eu quem atribui grau. São os instrutores dos cursos. Eu tão-somente dou o tratamento estatístico e os qualifico conforme as Normas Gerais aprovadas pelo Comando... Ele: "Eu não aceito!..." Fui taxativo: "Pois então o senhor consiga outro oficial; eu já não tenho condições de servir aqui sob as suas ordens, porque isso é uma iniqüidade. Com licença!" Saí de lá, fui direto ao subcomandante e contei o que se passara. "Eu acho isso uma iniqüidade, sabe? Não quero me queixar do comandante, mas o que ele me propôs é uma indignidade... manipulação grave... olhe, por muito menos eu disse a um major, num curso específico para cabos, que ele registrasse os graus que quisesse, mas, de minha parte, eu não alteraria um grau... quanto mais um coronel, tenentes-coronéis e majores. Então, vou me embora." E fui. Desci direto para o ministério, completamente perdido no espaço. Por acaso encontrei os irmãos Serpa, umas figuras singulares no Exército. São três irmãos, todos da Arma de Artilharia e cada qual mais inteligente e decidido... e também muito articulados. Eles traziam a política no sangue. O certo é que me disseram... "Ah, mas não tem problema..." e me levaram ao general Agostinho Cortês, oficial tremendamente antilottista. "O Helvécio está saindo da EsAO, se aborreceu e quer vir para cá." "Mas claro! Vamos fazer a sua transferência e tudo o mais, direitinho.Você se apresentará aqui no dia tal." Quando cheguei na diretoria, foi uma festa: "Estamos recebendo hoje aqui um oficial de excelsas virtudes." " Foi um elogio danado... "E ele não vai ser chefe de sessão. Trabalhará no gabinete do general." Eu não esperava isso... A partir daí era conspiração noite e dia. Isso aconteceu entre 1961 e 1962, já no governo João Goulart.

"A Aeronáutica fora criada no governo Getúlio, mas tinha total aversão ao getulismo"

(Luiz Helvécio recorda-se que nessa época...)

– Houve uma conspiração da Aeronáutica. Aquela grande conspiração massiva logo após o golpe do Lott, das três Forças: Marinha, Exército e Aeronáutica. As conspirações (segundo Luiz Helvécio) na verdade nunca funcionavam. Modificar a situação era algo difícil, primeiro pela extrema mobilidade do Alto Comando em relação ao pessoal comprovadamente descontente. Alguém que estava aqui era logo transferido e novamente retransferido... de sorte que os comandos das fortalezas jamais cairiam nas nossas mãos. Essas fortificações, a exemplo das que integravam a Artilharia de Costa, seriam, digamos assim, peças fundamentais para permitir (ou impedir [grifo dos autores]) a saída da Esquadra.

– A Baía de Guanabara era um *lago do Exército*, cercada por fortes do Exército. Somente com o consentimento dos comandantes dessas unidades é que algum vaso de guerra poderia sair. E havia outro fator: a Marinha dispunha de duas peças básicas de manobra: o *Barroso* e o *Tamandaré*. Nunca os dois estavam em perfeitas condições de navegabilidade. Um ou outro era sempre comandado por um oficial ligado a eles. De sorte que havia muitas dificuldades. Quais os caminhos que deveriam ser trilhados? A oficialidade da Força Aérea era a mais exaltada. É interessante notar que a Aeronáutica fora criada no governo Getúlio, mas tinha total aversão ao *getulismo*.

"Eu ficava com remorso todos os dias que não promovia um ato contra o Lott"

– Os elementos mais exaltados eram da FAB. Um dia eu recebi um telegrama lá do Sul, cujo remetente era um coronel do Exército que estava preso em Cruz Alta. Fora redigido mais ou menos nesses termos: "*Estou com a Polícia do Exército à minha porta. Peço para você requerer um Habeas Corpus.*" Eu me relacionava bem com o Prudente de Moraes, neto (à época chefe de Redação do ***Diário de Notícias***). Tinha sido meu colega de colégio, e mantínhamos bom relacionamento. Falei com o Prudente de Moraes, e ele me aconselhou: "Olha, Helvécio, o problema é o seguinte: o homem ideal para essas coisas seria o Adaucto Lúcio Cardoso, mas ele viajou para a Polônia porque a filha dele é casada com aquele pianista Arthur Moreira Lima – que até hoje nunca tocou no Brasil – e ele está fora do País, mas eu vou pensar no caso e mais tarde lhe dou uma resposta." De fato, assim foi: sugeriu que eu procurasse o doutor Justo de Moraes, parente dele. A casa do doutor Justo de Moraes ficava aqui na Rua Júlio de Castilhos (Copacabana, Zona Sul). Eu não tinha carro. Fui a pé; grande parte do caminho a pé e outro trecho de condução (bonde). Mas fui inicialmente ao escritório dele, na Rua México (Centro do Rio). Fui muito bem recebido, fidalgamente recebido. Era um senhor de certa idade, com um grande escritório de advocacia. Ele me disse: "Olha, Helvécio, isso aqui (o processo) não dá nada. Qualquer prisão disciplinar é inapreciável na Justiça Comum, mas eu vou entrar com o pedido de *Habeas Corpus*; baasta criar um fato. Meu filho, eu defendi o brigadeiro Eduardo Gomes; defendi o Siqueira Campos... isso é, mais anos menos anos a mesma coisa para mim." Era um sujeito muito correto. Então, o doutor Justo de Moraes impetrou *Mandado de Segurança* contra a arbitrariedade praticada pelo general Henrique Lott. A notícia circulou abertamente entre os oficiais. Eu ia também à Câmara, falava com o pessoal... esse coronel (que estava preso) era amigo de pessoas ligadas ao *Partido Libertador*, do Rio Grande do Sul. Era um partido pequeno, mas autêntico. Muito cioso das tradições deles, dos *maragatos* etc.... pois eu fui até lá falar com o *chefão* do partido, não lembro o nome dele. E ele me disse: "O senhor está encontrando dificuldade para ser ouvido na Câmara?" Eu ia até lá e falava... "fulanos, um companheiro nosso e coisa e tal..." Esse *chefão* garantia outra coisa. "Eu vou chamar o doutor João Cruz de Souza" (que havia sido secretário de Educação no Rio Grande do Sul), um grande parlamentar. E o João Cruz fazia um discurso, falava bem etc. Com isso mantinha o clima. *Eu ficava com remorso todos os dias que não promovia um ato contra o Lott.*

– Antes disso houve um aniversário do Golpe promovido por ele (Lott), (11 de novembro), e eles organizaram – com muita pompa – a comemoração em frente ao Palácio Duque de Caxias (Centro do Rio de Janeiro). Os sindicatos doaram ao general Lott uma espada de ouro. Então, o nosso pessoal queria reagir, e eu estava no meio. Nós pretendíamos emboscá-los a partir daqueles prédios próximo à *Gare* da Central do Brasil...

Do Pantheon?

– Não do *Pantheon* (onde estão sepultados os restos mortais de Luiz Alves de Lima e Silva, o Duque de Caxias). *Da calçada nós atiraríamos. Isso aconteceu exatamente em 1956, na comemoração do primeiro aniversário do golpe do Lott. Estava tudo programado e coisa e tal. Nós atiraríamos de vários pontos, inclusive de uns hotéis velhos e dos parques... com fuzis. Tudo direitinho. Acertaríamos o Lott, sem dúvida.*

E o que houve?

– Estava tudo acertado. Eu estava cursando a Escola de Aperfeiçoamento de Oficiais (EsAO), e a solenidade seria realizada à tarde. A partir do meio-dia nós descemos para a cidade. Quando eram umas duas e meia para três horas...

De quem foi a idéia?

– Isso era velado. Éramos vários capitães e eu os conhecia. Nós atiraríamos nele (Lott), eu atiraria tranqüilamente. Considerava o Lott um patife.

Mas como fazer isso sem se identificar?

– A idéia era causar *aquele* impacto e, desse no que desse, alguém seria assassinado. Estávamos preparando uma *grande revolução.* (Este atentado, assim como várias outras iniciativas dos grupos conspiradores, não foi efetivado [Nota dos autores].)

"Eles são um bando de tresloucados"

Foram anos difíceis...

– Foram anos difíceis... Ele (Lott) era quase candidato à presidência da República. O presidente era o Juscelino Kubitschek. E o Odílio Denys era ministro da Guerra. Nós não tínhamos liberdade de ação, mas eu calculo que, no Exército, entre 70 e 80% dos oficiais eram anti-Lott. Na EsAO, particularmente na Arma de Artilharia, destacava-se o Fernando de Lima. Contavam-se alguns na Infantaria mas, predominantemente, o *centro de gravidade* estava na Artilharia. Eu percorria as unidades da Vila Militar... nós tínhamos um movimento em preparo, aquele *grande movimento* sobre o qual lhes falei. Um dia o Édson Figueiredo, que trabalhava no Estado-Maior e foi quem me impediu de buscar asilo na Embaixada do Uruguai, me alertou: "Olha, garoto" (estávamos em 1959), "o melhor que temos a fazer é dar uma *virada* na eleição." *Há um grupo conspirando. Você não vá se meter com esse pessoal. Eles são um bando de tresloucados.* O certo é que de tanto freqüentar o gabinete do doutor Justo de Moraes, conversávamos sobre os assuntos mais diversos. Um dia ele me perguntou: "Capitão, o senhor gostaria de se encontrar com pessoas que pensam como o senhor?" Respondi: "Terei muito prazer." "Então eu vou apresentar o senhor..." Abriu-se uma porta localizada atrás da mesa dele e, de lá, saíram o João Paulo Moreira Burnier e o Haroldo Velloso.

Estavam ouvindo e esperando?

– Certamente freqüentavam o escritório. Era um "*aparelho*" deles. Então, desse momento em diante eu passei a trabalhar com eles. Pensei: já que pretendem uma coisa, estarei com eles. O nosso chefe... somente aí eu fiquei conhecendo, era um coronel; trabalhava na Escola Superior de Guerra. Chamava-se Luís Mendes da Silva. Parecia ser paraibano ou alagoano, de 1,80 m, forte; era um homem disposto, de poucas palavras e muita ação. Ele morava no Leme, no *Edifício Montese*. Então, todas as noites eu ia ter com ele. E ele morava *vis-à-vis* com o coronel Vasques de Freitas, que era o *chefe comunista no Exército*. Conheci outros companheiros ali. Então, o coronel Luis Mendes da Silva era o *chefão*... com muitos contatos na Força Aérea: com o Burnier, Velloso... tivemos inúmeras reuniões, inclusive com este que foi tempos depois chefe da Casa Militar no governo Costa e Silva, um artilheiro... Jayme Portela. Aquelas reuniões começavam por volta das 9 horas da noite e se estendiam até às duas, três da manhã...

O senhor encontrou João Paulo Burnier e Haroldo Velloso antes da *Rebelião de Aragarças*?

– Antes de pedir o auxílio de que falei ao doutor Justo de Moraes, não. O doutor me apresentou a eles.

O senhor participou do esquema para a Rebelião de Aragarças no Rio?

– Participei.

Aragarças não levantou a oficialidade no Rio?

– Veja bem, havia também gente do Exército.

"Estado de Sítio"

(Luiz Helvécio explica que, se fosse declarado *Estado de Sítio*, como chegou a ser cogitado, todos iriam para Niterói) – De Niterói nós seguiríamos para Macaé, onde havia um campo de pouso; de lá, decolaríamos em aeronaves *Douglas*, da empresa ***Cruzeiro do Sul*** e viajaríamos para a Bahia. Chegando lá, a base já teria sido tomada pelo pessoal da FAB, que também era nosso, embora o comandante estivesse solidário (aos que detinham o poder [grifo dos autores]). Ele seria preso; todos os comandos, aliás.

Por que a variável do Estado de Sítio?

– O *Estado de Sítio* representava mais aperto contra nós. Por intermédio da decretação do *Estado de Sítio* ele poderia intervir no Estado da Guanabara. Um dos reflexos seria esse. Pensei: vamos *explodir esse negócio; vamos ver que bicho vai dar.* O governador da Bahia, Juracy Magalhães, advertiu que seria contra a modificação no *status quo*; se houvesse qualquer modificação, ele consideraria um golpe por parte do Juscelino Kubitschek. Então, nós seguiríamos para a Bahia. Em Salvador já estavam alguns oficiais das unidades locais que aderiram à idéia. Eu conhecia alguns desses oficiais.

– (Luiz Helvécio revela – provavelmente pela primeira vez – alguns detalhes sobre a estratégia dos rebelados nos estados da Guanabara e Rio de Janeiro. Fala inicialmente sobre a Bahia) – Por que a Bahia? Juracy Magalhães, o governador, apoiaria o nosso movimento; em segundo lugar, na Bahia, estavam sediados os aviões do comando costeiro, aeronaves que dispunham de grande autonomia de vôo e podiam ficar muitas horas no ar sem reabastecimento, capazes de chegar até o Rio de Janeiro e regressar à base. O plano era este: vir até o Rio (leia-se Guanabara [grifo dos autores]).

No Rio de Janeiro seriam destruídas todas as passagens terrestres. Eu as vi fotografadas. Fiz, inclusive, o levantamento relativo àqueles pontos terrestres que seriam destruídos.

Essas fotografias foram feitas pelo Burnier e outros oficiais da Força Aérea...

– Eles já tinham levantado tudo isso. Aliás, muito bem. Eram 14 saídas terrestres do Rio (que seriam destruídas), para evitar que as unidades blindadas pudessem vir a ser utilizadas com êxito num contra-ataque.

O coronel Luís Mendes da Silva exercia alguma ascendência sobre Burnier e Velloso?

– Não digo ascendência, mas era muito ligado a eles e, também, ao Jayme Portela. O certo é que havia reuniões e, de vez em quando, era expulso um desavisado.

"Eu vi crescerem certas lideranças"

– (Helvécio acrescenta) Nós éramos muito *opiniáticos*. Aliás, nós somos *opiniáticos* de modo geral. E eu, às vezes, tive que retirar o Burnier por causa das discussões ásperas com o Jayme Portela.

– Tinha que retirá-lo porque o Burnier era um homem assim. Achava que se um militar da Aeronáutica tivesse que atirar com um canhão, que atirasse. O Jayme Portela achava que não. Um camarada da Aeronáutica não podia atirar com canhão. Então era assim, muito mais *bitolado*.

– Se tivesse que fazer, ele faria. Não sei como ele não *estourou* na ponta de uma revolução dessas, pois era homem capaz de deflagrar a revolução. *Ele era o tipo do detonador*. Então, eu achava que foi ali que realmente cresceu o Haroldo Velloso...[9] aí eu vi crescerem certas lideranças. O Velloso era um homem calmo, tranqüilo... ele ficava numa sala em meio àquela discussão e dizia, deitado no sofá..."depois que chegarem a um acordo me digam qual foi. Vou tirar uma soneca". E ficava dormindo. Quando a discussão acabava ele perguntava: "O que vocês resolveram?"

Portela, Velloso, Burnier, o senhor... quem mais participava?

– Vários oficiais da Aeronáutica que eu não conhecia.

Paulo Victor?

– Paulo Victor[10] também; de vez em quando ele aparecia.

... Do Exército, somente o senhor e o Jayme Portela?

– ... O Luís Mendes da Silva. Havia outros também. O Bastos (prenome não lembrado), um rapaz que trabalhava na Escola de Comando e Estado-Maior. Outros oficiais compareciam, não com a mesma freqüência.

O patrocínio era do doutor Justo de Moraes?

– Não digo que fosse do doutor Justo de Moraes, mas até o filho dele tomava parte, o advogado Luís Mendes de Moraes. Era um rapaz inteligente, entusiasmado. Depois da *Rebelião de Aragarças* (1959), fugiu com o Burnier para o Paraguai. Então, tinha sempre aquele negócio de *vai-não-vai*. Na realidade eles precisavam de 26 oficiais do Exército para realizar a missão na Bahia.

Ir de avião até lá e deflagrar a rebelião em Salvador?

– Exatamente. Em Salvador, com os *homens-mola* (impulsionadores) previamente colocados – e que seriam oficiais da Aeronáutica – eles ajudariam a manter o controle da Base Aérea e estabelecer ligação com o comandante daquela unidade, também solidário ao nosso grupo, para dar partida ao Movimento. Os pilotos da FAB decolariam imediatamente com os, se eu não me engano, *B-29* e *Beechcraft*, esses aviões do Comando Costeiro, para bloquear as saídas do Rio de Janeiro e, se possível simultaneamente, atacar os *alvos prediletos*: Palácio do Catete, Palácio das Laranjeiras etc., guiados, inclusive, por observadores de terra. Parecia um *troço* para valer, de modo a impedir a saída (e a progressão) dos blindados. Queríamos evitar a saída das tropas. O Rio de Janeiro dispunha de muitas tropas, e nós receávamos uma confrontação com as unidades blindadas. Por sua vez, a Marinha tentaria sair com um dos vasos de guerra para assegurar a conquista de Vitória (Espírito Santo).

São Paulo estava fora desse esquema?

– Totalmente fora. Eu não conhecia a parte relativa a São Paulo. Mas o Nordeste tomaria parte por intermédio das unidades de Recife, inclusive com uma bateria de costa sediada em Olinda; conosco estava o Nivaldo

Perensael, um excelente capitão – já falecido – e havia muito mais: a Companhia Hidrelétrica do São Francisco dispunha de uns três mil a quatro mil *caboclos* para deflagrar o Movimento Rural, dirigido pelo doutor Mário Conde Ferraz,[11] que era uma pessoa ligadíssima a esse grupo da FAB e um homem de grande reputação, da melhor reputação entre os construtores de Paulo Afonso. Haveria, inclusive, a participação do pessoal lotado na Base Aérea de Natal.

Não haveria resistência no Nordeste...

– Poderíamos encontrar alguma resistência, mas seria desmantelada por intermédio do *elemento surpresa*. Assim estava esquematizado.

"Eu pego no canhão e atiro"

(Luiz Helvécio comenta um pouco mais sobre os planos idealizados e a personalidade de João Paulo Burnier).

– O Burnier era interessante... ele não revelava tudo a ninguém. Era extremamente cauteloso, abria a folha do livro conforme lia.

Nós conversamos com o brigadeiro Burnier e tivemos a impressão de que, ou ele agia como líder, ou tinha parceiros com quem conversava sobre essa estratégia superior. Ele falou preferencialmente na primeira pessoa do singular, como se da cabeça dele emanassem todas as idéias e planos. O senhor acredita que ele concebia realmente as coisas?

– Eu acho, sem dúvida. Ele e o Velloso. O Velloso era um *tiete* das maluquices do Burnier.

Os exageros ele guardava.

– É, ele se portava com muita tranqüilidade, com muito jeito. Era uma figura carismática, o Velloso.

Em certas ocasiões o brigadeiro Burnier parece esquecer as outras pessoas...

– Mas ele é assim mesmo. Exatamente por isso aconteciam aquelas encrencas com o Jayme Portela. Ele dizia: "Eu vou fazer isso;" "Não, eu pego um canhão e atiro." Portela: "Você não pode atirar com um canhão." Burnier: "Eu atiro! Pô, o que é que há?"

... Então ele contava as idéias dele aos poucos...

– Aos poucos. Na casa do Luiz Mendes da Silva, durante as reuniões... Lá funcionava a *perna* do Exército; existia também a *perna* da Marinha, à qual eu não tinha acesso porque o pessoal da Marinha não teve quase contato conosco. Havia apenas um cidadão, com nome meio italiano: Martinelli (Osnelli Martinelli), alguma coisa assim. Esse era da Marinha. Muito citado. Havia outros oficiais. Eu os vi várias vezes.

Ninguém trocava cartões?

– Ninguém pergunta: qual é o seu papel aqui? Ninguém dá explicação.

... O companheiro de hoje pode ser o delator de amanhã...

– Sem dúvida. Durante uma reunião, no escritório do Justo de Moraes, lá no *aparelho*, eu vi esse pessoal da Marinha e da Aeronáutica... mas tive maior ligação com a Aeronáutica. Me relacionava com o Burnier. Veja bem, o coronel Luís Mendes da Silva sempre nos pedia novos projetos. Vinha naquela exigência dos 26 oficiais do Exército; quando chegou pelos idos de julho, nós dispúnhamos de 40... comigo também estavam alguns oficiais que trabalhavam no Centro de Aperfeiçoamento e Especialização de Realengo – (Caer). Então, eram 40 pessoas. Graças a Deus eu tinha bom conceito, e o pessoal gostava de mim. Devo dizer que, contra nós, havia outro elemento desgastante: a candidatura Jânio Quadros.

"Ele está pensando que eu não sou macho?"

As pessoas apostavam na solução civil por intermédio do sr. Jânio Quadros...

– "Garoto, olha, vem aí o Jânio; nós vamos ficar numa boa... mas é preferível ter esse governo do que uma derrota nas eleições." Isso eu escutei muito. Eu dizia: não, isso não é regra geral. Nós ganharemos as eleições direitinho. Bom, mas o certo é que com a velocidade como o Jânio Quadros caminhava, a 100 por hora, a certeza da vitória dele conquistava crescente apoio popular...

Foi aumentando o número de pessoas...

– Era um compromisso sagrado. Daí, como eu disse há pouco, na hipótese da decretação do *Estado de Sítio*, nós viajaríamos para a Bahia para começar...

Mas não aconteceu a decretação...

– Vejam bem. Aí a Aeronáutica, em face de o Exército não apresentar aquele *quorum* mínimo dos 26 oficiais para a operação na Bahia... o levante para o pessoal do Exército devia acontecer até a *Semana da Asa* (3 de outubro, *Dia do Aviador*)... na Força Aérea, mesmo com a concentração de conspiradores aqui no Rio, havia confabulações: o Burnier me dizia: "Olha, Helvécio, você pode estar certo, nós vamos pegar a nossa pastinha lá para Niterói. Quando chegarmos lá, terão apenas seis oficiais", porque um estava doente, teve que ir ao médico; outro vai ficar com coqueluche, hipertensão... Acho que nós vamos dar uma *tascada* lá na Bahia. Vamos, não quero nem saber. A situação era essa. Então chegou a *Semana da Asa*. O Burnier disse que nós estávamos desobrigados de participar do movimento que ele encabeçava, o chamado *Movimento das Três Forças*.

... Na verdade duas, porque – pelo que o senhor explicou – a Marinha quase não aderiu.

– A Marinha é (tradicionalmente [grifo dos autores]) muito cautelosa... o Burnier mesmo disse...; estava lá o Luís Mendes da Silva..., por conseguinte nós estávamos desobrigados. Mas a Força Aérea não se conformaria com isso. Então, ela sairia para a operação combinada e sobre a qual nós não teríamos conhecimento.

Esse aviso aconteceu quando?

– Na ocasião da *Semana da Asa*, em outubro. O coronel Luís Mendes da Silva comentou: "*Toda vez que o Burnier vem até aqui, diz que nós não temos coragem. Sabe, eu topo qualquer coisa com ele. Ele está pensando que eu não sou macho?*" Eu respondi: "Não, coronel. Acredito que a questão não pode ser posta nesses termos. Seria infantilidade nossa. Que ele não queira a nossa participação, tudo bem, mas eles precisarão da ajuda do Exército. Se eles fizerem qualquer coisa, somente poderão ter alguma chance de vitória se o Exército aderir."

A Aeronáutica, hoje, pode até pensar em influenciar uma guerra, como ocorreu durante o conflito nas Ilhas Falklands (pilotos de um esquadrão de reconhecimento e transporte da Força Aérea Brasileira atuaram em favor da Argentina). Mas a Força Aérea de que o Brasil dispunha naquela época não tinha como fazê-lo.

– O certo é que o Burnier era muito desconfiado. (Luiz Helvécio abre novo intervalo na narrativa para ilustrar o quanto João Paulo Burnier era desconfiado). Uma ocasião ele marcou um encontro comigo ali, naquele *Edifício Brasília*, na esquina onde fica o prédio do Clube Militar. Eu vinha acompanhado de um colega... Pois fingiu que não estava me vendo. Foi em frente. Bom... eu não ia caminhar atrás dele. Depois, em outra reunião, ele me disse: "Escuta, eu vi você naquele dia. Você estava acompanhado de um cara desconhecido, e eu não ia parar." Era tremendamente desconfiado. Mas ele gostava de planejar. Era muito criativo e corajoso. Sem dúvida, devia liderar uma revolução.

"Eu, se fosse o Juscelino, mandava fuzilar"

Ele tentou com Aragarças...

– Enfim... nós, aquele pequeno grupo de oficiais do Exército, fomos à casa do coronel Luís Mendes da Silva pois era aniversário dele... À noite nós chegaríamos lá e o cumprimentaríamos. Ele não estava em casa. Sete e meia e... nada! A mulher dele, uma senhora boníssima, nos aturava com água e cafezinho. O certo é que deu sete e meia, oito horas, nove horas..."É, o Luís está demorando..." Eu disse: "Olha, Bastos (outro oficial simpático ao Movimento [grifo dos autores]), pegue a sua pasta e vamos saindo." O Bastos tinha carro. Ele morava na Rua Sá Ferreira (em Copacabana), e me deixou em casa. Ficamos conversando, após saltar do automóvel, preocupados por não termos encontrado o Luís Mendes da Silva e recordado aquelas palavras que ele me disse: ...*"Se o Burnier acha que eu não tenho coragem, vou lá e faço..."* Bom, ficamos conversando até quase meia-noite. Lá pelas três horas, o Bastos me telefonou: "Olha, há algo estranho. O carro do Burnier está abandonado lá no Galeão, e o pessoal informou que alguns aviões decolaram por volta da meia-noite. Não se sabe para onde eles foram. Ao que parece, o Luís Mendes da Silva e outros oficiais do

Exército seguiram com ele." De manhã, bem cedo, nós procuramos entrar em contato com outros companheiros simpáticos à nossa causa.

Para saber onde estavam...

– ... E ao mesmo tempo desestimular qualquer represália ou ação de força. Na Divisão Aeroterrestre nós já tínhamos *cantado* muitos oficiais amigos: olha, se explodir qualquer coisa vocês não vão. Igual àquela rebelião lá do Pará. Lembram, aquela primeira tentativa deles em Jacareacanga? Eles prometeram que não iriam enfrentá-los. Havia um oficial do Estado-Maior... eu me dava muito com ele. Disse: "Olha, se você sair me avise, que eu vou contigo." Era da Segunda Seção do Estado-Maior. Eu não sabia se era para me delatar ou se, de fato, pretendia nos acompanhar. Então, fui à casa do Milton Rosa, acompanhado do tenente Blum e de outro oficial. Lá eu encontrei um major ou tenente-coronel que era até parente dele, oficial do Estado-Maior: *"O que você quer aqui na casa do Milton Rosa. Eh, rapaz, esse negócio lá do Burnier. Não se meta em aventuras, não, que esse caras são uns canalhas. Eu, se fosse o Juscelino, mandava fuzilar, porque ele perdoou esses caras em Jacareacanga, e agora eles estão novamente com besteira e coisa e tal."* Eu retruquei: "Olha, fulano... era não sei o quê do Milton Rosa. Você pode discordar da maneira, da conduta deles, mas não pode dizer que são um bando de canalhas. Por isso eu repilo o seu insulto à dignidade dos nossos companheiros. Pode discordar, mas não fazer isso. É muito bom estar em Copacabana, deitado num colchão de molas e com ar-refrigerado, em vez de fazer o que eles fizeram numa tentativa de salvar o País. Eles não são safados, não são bandidos. Absolutamente... Mas então você apóia?" Apóio sim. Se eu pudesse estaria com eles. Ficamos todos naquela angústia até que, de manhã, o Bastos me disse: "Olha, Helvécio, ao meio-dia a emissora de rádio da ***Fundação Brasil Central*** transmitiu um comunicado. Eles estão em Aragarças..." com eles também estava um avião da ***Panair***, um *Constellation* que foi seqüestrado. Um dos oficiais rebelados era o Baratta (capitão Próspero Punaro Baratta Neto). Chegando em Aragarças, eles já dispunham de outros aviõezinhos por lá. Outro oficial que estava com ele era o Leuzinger Marques de Lima, infelizmente falecido. Bom rapaz. Chegando em Aragarças, estava sendo transportado no avião da ***Panair*** o corpo de uma senhora que seria enterrada em Belém. Então, note-se a distinção, a fidalguia da Força Aérea. "... se ela ia para lá, nós vamos transportar esse cadáver até lá."[12]

"Uma aventura"

– Eles deixaram o corpo lá e voltaram para Aragarças. Quando chegaram em Aragarças, o campo de pouso já estava tomado pelo Exército. Tropas foram mobilizadas daqui para Brasília e, de Brasília, para lá. Era essa a missão. Foram, inclusive, aqueles pára-quedistas que nos asseguraram que não iriam. Pousaram e atiraram no avião do Leuzinger. Ele tentou arremeter, e atiraram novamente. O Leuzinger pousou de qualquer jeito, se arrebentou todo... O Burnier, com uma parte do pessoal, fugiu para a Bolívia antes que o Leuzinger chegasse. Chegou numa fria. Se, pelo menos, o Burnier avisasse, eles poderiam se dirigir para a Bolívia. Aliás, eles pousaram primeiro em Mato Grosso...

A rebelião começou fadada ao insucesso? O senhor não entende Aragarças como uma precipitação?

– Poucas possibilidades de sucesso. *Uma aventura.*

O desespero de quem pretendia fazer algo de qualquer maneira.

– Disse-me o Burnier e o sogro dele também, simultaneamente, que as unidades eram da Força Aérea. Em Recife e em Natal, várias unidades se revoltariam. Era esse o plano dele. Não sei se pretendiam mesmo bombardear o Rio, mas sei que falharam.

"Olha, tem que fazer um juramento pela honra militar"

(Ainda em relação ao episódio de Aragarças, o coronel Luiz Helvécio acrescenta que um dos oficiais contactados para participar da rebelião foi o capitão Tarcísio Ferreira)

– Foi a *cantada* mais rápida que eu dei. Eu ia muito num clube em frente à antiga Escola Militar de Realengo, onde havia disputas esportivas entre escolas, miniolimpíadas... O coronel Luís Mendes da Silva já tinha me pedido para procurar o Tarcísio, porque ele era um homem disposto, conhecido, se alguém precisasse dispor de armamento mais novo. Ele se mostrou solidário: "positivo", disse. O Tarcísio trabalhava no Centro de Treinamento de Pessoal da Escola de Instrução Especializada. Até levou uma bazuca para testar. Foi o cara mais acessível que eu contactei. Bom, o fato é que ele foi. O coronel Luís Mendes da Silva e outros oficiais foram na frente e pousaram em Mato Grosso. E lá também ficou o filho do Justo de Moraes (o advogado Luís Mendes de Moraes [grifo dos autores]), que não quis se exilar. O restante do pessoal foi para a Bolívia; mas dizem que, na Bolívia, eles não tinham boas condições... era tudo muito atrasado. Foram parar em Santa Cruz de la Sierra, onde até hoje existe uma considerável influência brasileira. Resolveram prosseguir até Assunção (Paraguai), mas lá em Assunção estavam algumas autoridades militares brasileiras, Missão Militar... Missão da Força Aérea também, cujo chefe era o coronel Ricardo Nicoll, inimigo do Burnier. Ele confiscou a aeronave e apreendeu toda a documentação (que estava no interior do aparelho [grifo dos autores]). Um dia eu passei à noite pela Avenida Nossa Senhora de Copacabana e encontrei um colega oficial do Estado-Maior, o Milton Rosa: "Oh Helvécio, eu preciso falar com você. Você pode ser chamado a qualquer hora, porque o seu nome foi encontrado no interior daquele *Douglas* (aeronave da FAB seqüestrada pelos rebeldes [grifo do entrevistado]) que *dormiu* em Assunção até que a Aeronáutica o retomou." Antes disso eles já tinham me avisado que eu estava sendo vigiado porque, numa reunião em que falou o tenente-coronel João Paulo Burnier, no escritório do doutor Justo de Moraes, uma sessão de arregimentação... (Luiz Helvécio explica como se dava o acesso às reuniões) ... O senhor somente entrava com a seguinte condição, mesmo não aceitando: dava a palavra de honra, se fosse militar empenhava a sua honra de militar, que jamais revelaria a alguém o que fosse comentado. Pois um dia deu-se assim: o Milton Rosa morava ali na Rua Xavier da Silveira (Copacabana), e eu morava próximo. Fui à casa dele. Era um elemento visado. Nunca pensaria que ele estivesse envolvido na conspiração, conquanto assegurasse que se houvesse uma revolução iria comigo. Bom, aí o Milton me disse: "Olha, tu fostes *plotado* (marcado, identificado) numa reunião no escritório do doutor Justo de Moraes..." "Mas quem foi?" "Fostes delatado por um sobrinho do general Osvaldo Cordeiro de Farias, um oficial técnico..." "Filho da mãe!"

O cara também estava lá...

– Estava. Ele jurou, rapaz! Por se tratar de um parente do Cordeiro de Farias, eu notei que o Burnier fez muita carga nele sobre esse aspecto. "Olha, tem que fazer um juramento pela honra militar..." Ele sublinhou as palavras e disse com veemência. Depois veio essa de que eu estava ali... mas nunca me chamaram.

Logo foi assinado o perdão após a posse do Jânio...

– Não foi tão rápido assim. Demorou um pouco porque eu fui enquadrado num decreto legislativo. O certo é que o Haroldo Velloso foi para Buenos Aires; eles começaram a se movimentar, a se acomodar. Assunção não era uma boa para eles, porque o governo de lá era muito ligado ao daqui, e eles não tinham liberdade. Então, eles foram para Buenos Aires. Nós, a *arraia-miúda*, nos cotizávamos e mandávamos dinheiro para o Velloso, para eles todos. Me lembro até do Lair, já falecido, que trabalhou até com o Mário Andreazza... ele era ajudante-de-ordens do Segadas Vianna...

"Todo dia eu lançava um boato"

– Havia uma vigilância muito grande. Os *caras* de Aragarças eram conjurados e considerados réprobos. Havia isso. A gente tirava do bolso um dinheirinho e dava. Eu gostava. Admirava. Jamais consenti na minha presença que eles fossem insultados. Podiam discordar, mas não insultá-los.

Aí ficou aquele período de espera para a realização das eleições, com a expectativa de o Jânio vencer...

– Mas, veja bem... foi em cima, em 1959, e o Jânio foi eleito em 1960. Ele foi para Brasília depois. Então... demorou algum tempo. A marcação sobre nós era tremenda. Eu pensei: bom, já que não há outra saída, tenho que trabalhar contra o Lott. Ele era candidato. Todo dia eu lançava um boato. Todo dia em que eu encontrava uma chance para fazer algo contra ele eu fazia. Ajudei muito... Fui de férias ao Rio Grande do Sul, fiz propaganda favorável ao Jânio por lá, para 40 e tantos amigos e parentes da minha mulher, espalhei propaganda dele, enviava a propaganda. Aqui (no Rio de Janeiro), existia um escritório do Jânio Quadros próximo do Clube Naval, na Avenida Almirante Barroso (Centro). Eu ia até lá e pegava aquela documentação, aqueles volumes... para despachar para o Norte, para o Sul... (Assim como Luiz Helvécio, outros oficiais das três Forças sacrificavam as poucas horas de lazer e empenhavam-se na luta política que, acreditavam, poderia levar a Nação a um grave impasse [grifo dos autores]). Um dia encontrei casualmente com o ajudante-de-ordens do Lott. Eu disse a ele: "Olha, diga para o teu patrão... olha aqui o dinheiro da Esso. Diz para ele..." Ele não gostou e reagiu: *"Vá tomar no cu. Eu não tenho nada com isso. Eu somente trabalho para ele..."* Prossegui: "Pode dizer a ele que ele vai morder o pó da derrota." Que satisfação, desde cedo naquele dia em que fomos votar! Eu saí de lá para outra atividade, ia fazer comícios. Encontrei outros companheiros, como o Freire – que era de Goiás – (prenome não lembrado), ligados ao *Movimento Militar*. Tinha o nome de *Movimento Militar*. "Tem comício lá em Realengo... hoje tem comício em Bangu..." A gente saía depois do expediente, tirava o uniforme, assanhava o cabelo e *mandava brasa* contra ele daqui até a Praça da Bandeira: "Olha aí o dinheiro do povo..." "Olha aí dona Maria Thereza Goulart gastando..." Alguns diziam: "O senhor não ataque muito o *Jango*, porque muita gente aí adora ele..." Eu sentava o pau. Fiz tudo que pude para a derrota do Lott. Meu adversário era o Lott. Tanto é que o Jânio venceu e, como disse antes, fui convidado a tomar parte na Comissão de Inquérito na Caixa Econômica, no antigo Estado do Rio de Janeiro (em Niterói). Eu e o Freire, um oficial muito politizado e inteligente. Eu fui para lá. Pegávamos a barca, pagávamos o almoço, fazíamos diligências... tudo por nossa conta. Fizemos uma *limpeza* na Caixa Econômica. Era uma sujeira de cima a baixo. Não se podia mexer num documento que tinha bandalheira atrás. Bom... a gente tinha que fazer aquele esforço todo.

"O governo está abrindo as pernas para os comunistas"

– Quando eu vi o sr. Jânio Quadros condecorando o *Che* Guevara, pensei: isso para mim é demais. Antes, ele já tinha tentado umas *tiradas* assim... pois condecorou o *Che* Guevara com a *Ordem do Cruzeiro do Sul*. Fui conversar com um coronel da Aeronáutica, presidente da comissão, um sujeito muito sério. Eu disse: "Coronel, o Jânio Quadros sempre foi atacado pelos comunistas. Hoje está recebendo dinheiro, condecorando o *Che* Guevara que é comunista... então, em função disso, eu acho que não há mais motivação para ficar aqui." Ele tentou me convencer: "Não... Eu vou embora! Discordo. *Não posso mais continuar trabalhando aqui, sabendo que o governo está abrindo as pernas para os comunistas. Eu vou embora.*" E fui. Dia 24 de agosto. No dia seguinte, ou seja, 25, eu estava deitado em casa por volta de uma hora da tarde com o rádio ligado... "Atenção, atenção!!! O presidente Jânio Quadros acaba de renunciar!!!" Aquela comissão que trabalhava lá em Niterói quase foi massacrada, linchada pelos ladrões da Caixa. Foram até às barcas, querendo dar porrada nos caras...

"Sabia que era um governo criptocomunista"

O senhor se recorda como foi o episódio da escolha do ministro da Guerra do governo Jânio? Imaginava-se que o general Henrique Lott influenciaria na escolha do sucessor... Houve rejeição ao nome por ele indicado?

– Houve. O general Odílio Denys acabou sendo ministro, e a tropa conviveu bem com ele. Eu fui até convidado para trabalhar no gabinete do general Denys, mas havia uma voz aqui no nosso meio... ele foi chamado pela canalha da oposição, de um dos *três patetas*... Ele foi contrário à posse do João Goulart, porque sabia que era um governo *criptocomunista*... Então, ele se opunha à ideologia do senhor João Goulart. O general Denys tomou parte em todas as conspirações desde a década de 30.

"Governo quando não presta, a gente bota para fora..."

Esse ato do governo Jânio Quadros acalmou a articulação?

– O pessoal não ficou totalmente satisfeito, mesmo porque o Jânio foi muito rápido, sabe? Como disse há pouco, naquele período eu trabalhava na Comissão de Inquérito (que apurava desvio de recursos) na Caixa Econômica do antigo Estado do Rio. Íamos para lá (Niterói) de barca, pagando as nossas próprias passagens; todos os dias passávamos da hora do almoço que, aliás, era custeado pelos nossos bolsos.. quer dizer, *queimávamos incenso no altar da Pátria*, mas fazíamos aquilo com satisfação. Pois bem. Qual não foi a minha surpresa, viu-se o Jânio Quadros condecorando o Ernesto *Che* Guevara. Naquele mesmo dia eu me dirigi ao presidente da Comissão de Inquérito. Essa comissão fora instaurada para apurar as bandalheiras na Caixa Econômica do Estado do Rio de Janeiro. Todas essas comissões de inquérito eram integradas por oficiais do Exército. Nós chegamos à conclusão de que aquilo era, digamos assim, a *caixinha eleitoral* do comandante Amaral Peixoto e de alguns dos seus companheiros, como Togo de Barros etc..., do pessoal ligado à área do açúcar etc. Chegamos a fazer uma devassa nas jóias que estavam empenhadas na Caixa Econômica e encontramos envelopes fechados, sem nada dentro... aquilo foi o maior saque no Rio de Janeiro... (Retomando a narrativa sobre o sr. Jânio Quadros). No dia que o Jânio Quadros condecorou o *Che* Guevara, eu me dirigi ao coronel: "Até aqui eu trabalhei com o senhor, mas bateu de frente com a minha ideologia o senhor Jânio Quadros, que foi anarquizado por esses comunistas, os quais alardeavam que ele recebia dinheiro da ***Esso*** etc..." Eu mesmo participei de comícios à paisana em favor do Jânio Quadros, porque eu era favorável à revolução, uma vez que o número de covardes ia aumentando. Eles alardeavam que era preferível o pior dos governos à melhor das revoluções. Eu não sou assim; eu acho que o governo quando não presta, a gente bota para fora...

(Luiz Helvécio recorda novamente o dia da renúncia do sr. Jânio Quadros)

– Eu estava em casa, porque, como expliquei, havia pedido demissão da Comissão de Inquérito (25 de agosto). Eu não admiti a concessão daquela condecoração ao *Che* Guevara. Pô, esses comunistas esculhambavam com ele. Eu saía do expediente, paletó no braço e perguntava: "Onde tem comício?..." "Ali na Praça da Bandeira..." Eu ia até lá, discursava e metia o pau...

E a chamada Aliança-Jan-Jan?

– Aquilo não foi aliança. O que aconteceu foi que o Milton Campos perdeu por pouco. Ele custou a se decidir, como o Juarez (Távora) também custou a se decidir, pela eleição... O Juarez era uma coisa! Ele ia ao cinema... o Cibulares (prenome não lembrado) era ajudante-de-ordens dele... Chegando à porta do cinema o Juarez parava: "Eu tinha vontade de assistir à fita, mas acho que não vou.Vamos embora?" O Juarez tinha um raciocínio todo analítico: quais eram as vantagens e as desvantagens? Se eu assistir a esse filme, tais vantagens; se não for... ele era metódico no raciocínio e, justamente por isso, não raciocinava em tempo...

(Luiz Helvécio lembrou, inclusive, que Juarez Távora fora capturado nos arredores de Teresina (Piauí) ao tempo em que integrava a Coluna Miguel Costa – Luiz Carlos Prestes)

– Ele participava de um reconhecimento e foi preso, e foi preso novamente aqui; havia, inclusive, retornado do Paraguai; o Juarez foi surpreendido quando tentava fugir do quartel do *Regimento Dragões da Independência.* Ele discutiu com o Chevalier, que também estava fugindo, sobre qual das grades devia serrar, se em cima ou embaixo; qual a vantagem de serrar em cima ou embaixo... então, em meio à discussão, a sentinela passou e surpreendeu os dois... essa história pitoresca me foi contada pelo brigadeiro Eduardo Gomes.

"Traiçoeiramente aderiu, canalhamente... Ele morreu para o Exército"

Com a posse do Jango reinstalou-se um clima favorável à conspiração...

– Com a posse do *Jango a fórceps* se chegou a cogitar num Exército comandado pelo Cordeiro de Farias, em instalar um Estado-Maior do Terceiro Exército, embarcá-lo em Curitiba e fazê-lo marchar sobre Porto Alegre. Mas, depois, entraram num acordo. Dizem que foi um dos Geisel (Orlando ou Ernesto)... então a Divisão Aeroterrestre queria impedir a posse do Jango, de qualquer maneira... O Brizola *levantou* (parcialmente) o Terceiro Exército em favor da posse do *Jango. E o general Machado Lopes, comandante do Terceiro Exército, aderiu. Traiçoeiramente aderiu, canalhamente... Ele morreu para o Exército. Esse homem o Exército execrou. Nunca mais se ouviu o nome dele.*

"Toda essa canalha absolutamente não tem ideal, não tem sentimento patriótico"

– O certo é que o sr. João Goulart tomou posse contra a vontade, porque a Divisão Aeroterrestre estava pronta para embarcar e impedir a posse *na marra e no peito.* Os três ministros militares lançaram um manifesto porque também eram contrários à posse. Uma solução parlamentarista não resolveria. De fato, no dia seguinte à posse, ele já trabalhava para acabar com a solução parlamentarista que, hoje, tantos apregoam e que deveria ter sido implantada há mais tempo no Brasil. O sr. Tancredo Neves, que foi ministro, ele próprio foi um dos que trabalharam para derrubar o Parlamentarismo. *Toda esta canalha absolutamente não tem ideal, não tem sentimento patriótico. Eles têm interesses pessoais, interesses político-pessoais, todos eles... o sr. Tancredo Neves, quando o sr. Carlos Lacerda foi quase assassinado à porta da residência dele, dirigiu-se à TV Tupi à uma hora da tarde, para dizer que aquilo tinha sido uma armação do sr. Carlos Lacerda, tendo como testemunha seu filho menor, Sérgio Lacerda.* Ora, se um desses pistoleiros adredemente contratados para assassinar o sr. Carlos *Lacerda* ia enganar-se entre a estatura do sr. Carlos Lacerda e a do major Rubens Vaz, de estatura pequena? O sr. Lacerda era um homem de estatura avantajada. *Então, o que teria acontecido na versão apresentada era o seguinte: o sr. Lacerda matou o major Rubens Vaz e, em seguida, deu um tiro no pé para lançar a culpa no governo por aquele assassinato. Isso foi dito pelo sr. Tancredo Neves, hoje novamente um nome tutelar da pátria. Da pátria dele, não da minha, porque foi um canalha travestido de bom moço. Este homem não presta. Esse pessoal... eu me lembro dele. Depois de sair ministro da Justiça do sr. Getúlio Vargas, digamos assim, do ostracismo dele, com a Carteira do Banco do Brasil... foi quando ele comprou o Solar dos Neves, se dizendo assim do baronato mineiro. Mentira!* Eles eram uma família numerosa, até pobre. Conheci o doutor Almeida Neves. Ele somente falava de gonorréia, cancro... era a especialidade dele. E o Tancredo se metendo com aquele safado, com aquele temperamento mineiro... Essa canalha toda estava contra, por trás do posto, como se diz aqui no Rio de Janeiro... estavam tramando e derrubaram o sr. Paulo Maluf, porque o sr. Ernesto Geisel não o queria. Desde o início, quando o sr. Paulo Maluf *furou* lá em São Paulo, ele não queria o sr. Paulo Maluf. Depois, suportou o sr. Paulo Maluf, mas não queria que fosse presidente da República. Por vários motivos... inclusive existe um certo sentimento contra os *turcos* no Brasil? Fora de brincadeira! *Como também há na minha terra; na minha terra se o sujeito casasse com uma puta ficava à margem da sociedade.*

**"Eu sou um soldado.
Estou aqui para servir ao Exército"**

O que mudou na sua vida durante essa fase da história?

– Com a posse do *Jango* nós ficamos numa situação difícil... eu estava no Ministério da Guerra, trabalhando como assistente do general José Pinheiro de Ulhôa Cintra, que gostava muito de mim. Eu levava os ofícios, expedientes etc.; ele era chefe da Quarta Seção. Às vezes eu dizia para ele: "O senhor me desculpe por não ter apreendido as suas idéias." Um dia ele me chamou ao gabinete: "O senhor sabia que eu gosto do seu modo de proceder; o senhor não se aborrece." Respondi: "General, não veja nisso nenhuma subserviência; eu sou um soldado. Estou aqui para servir ao Exército e, particularmente, atender Vossa Excelência como oficial de gabinete. Agora, quero acentuar: o papel é do Exército; o datilógrafo, também; as idéias, porém, são do senhor; o senhor é quem assina, não é? O meu nome não está aí. É esse o meu raciocínio. Não me pesa nada o senhor reformular e fazer."

– Certa ocasião nós tínhamos preparado uma bateria de testes e aplicamos nos recrutas, tudo editado. Conseguimos dinheiro, imprimimos aquela bateria de testes e os distribuímos às Regiões Militares para prover a seleção do pessoal. O general Ernesto Geisel comandava a Quinta Região Militar (Curitiba). Mandou distribuir os testes (e os gabaritos) para os corpos de tropa concentrados na região... ora, se todo mundo souber as respostas, o teste não mede mais nada, perde a validade. Então, quando eu notei isso consultei o general Ulhôa Cintra. Ele disse: "O senhor redija um ofício ao general Ernesto Geisel informando que esse procedimento não poderia ter acontecido." Aí eu elaborei um ofício bem *quente*. Ele leu e comentou: "Mas com este ofício o senhor me incompatibilizará com o general Geisel." "O senhor não me disse para fazer?" Ele: "Sim, mas não nesses termos." "Ah, bom, general, então o senhor redija como achar melhor."

"... Hoje, quem pode fazer revolução no Exército são os oficiais generais"

– Refleti: está certo... porque os generais são militares do Exército, e eles se odeiam cordialmente. Ele realmente achou que o texto era muito forte... Tempos depois... (se adiantando à crise política decorrente do governo João Goulart), os próprios generais começaram a reclamar; a situação agravou-se com atos de insubordinação, comícios etc. O pessoal do

Ulhôa Cintra vinha reclamar ocasionalmente comigo. Certa vez eu lhe disse: *"Olha, general, vai longe o tempo em que capitães e majores faziam revoluções no Exército. Hoje, quem faz revolução no Exército são os oficiais generais das Forças Armadas. Hoje, um Siqueira Campos, um Eduardo Gomes teria levado cadeia. Nem apareceriam na história. Mas naquele tempo eram os tenentes que faziam as revoluções, porque os generais eram muito velhos, muito senis. Hoje são os generais.* Sei que o senhor está chateado com esta situação. Tome uma atitude, faça algo de prático, general... Ele: "Mas, veja aqui, eu não tenho nem mapas." Indaguei: "De onde o senhor quer esses mapas?" "Eu queria mapas do Rio de Janeiro." Fui ao Departamento Nacional de Estradas de Rodagem (DNER), trouxe uma *carrada* de mapas. Eu lhe disse então: "*Foi presente do João Goulart.*" Ele riu muito. Convidei seis oficiais do Estado-Maior. Levei à casa dele, no *Edifício Águas Férreas*. A conspiração já estava acelerada. Ele me convocou num sábado ou domingo.

A conversa foi mais ou menos assim: "Eu trouxe seis oficiais para o senhor escolher quatro. Se eu trouxesse quatro, o senhor pensaria que eu estava trazendo somente os meus amigos, não é?" Ele: "Ah, então está certo..." Ulhôa Cintra era um homem interessante. Ele tinha atitudes muito patrióticas. Um dia nós o alertamos: "General, vão intervir na Guanabara. Não somos políticos, mas achamos que isso é violentar a Constituição. *Intervenção na Guanabara é uma desforra que o senhor João Goulart pretende tirar do senhor Carlos Lacerda. Se acontecer essa intervenção, nós vamos ao Palácio Guanabara trocar tiros com a primeira força do Exército que aparecer por lá.*" Ele concordou, acrescentando: "Quero dizer a vocês que, quando fui diretor da Companhia de Navegação Costeira, o Lacerda me amesquinhava, mas eu engoli tudo e botei para escanteio."

(Luiz Helvécio explica o que aconteceu em seguida)

– Bom: eu, o Ulhôa Cintra e dois majores pára-quedistas fomos conversar: "Achamos que hoje haverá intervenção na Guanabara." O outro: "Eu tenho uma articulação..." Observei que não podíamos aceitar as coisas passivamente. Nós tínhamos como influenciar naquele espaço. Aí ele admitiu: "Está bem. Se houver intervenção, nós vamos para a Bahia, o Juracy Magalhães garantiu que resistirá, mas antes temos que tomar algumas providências." E acrescentou: "Eu sei que estou me metendo numa aventura com mais dois majores malucos!"

Esse grupo era de onde? Do Clube Militar?

– Era uma remanescência da EsAO; companheiros de turma. Nós nos encontrávamos de vez em quando. Tínhamos reuniões freqüentes nas casas dessas pessoas. Um visitava os outros. Tinha o Rocha Maia, o Eli (sobrenome não lembrado), o Valquir também. Nós nos reuníamos e analisávamos a situação. Fomos com o Ulhôa Cintra até à casa do *velho* (Eurico Gaspar Dutra) às sete e meia da noite. Sentamos no sófa e o general Dutra – que já estava se recolhendo – nos aconselhou outra coisa: que fôssemos à casa do ex-ministro da Aeronáutica, Grün Moss, e em seguida à do marechal Cordeiro de Farias. Olha, estivemos com o brigadeiro Grün Moss na Rua Sá Ferreira – eu sabia mais ou menos onde morava – e depois fomos à casa do marechal Osvaldo Cordeiro de Farias.

"Conspiro mesmo! Não adianta fechar as janelas porque, já sabem, aqui é a casa da conspiração"

– ...Como eu disse, viemos para a Praça Giardini, na entrada do Corte de Cantagalo (Copacabana), no *Edifício Iraquitã*, onde morava o marechal Cordeiro de Farias, um homem extraordinariamente simpático, figura carismática. O general era engraçado. Dizia: "*Conspiro mesmo! Não adianta fechar as janelas porque, já sabem, aqui é a casa da conspiração. Eu conspiro desde os tempos de tenente.*" Passamos a noite toda lá. Não deu em nada. O que se sentia é que existiam várias correntes de conspiradores. Sabe como é conspiração de general... Eles se dão como mortos: "Diz que eu já morri..."

Existiam diversas correntes lideradas por generais...

– É, digamos assim, mas também havia civis. Correntes muito nítidas, embora separadas. Sabe como são os bastidores de uma conspiração; você tem que conquistar novos adeptos e evitar que seja denunciado. Se você está elaborando um projeto pode estar, sem que o saiba, informando o seu denunciador. É esse o perigo. Vejam só: eu estava recém-chegado do Sul e fui conversar com alguns oficiais do *Grupo da Sorbonne*, um deles o Ernesto Geisel. Daí um desses oficiais me alertou: "*Olha, garoto, aqui há um grupo maluco da Aeronáutica que pretende, pela força, fazer uma revolução de qualquer maneira. Não se meta com esse grupo, porque eles não medem conseqüências."* (referia-se ao grupo integrado por Haroldo Velloso, João Paulo Moreira Burnier, Leuzinger Marques Lima etc. [grifo dos autores]).

"O artilheiro em que eu mais confio é você"

(Luiz Helvécio recorre ao artifício de se adiantar novamente no tempo para exemplificar como era difícil o convívio entre os diferentes segmentos da oficialidade do Exército e volta a comentar sobre os anos 60)

– Já estive no SNI. Fui para lá em 1974, convidado pelo coronel Édson Figueiredo, que era meu amigo de muitos anos. Um sujeito aberto. Eu o conhecia desde a Academia Militar, em Rezende... Ele, inclusive, ministrava aulas de *Fortificação e Organização de Terrenos*, uma disciplina de ensino teórico. Memorizávamos umas formulazinhas, uns radicais, uma série de coisas. Recordo até que eu fiz um exame oral e ele me disse: "*Olha, pela primeira vez eu vou dar um dez; vou dar um dez a um artilheiro, porque ele merece. Porque esses cavaleiros que passam por aqui só tiram três e quatro, é o grau máximo.*" Nessa época ele ainda era capitão. Daí em diante, sempre que nos encontrávamos ele se mostrava muito afetuoso comigo. Mas, como eu disse, fui designado para servir na 3ª Divisão de Cavalaria com o general Ladário; quando eu saí da EsAO, fui direto para Bagé e sob as ordens do Ladário, que era *assim* com o general Lott. A situação era difícil. Não demorou muito e o Édson Figueiredo também foi para lá.

Fez amizade com ele?

– Um dia, servindo em Bagé, o coronel João de Deus Nunes Saraiva – comandante do regimento, perguntou durante uma reunião: "O senhor já conhece a minha pinacoteca?" "Não!", respondi. Ele: "Pois dê uma olhada." Era um salão enorme, com vários óleos entre os quais um do sr. Getúlio Vargas de corpo inteiro. Quando saí, ele perguntou: "O que achaste?" Respondi: "O senhor por certo não vai se aborrecer. Eu achei os óleos muito pequenos, e o retrato do Getúlio muito grande... Ele não gostou e ficou de *pé canhoto* comigo todo o tempo. De outra feita fizemos uma manobra juntos, com tropa. O general Ladário exigia um exercício completo, e eu comandaria o Grupo de Artilharia. Fui convocado por ele próprio, Ladário, ao QG.

– Você comandará o Grupo de Artilharia. Um Grupo de Guerra completo. Tire do regimento um grupo, complete com o equipamento que precisar etc. Vamos realizar uma manobra em Caçapava e atirar na transposição do rio Camaquã. E o artilheiro em que eu mais confio é você. Excelência – respondi – eu sou um oficial como outro qualquer.. mas ele foi taxativo: "Eu quero que o senhor comande." Daí eu conversei com o meu superior sobre os exercícios na estrada... Toda semana fazíamos exercícios e, num determinado dia, pude conversar com o general: "Senhor, temos um grave problema. Todas as nossas peças estão com desvios de campo horizontal e vertical muito grandes." Ele: "Mas isso eu corrijo no arsenal. Acerto isso." O nosso grupo dispunha de três baterias (totalizando 12 peças de artilharia). De fato, corríamos sério risco ao atirar com o material naquelas condições. Ele, porém, acrescentou: "Isso é problema meu. Vou convocar o pessoal do arsenal; quando eles chegarem eu mando chamar o senhor." E assim fez. Chegaram um tenente-coronel, um major e um técnico em armamentos. Ele indagou: "Em quanto tempo os senhores ajeitam a bateria?" O major respondeu: "Vou fazer um trabalho intensivo; creio que 120 dias." Já estávamos com 40 e poucos dias de exercício contínuo. O general: *"Os senhores sabem o que é pegar um touro à unha? Nas aspas? Os senhores acabaram de pegar um touro. Os senhores vão ter que consertar os obuses do grupo todo, as três baterias"*. "Mas, general..." Ele: "Não é impossível, basta a gente querer. Eu lhes dou apoio por intermédio da Companhia Especial de Manutenção. Mas vocês vão trazer uns técnicos para Bagé.

"Um homem que jamais serviu de capacho"

(Luiz Helvécio explica o que aconteceu)

– Os técnicos, chegaram lá e ajeitaram os canhões. Eles pegavam dois e colocavam numa viatura comercial... existia por lá um campo de tiro; disparavam e observavam as condições de tiro, faziam anotações sobre como se comportava aquela peça de artilharia etc. Ficaram todas mais ou menos dentro do gabarito. E assim fomos trabalhando até a véspera de começar os exercícios. Era necessário promover um desfile militar na cidade; passar em revista às tropas na direção norte, apontando para Caçapava. O tempo estava muito ruim, e eu deixei espaço para que o Regimento de Cavalaria entrasse na minha frente. Uma demonstração tática (já que os canhões, explica Luiz Helvécio, eram rebocados por cavalos). A gente precisa dispor o regimento de marcha mais à frente, até ficar em condições de ocupar posição para atirar. Mais tarde, quando nós já tínhamos percorrido uns 30 quilômetros, o veterinário se aproximou e disse: "Capitão, estão caindo os paus das barracas e toda a carga que eu trouxe". Paramos para que o material fosse recolhido e levado para a retaguarda e, no final de jornada, ficamos todos à beira de um lago; era uma fazenda bonita: a *Fazenda Pontes*. O grupo permaneceu estacionado junto a um corredor secundário de tropas de gado. Daí eu disse para outro colega oficial: "Vocês estejam certos de que estão falando com um homem que jamais serviu de capacho, mas eu não quero me aborrecer com o comandante do Grupo de Transportes. É impossível realizar exercícios sem coordenação e bom entendimento." No dia seguinte o general Ladário me chamou. Ele: "Escuta: quantos cavalos você perdeu ontem?" Respondi: "Nenhum." Ele: "Nenhum? Pois o 12º Regimento perdeu 23 cavalos. O 12º Regimento ficou numa mata cheia de *miu-miu*... aquela erva que mata cavalos". Expliquei: "General, o nosso grupo ficou sobre uma coxilha, levando vento a noite toda. Para culminar, quando cheguei junto à vanguarda, fui procurar o coronel Saraiva, que estava pescando num arroio."

"Eu estou armado e lhe dou um tiro na cara"

– Nem tropa de bandoleiros faz o que vocês fizeram!... Bom. A situação descrita não me agradou, mas não criei problemas. Fomos, então, para o exercício previsto. Atiramos. O comando de todo o Exército na capital gaúcha estava lá. O certo é que, de repente, houve um *incidente de tiro*. Uma barcaça do 12º Regimento de Cavalaria Motorizada foi atingida. Nós estávamos ali assistindo, quando o comandante do 12º RC virou-se: "Só falta ter sido a artilharia do Helvécio." Respondi imediatamente: "Coronel, pode até ser que seja, mas, antes de uma verificação, creio ser prematuro qualquer pronunciamento. Porque, se não for, como é que o senhor ficará depois?" Ele: "Ora, casualmente eu não estou atirando desse lado esquerdo, estou atirando do lado direito..." Mas ficou provado que era, de fato, um morteiro dele. Do 12º Regimento de Cavalaria. Todo mundo comentou: *"Porra, o Saraiva e o Helvécio não sabiam em quem estavam atirando!"* Em seguida, depois do almoço, nós realizaríamos um desfile para o comandante do Exército assistir. Comentei com outro colega oficial: "Nós temos que colocar o Grupo de Obuses na estrada até tal hora." De modo a deixar passagem para o 12º RC; sabia-se que aquela unidade chegava sempre atrasada, no galope... Houve o desfile, passamos diante do palanque, fizemos continência ao general Jaime de Almeida e tocamos em frente. Daqui a pouco, numa curvazinha, desfilou a Bateria. Nova continência, nos afastamos mais um pouco e, numa curva da estrada, lá estava o 12º RC a pé... na contramão! Quer dizer: por pouco não aconteceu um acidente grave. Forçamos na contramão, passamos etc. Naquela mesma noite, o coronel comandante do Grupo de Transportes me chamou: "Precisava lhe falar: está vendo aquela tropa que vai lá na coxilha?" Olhei, ao longe. Ele: "É o meu regimento, você seguirá na retaguarda." Respondi: "Coronel, não será possível, porque estou com todo material, inclusive as linhas telefônicas, a 30 km daqui. Está tudo lá, não vou deixar esse material abandonado por lá." (Luiz Helvécio explicou que o coronel pretendia fazer as coisas apressadamente e chegou a ameaçá-lo): "Eu posso destituí-lo do comando." Protestei: "Por insubordinação tática o senhor não pode. Nem é insubordinação de comando. O senhor comanda o seu regimento, e eu comando o meu Grupo... *coronel, vamos falar baixo; ninguém aqui é surdo. Nós acabaremos nos atracando, eu estou armado e lhe dou um tiro na cara.*" Aí, alguns colegas tentaram apaziguar: "Calma, Helvécio." Respondi indignado: "Não, esse porra fica esculhambando o exercício aqui, noite e dia; eu não queria falar para não criar caso, mas chega a um ponto que é preciso extravasar..." Eles me deram razão. Eu esculhambei com o coronel. Regressei na manhã seguinte e entrei no quartel ao meio-dia com toda a cavalhada. Aí o meu comandante perguntou: "Escuta, Helvécio, o que houve?" Respondi: *O Saraiva se meteu a besta comigo, vinha me sacaneando o tempo todo e eu me enchi com isso. Foi uma esculhambação na frente dos oficiais.* "Você vai fazer queixa dele?" "Não, eu acho! Esculhambei um coronel do Estado-Maior. Esculhambei e esculhambaria de novo. Agora, não vou me queixar dele. Ele me tratou mal, e eu também o tratei mal." No final, o general Ladário – que era o comandante da Divisão – acabou me dando razão. Disse que, se eu entrasse com uma representação, ele puniria aquele coronel. Algum tempo depois, um dia, ele próprio me pediu desculpas. Respondi: "Coronel, sem problemas. Eu estou sempre aberto para o diálogo. Eu estimava o senhor. Eu lhe conheço desde garoto. Mas não há problema, esqueça as ofensas de lado e... tudo bem! *Bola ao centro!*"

"E na bundinha, não vai nada?"

(Sobre o coronel Saraiva, Luiz Helvécio acrescenta:)

– Durante a revolução (1964) ele comandava a Cavalaria em Santiago (RS). Aí ele recebeu uma ordem de um oficial superior em Porto Alegre; não me lembro se foi o chefe do Estado-Maior do general Ladário ou se foi contra o próprio Ladário. A ordem era a seguinte: *"Agora, Saraiva, você saia de Jaguarão, reduza (na linguagem militar quer dizer elimine a guarnição) Santa Maria; neutralize Santa Maria e marche sobre Uruguaiana... O coronel Saraiva protestou: " E na bundinha, não vai nada?" Explicou que realizar tudo isso corresponderia a ser mais do que Napoleão Bonaparte, ficando para lá e para cá, ziguezagueando. Era impossível fazer. Sabe o que aconteceu com ele? Foi reformado.* Eu fui casualmente ao embarque do Emílio Garrastazu Médici, que fora nomeado adido militar em Washington. Eu já estava saindo do navio e descia a ponte de embarque quando vi o Saraiva. Ele me disse que tinha ido até lá para se despedir do general Médici. Eu comentei: "Mas agora já recolheram até a escada. Ele estava sempre atrasado."

(A narrativa do coronel Luiz Helvécio evoluiu, neste ponto, na direção do movimento militar de março de 1964.)

– Eu trabalhei duramente dez anos, de 55 a 64. Servi na EsAO (Escola de Aperfeiçoamento de Oficiais) de 1959 até 1961; em 1961 fui remanejado para a Diretoria do Serviço Militar e ali fiquei até março de 1964.

"A Escola de Comando e Estado-Maior foi o grande foco e a alavanca da revolução"

Nos meses que antecederam o golpe, o senhor costumava reunir-se freqüentemente com os demais conspiradores?

– Sim. O general Ulhôa Cintra estava articulado com aquele grupo, e até pensei que ele era ligado ao pessoal do Costa e Silva...

E o (então) o coronel Jayme Portela?

– Não! Esses grupos eram, digamos assim, estanques.

E a ligação do Jayme Portela com o Costa e Silva?

– Ele falava muito com o Costa e Silva; houve, tempos depois, um incidente que eu ajudei a contornar. O certo é que o general Ulhôa Cintra trabalhou muito pela revolução. E mais: ele ficou junto da *arraia-miúda. Nós estávamos todos engrenados; então, tínhamos todos que sair para a guerrilha. Devíamos ter partido para a guerrilha e acabado com o governo João Goulart. Aquilo era uma esculhambação. Por exemplo, eu achava que nós deveríamos sondar o terreno, selecionar grupos para atuar na região das Agulhas Negras, Serra da Bocaina, Serra do Mar, cortando a Rodovia Rio-São Paulo, assaltando, guerreando mesmo* (Luiz Helvécio, apontou para um fato novo no mapa das articulações que precederam o movimento militar de março de 1964: a idealização da campanha guerrilheira que seria implementada para desestabilizar o Governo e destituir da presidência o sr. João Goulart [grifo dos autores]).

Estavam preparando isso...

– Eu estava checando a localização dos primeiros depósitos (de armamentos, combustível e munição), dos locais que deveríamos ocupar. Quando saí do trabalho, uma tarde, rumo à barbearia, li as manchetes nas primeiras páginas dos jornais sobre a mobilização da Sexta-feira Santa. Uma esculhambação. Aquele negócio dos marinheiros. (Refere-se ao Comício dos Marinheiros, realizado em 25/3/64).

O general Ulhôa Cintra proporcionou boa cobertura para o senhor?

– Sim, mas eu fui pouco atrás do general Ulhôa. Ele viajara para Minas Gerais para conversar com o general Olympio Mourão Filho. Eu me sentia meio desprotegido, desajustado, desengrenado... mas ele passou por Caxambu, seguiu por intermédio de uma estrada alternativa... Há uma estrada que vai direto... são umas 10 horas de viagem, caso não chova. Mas ele foi por lá e eu estava bem próximo... Na fase pré-revolucionária, eu fui para a Escola de Comando e Estado-Maior... o grande foco e a alavanca da revolução, porque ali estavam o João Baptista Figueiredo e o general Jurandir de Bizarria Mamede, este, um revolucionário antigo.

E quanto ao general João Baptista Figueiredo?

– João Figueiredo? Vivia conversando com o general Jurandir Mamede. Todo dia depois do almoço eles passeavam ali na Praia Vermelha onde a arte da conspiração era praticada em tempo integral.

E o general Ernesto Geisel?

– O Geisel eu não vi por lá! Um dia eles (os oficiais engajados na articulação contra o sr. João Goulart) se reuniram conosco: "Olha, eles (os oficiais pró-*Jango*) vão prender o general Castelo Branco, e nós temos que lhe dar cobertura. Era ele o nosso verdadeiro chefe. Fomos até o general Ladário que, naquele momento, estava chegando ao QG para assumir o comando do Terceiro Exército. Ele me olhou assustado, pois na ocasião eu estava armado com duas pistolas. Depois eu subi até o sexto andar do prédio do Estado-Maior, onde fui recebido por um coronel cujo irmão foi até presidente do Banco Central: Osvaldo Nogueira. "Vamos conversar agora com o general Lindemberg, subchefe do Estado-Maior, que está no auditório..."

"Eu somente queria levar um comigo"

– Ele nos explicou: "O general Castelo Branco está em conferência com o comandante da Vila Militar e, dependendo dessa conversa, nós teremos que agir. Nós vamos *trabalhar* com armamentos cedidos pela Polícia da Guanabara. Aquelas metralhadoras de carregador circular. (metralhadoras *Thompson*, calibre 45, utilizadas durante a Segunda Guerra Mundial pelas tropas norte-americanas [grifo do autores]). São metralhadoras de ótima *performance*... pouco depois o general Lindemberg nos informou: "Senhores, o armamento prometido ainda não chegou, e fomos alertados para que trouxéssemos armamento pessoal. Então, os senhores saiam agora aos pares, pois nós ocuparemos quatro andares aqui na frente. Coube-me, como posto de observação e cobertura, aquela fachada do prédio ao lado do Itamaraty. Isso no dia 30."

Na antevéspera do golpe...?

– Nós ficamos lá. De repente soou o alarme, os portões foram fechados, e eu percebi que nós íamos *tocar* os inimigos com o fogo de bazucas. *Eu nem sentia mais o meu corpo, estava desencarnado.* Eu somente queria levar um comigo. Eu olhava os capacetes dos sentinelas do Batalhão de Guardas lá embaixo, descendo a escada... nós recebemos ordens de atirar, caso eles tentassem subir. Eu "pedia" para levar uns dois comigo. Olhava e... nada! Eles não subiam. Lá na *Ala Marcílio Dias*, localizada nos fundos do prédio do Ministério, um colega mais à frente observou: "Helvécio, há um *paliteiro* de carros de combate apontado para nós..." respondi: então será bom, porque nós vamos morrer rápido." Enfim, mesmo depois que os carros de combate foram retirados nós ficamos ali.

"Acho que falta alguém com coragem para dar o primeiro tiro e arrebentar"

Dormiram por lá?

– Quase dormi. Já estava deitado no chão. É aquele negócio... o sargento da guarda ficava com medo quando nos via passar armados de pistola. O certo é que reuniram os funcionários civis na *Ala Marcílio Dias*... foi um espetáculo! Lá pelas 5h30min da manhã chegou o coronel Túlio Chagas Nogueira, que trabalhava no Estado-Maior. Ele nos disse: "Senhores, o general Castelo Branco está se dirigindo para a Escola de Comando e Estado-Maior e pediu para que os senhores sigam até lá... Entrei no meu carro, que estava no pátio, e cruzei com um colega também oficial... Ele passou por mim e me disse: "Revoluçãozinha de expediente? Essa eu também faço!" Eu reagi imediatamente: "Espera, você vai ver; você está assistindo somente o prefácio!" Eu vi em seguida o Etchegoyen na companhia de outros oficiais, passei ali em frente à UNE (na Praia do Flamengo), onde estava acontecendo uma *verbação* tremenda: "Governadores, golpistas!"... havia um bandeirão com o retrato do Fidel Castro... *aí eu pensei: acho que falta alguém com coragem para dar o primeiro tiro e arrebentar. Nós podemos partir e fazer isso. Cair de bala nesta porra, tocar fogo, não tenha dúvida...* O colega oficial que estava comigo no carro comentou: "Isso é natural, mas... e se esse ato prejudicar a revolução, uma iniciativa dessas impensada? Vamos para a Praia Vermelha..." Eu fiquei revoltado com aquele alto-falante, com aquela berração comunista. Chegamos à Praia Vermelha, ficamos por lá e naquela mesma noite, eu até emprestei o meu carro ao comandante. Aquelas horas foram de intensa movimentação. *Tivemos ali a cristalização da revolução.*

Noite de 30 para 31 de março?...

– Sim. Pela madrugada... sendo que no dia 30 houve a mobilização das tropas em Minas Gerais. Registro aqui a chegada de um oficial que me disse: *"Helvécio, o louco do Mourão Filho jogou fora a nossa revolução. Sem tropas, sem nada, ele vai cair no Vale do Paraíba; não deixarão ele passar..."*

"E lá chegamos preparados, com as pistolas prontas para atirar"

– Bom, nesse mesmo dia – como lhes contei – nós fomos assegurar que o general Castelo Branco não seria preso. Mas deram uma chance, e ele foi para a Escola de Comando e Estado-Maior. À noite houve uma intensa articulação cantada nos comandos de tropa. O pessoal da Artilharia de Costa, por exemplo, estava todo lá. Somente o Forte do Leme não aderiu. Então, na manhã seguinte, o coronel Édson Figueiredo me chamou. Ele perguntou: "Onde estão aqueles 20 oficiais que – você garantiu – cumpririam ordens sem indagar para quê, nem por quê?" Respondi: "O senhor me dê meia hora que eu trago-lhe todos eles." Recomendou então: "Vocês vão para o Forte de Copacabana, onde o comandante aderiu ao movimento, bem como boa parte da oficialidade. Os sargentos, porém, estão contrários e constituem a maioria. O comandante não quer perder essa luta. Mas, se vocês lá chegarem e passarem a constituir a maioria, dominam o Forte." Então fomos todos, de carro... aquele oficial que por acaso me acompanhava fez um pedido: "Vou falar com a minha mulher e pegar a minha arma." Dez minutos, eu disse: "Se ficar 20 minutos, eu vou embora." Mas acabei pensando melhor: "Vamos logo, do contrário perderemos a chance... sei lá se a mulher dele ia prendê-lo por lá." Chegamos ao Forte de Copacabana pelo lado que dá para o Arpoador. Deixei o meu carro com um sargento que abastecia os automóveis (no interior do Forte havia um posto de abastecimento do Exército). Eu recomendei ao sargento, chamava-se Francisco... vou deixar o meu carro contigo porque vou participar de uma festa aqui no

Forte... O oficial que me acompanhava ponderou: "Helvécio, caso o sentinela não deixe a gente entrar, cumpra-se aquele velho ditado: *não há de ser. Não há soldado...* (isto é, o soldado *deve ser eliminado* [grifo do autores]) Chegamos preparados, com as pistolas prontas para atirar. Ali estavam reunidos alguns oficiais importantes, todos querendo ouvir. Tinha até mesmo um engenheiro famoso, professor da Escola de Engenharia... o certo é que nos guiaram até a sala de reuniões, porque eu não conhecia bem o interior daquele Forte... desembocamos no gabinete do comandante. Lá estavam oficiais da Escola de Comando e Estado-Maior, como o Sílvio Espírito Santo e o Cerqueira Lima... bem como outros que serviam no próprio Forte. De repente, no início da reunião apareceu por lá um coronel, que era o chefe do Estado-Maior da Artilharia da Costa – um *QGzinho* que ficava ali perto – e advertiu: "Senhores, eu gostaria de falar..." estávamos numa sala; nós de um lado, ele do outro; prosseguiu: "O general comandante da Artilharia de Costa está surpreendido com essa visita não prevista dos oficiais da Escola de Comando e Estado-Maior. Aqui é uma dependência do Exército, e nem de longe queremos supor que os senhores estejam com outras intenções..."

– Aí eu perguntei: "Coronel (comandante do Forte), o senhor me permite falar?" Ele autorizou: "*Esse coronel já devia estar recolhido preso. Ele não tem sensibilidade moral. Vir pretender dar lição de moral aqui na gente. Que lealdade é a sua, coronel? Esculhambei com ele. Escute bem, eu disse: esse insensível que está aí assiste à destruição do Exército e quer insinuar que nós estamos fazendo visita deslealmente. Que negócio é esse? E tem mais, coronel, se for para fritar bolinhos, eu prefiro ir embora.* Vamos começar esta revolução, se não isso aqui vira um congresso... Ele contrapôs: "Vamos fazer sim; pode pegar aquela metralhadora." Aí eu peguei a metralhadora, acrescentando: *Olha, para que não pairem dúvidas de que eu estou aqui para ajudar a guarnição do Forte a se sublevar. Eu gostaria de comandar a defesa externa do Forte... trocar tiros com a primeira tropa do Jango que vier aqui para nos aporrinhar.*

"Peguei a metralhadora: mãos na nuca!"

– Ele: está certo, Helvécio, comande o efetivo de uma bateria e instale algumas armas automáticas... Aí eu caminhei até uma casamata na parte superior da área do Forte, que era do QG da Artilharia de Costa, para ocupá-la. Perguntei a um dos oficiais: "E aquela casamata?" Respondeu que pertencia ao QG da Artilharia de Costa... "Mas, como? Nós estamos aqui embaixo! Lá de cima eles nos dominariam com facilidade. Instale uma metralhadora neste ponto, que eu vou tentar convencê-los a aderir." Fui até lá com um sargento (chegando à casamata, o sargento gritou por um colega que integrava aquela guarnição [grifo dos autores]). "Sargento, este oficial quer lhe falar." Ele veio: "Pronto, senhor." Expliquei: "Nós estamos nos rebelando *assim-assado* – fiz uma *arenga* rápida – e gostaríamos que vocês estivessem conosco. Posso confiar em você?" Ele respondeu de modo corajoso. Prossegui: "Olha, você pode ficar contra nós, mas gostei da tua resposta. Exatamente por isso estamos defendendo a hierarquia e a disciplina no Exército... Agora, não sou tolo. Você vai chamar o seu capitão e volta para falar comigo aqui em 10 minutos." Ele desceu e demorou. Não vinha mais. Adverti: "Passaram-se 10 minutos e está na hora de ocupar a casamata. Atenção, pessoal! (gritando para os demais soldados que guarneciam a casamata), saiam daí!" A casamata era grande. Aproximou-se um cabo: "Nós obedecemos somente às ordens do sargento." Ah, é? Peguei a metralhadora e: "Mãos na nuca todo mundo, senão eu fuzilo um por um!" E fuzilava mesmo! Chamei um colega: Dácio (sobrenome não lembrado), anote os nomes deles, todos serão tratados como prisioneiros de guerra. *Coloque todos na cafua a pão e água. Pão e água! Hoje eles não vão comer. Agora... para não ficar assim como um ato de rebeldia, sem castigo, eles vão fazer um exercício disciplinar. Bunda no chão! Bunda para cima!" O pessoal ria... Fiz o exercício para desmoralizar. Pão e água, sacanas. Me dizer que obedeciam somente ao sargento...*

Isso no dia 31?

– É, durante o dia 31. Nós nos entrincheiramos, e havia uma espécie de taça (uma guarita em forma de taça) que servia como posto de vigilância do Forte. Eu tinha notado próximo dali um canhão de 40 milímetros novinho! Instalei aquela arma lá em cima. O canhão 40 é uma peça de artilharia antiaérea que também pode fazer tiro terrestre; ele dispara com a velocidade de tiro de um fuzil.

Se aparecesse um tanque, atirava também?

– Atirava. O ricochete, batendo na Pedra do Arpoador, chegava no Morro Dois Irmãos. O certo é que daqui a pouco o soldado que estava de sentinela naquela guarita em forma de taça deu o alarme: "Major, uma tropa se aproxima pela Avenida Atlântica. Todos os postos estavam instalados; o pessoal protegido com sacos de areia. Gritei: *Atenção! Preparar para atirar! Engatilhem as armas e atirem somente quando eu der a ordem de fogo. Quando eles cruzarem o lado de cá, pelo meio-fio da calçada. Agora, atirem na cabeça, para matar, porque nós temos pouca munição. O primeiro fogo eu comando.*

– Eles (a tropa atacante) saltaram, instalaram ninhos de metralhadora etc. Nessa hora, num núcleo daquele de resistência, dá um nó na garganta. Um soldado perguntou: "Major, posso tirar uma fotografia? Porque, se nós vamos ter que morrer aqui, pelo menos fica a lembrança para a minha família". Disse para ele: "Você está com receio, é natural. Mas, olha aqui: você faça o seguinte: vá lá para baixo, tome um cafezinho, porque aqui é lugar para os machos, somente os bravos..."

"Atira na cabeça porque nós temos pouca munição"

O senhor disse que o Forte estava sendo ameaçado por um grupamento militar que veio do Forte do Leme...

– Foi mesmo.

Ficaram a que distância?

– Eles chegaram a ficar na calçada oposta, na Rua Francisco Otaviano.

Dava para atirar contra eles com um fuzil.

– Dava. Eu pensei que eles pretendiam subir até a *Cota 30.*

Ficaram somente olhando? Não entraram em contato?

– Eles tiraram todo o armamento; colocaram sobre a calçada... Era uma demonstração de marcha de preparativos para o combate.

O senhor reconheceu alguém? Sabia quem estava no comando daquela tropa?

– Era um sujeito cujo nome eu não me lembro. A única dignidade a que, como oficial do Exército, ele se prestou. O certo é que eles ficaram ali na calçada. Mas nós já estávamos ao longo da *Cota 30*, fazendo face à Rua Francisco Otaviano. Nós já tínhamos instalado oito postos de entrincheiramento.

Fora dos limites do quartel?

– Ali ainda pertencia ao quartel. Aquela área projetada. Antigamente o quartel abrangia toda aquela *Cota 30*. É como um morro meio alongado, subindo na direção de Ipanema. Chama-se *Cota 30*. É o ponto mais alto. Tínhamos uma visão ampla sobre Ipanema, Arpoador e as ruas Francisco Otaviano, Bulhões de Carvalho... Nós já tínhamos instalado, repito, oito postos de entrincheiramento com metralhadoras e tudo. Estávamos preparados para resistir a um ataque. Pois bem, essa tropa chegou e desembarcou o material na calçada...; mas nós tínhamos postado uma sentinela numa guarita em um plano mais elevado: "Estão tirando um negócio ali, anunciou"; escutei aquele barulho dos tampos de viaturas e recomendei atenção a todos os postos... falando por telefone com todos eles. Ligação direta: "Nós resistiremos a qualquer tentativa de tomada desse morro. Se tentarem subir, no momento em que eles cruzarem o meio-fio da calçada do lado de cá, atirem. Esta será a ordem. Eu comandarei os disparos!..."

Isso por causa do acordo para a defesa do Forte?

– Assim ficou. Nessa hora dá um nó na garganta. Não de medo. A gente fica um tanto tenso. Disse-lhes: *"Bom, seja o que Deus quiser. Atirem e atirem para matar! Atirem na cabeça porque nós temos pouca munição e não sabemos quantos dias ficaremos entrincheirados aqui!"* Fiquei tenso: 9h30, 10h da manhã... De repente, o sentinela gritou: "Major, eles estão embarcando de novo as metralhadoras."

Somavam quantos homens aproximadamente?

– Era o efetivo assim composto pelas guarnições de umas oito ou dez viaturas: o equivalente a uma bateria, ou pouco mais. Todos armados com metralhadoras. Eles resolveram voltar. O meu raciocínio foi este: eles certamente acharam que nós estávamos bem entrincheirados e foram buscar reforços. Mas, se eles quisessem requisitar mais tropas, poderiam chamá-las e não precisavam voltar ao quartel; tudo era possível, até mesmo que regressassem com carros de combate...

“Não adiro à revolução”

– Foi quando, lá pelo meio-dia, chegou mais um colega e nos falou sobre a ***Rádio Nacional.***

No Forte de Copacabana o senhor disse que havia identificado uma instalação do Departamento de Comunicações...

– Dos Correios e Telégrafos, lá embaixo, no Arpoador (Zona Sul do RJ). Eu pensei que se tratasse de um órgão da Marinha.

Como o senhor identificou? Pela antena ou alguém lhe disse?

– Eu vi que era uma Estação de Serviço. Mas pensava que fosse estação de apoio à navegação mercante. Aí eu pedi a um colega: por favor, me consiga rapidamente duas granadas, porque eu vou empreender uma ação. Aquele posto podia interferir na transmissão da ***Rádio Nacional***. Aliás, outro colega já havia me alertado: “Olha, Helvécio, a ***Rádio Nacional*** está espinafrando, espalhando as notícias mais escabrosas.” Eu perguntei: o que fazer? “*Temos que destruir a* ***Rádio Nacional***.”

Na Praça Mauá?

– Eles têm um setor localizado em Parada de Lucas (bairro da Zona Norte do RJ). O certo é que eu disse: “Olha, vamos ver se daquela estação da Marinha nós podemos fazer alguma interferência (Luiz Helvécio e outro oficial foram até lá. Este último chamava-se Roberto Rodrigues, morto tempos depois quando exercia funções de secretário [grifo do próprio entrevistado]). Aí chegamos lá...” “Vamos bater na porta?” Não! Dei um pontapé na porta. Lá estavam um velho e um rapaz. O velho levantou-se e gritou: “Não adiro à revolução! Não adiro à revolução!” Respondi: “Não vim aqui buscar a sua adesão; vim aqui para que, por minha determinação, você produza interferência na ***Rádio Nacional***.” Ele se recusou: “Eu fico numa situação difícil, porque não posso fazer isso.” Eu retruquei: “O senhor vai fazer. Eu não quero um ato de violência contra o senhor.” Nisso levantou-se o rapaz, dizendo: “Olha, major, estou inteiramente ao lado da revolução. Vou explicar ao senhor... nós trabalhamos com cristal de freqüência, modulação de freqüência” (a interferência nas rádios AM era quase impossível, mas não em se tratando de FM). Aí ele, de fato, reconheceu. Bom, para não perder a viagem nós vamos fazer uns comunicados: (voltando-se para o homem mais velho): O senhor vai trabalhar para nós. Como está a situação em Vitória (Espírito Santo)? Vá fazendo um comentário...Veja se ele está escrevendo direito (Luiz Helvécio imita o som produzido pela transmissão em Código Morse). Pergunte a ele (ao radiotelegrafista) como está a situação. "Vitória está calma", respondeu. Então, você informe ao pessoal em Vitória que o Exército brasileiro foi mobilizado para dar um *basta na situação de anarquia*. Agora nós faremos uma transmissão para Santos (São Paulo). Vamos aproveitar novamente a situação: Como é que está a situação em Santos? Resposta: "A situação não está definida. Fala-se em um movimento armado, mas nada ainda está esclarecido." Bom, então você diga que aqui nós já nos *levantamos*. E recomendei: olha, vocês vão ficar aqui à nossa disposição (via rádio com as demais estações [grifo dos autores]).

Falou somente com Santos e Vitória?

– Com Santos e Vitória. Os *caras* estavam bastante satisfeitos.

Isso no dia 31 de março?

– Eu fui para lá quando eclodiu o movimento. Acho que foi no dia 1º de abril.

O senhor ficou no Forte nos dias 31 de março e 1º de abril?

– Dormi lá uma noite, mas de 1º para 2 de abril. Nós chegamos na madrugada do dia 1º. No dia 31 nós estávamos na Escola de Comando e Estado-Maior.

Nas suas recordações, publicadas originalmente em ***A Direita Explosiva no Brasil****, o coronel Alberto Carlos Costa Fortunato informa sobre a sabotagem praticada nos 18 obuseiros de 155 milímetros do Regimento Floriano, deslocados para bloquear as tropas do general Mourão Filho, nas proximidades de Areal. Os percussores daquelas peças de artilharia foram retirados; daí, quando montaram as baterias para atirar contra as tropas do general Mourão, não havia como fazê-lo. "O Regimento Floriano foi, voltou e não fez nada."*

– Eu não sabia. Desconhecia esse fato. Sei apenas que a tropa se deslocou até as imediações de Areal, e nos informaram que não houve combate mas, sim, a adesão do destacamento sob o comando do coronel Ferreira do Rego (comandante do Regimento Escola de Infantaria). Ferreira do Rego tinha sido subordinado ao general Odílio Denys. O

Denys, quando soube que a vanguarda era comandada pelo coronel Ferreira do Rego, mandou alguém na frente – outro subordinado dele – para firmar o entendimento. Aliás, o próprio general Denys conversou por intermédio do telefone com a vanguarda da coluna. O certo é que ele assinou o acordo com o grupo. Daí houve adesão dessa coluna e coisa e tal.

O general Muricy vinha na vanguarda das tropas de Mourão Filho...

– Era a vanguarda do Mourão Filho. E, então, as tropas voltaram para o Rio de Janeiro, e o Mourão dormiu no Estádio do Maracanã (onde parte das tropas ficaram provisoriamente abrigadas).

"Vários grupos conspiravam"

Então, foi na madrugada do dia 1º para 2 de abril que houve a ameaça de invasão do Forte de Copacabana por parte dos fuzileiros?

– Foi. No dia 31 nós recebemos uma notícia por volta das 10 horas da manhã. Aí, nós ficamos de sobreaviso na Escola de Comando e Estado-Maior do Exército.

E o general Castelo Branco? Onde estava?

– No Estado-Maior do Exército.

O Estado-Maior do Exército ficava localizado no Palácio Duque de Caxias (atualmente Comando Militar do Leste). O general Castelo Branco esteve lá todo esse tempo?

– O Castelo esteve lá o tempo todo. Mas..., como observei anteriormente, o movimento revolucionário apresentava um aspecto singular: vários grupos conspiravam. Eu calculo de quatro a cinco correntes.

O senhor se lembra quais seriam as lideranças desses grupos?

– Uma era incontestavelmente o general Castelo. Os generais eram muito cautelosos. Havia outra corrente, a do general Costa e Silva, com ramificações nos *paisanos* mais graduados... gente instruída, de bem. Aquele pessoal do Iate Clube, onde ele instalou seu Posto de Comando: havia outra ala, a do Mourão Filho e do Odílio Denys, que já estava numa etapa mais avançada. Já havia se deslocado e levado vários generais do Rio para Juiz de Fora, inclusive o meu chefe imediato, o general Ulhôa Cintra.

Esse último integrava a facção do general Odílio Denys?

– Estava incluído na do general Denys. O pessoal dizia que o Mourão ia se levantar, mas faltavam auxiliares. Então, foram para lá. Mas lá já estava o general Denys desde o dia 26 ou 28. O general Denys então juntou aquele pessoal... mas muita gente foi mesmo influenciada pelo carisma do general Mourão. Ainda sobre essas correntes revolucionárias havia outra bem pronunciada na Aeronáutica, tendo como *espinha dorsal* alguns militares famosos: João Paulo Moreira Burnier (recentemente falecido [grifo dos autores]), Haroldo Velloso, para mim, o melhor deles. E havia aquele *Grupo Sorbonne*, do brigadeiro Eduardo Gomes, um pessoal que não queria mais se meter, mas não deixaria de apoiar o movimento. Não desejavam mais se arriscar. Aliás, eu disse ao brigadeiro, em 1955: "Eu acho que o senhor deixou toda a sua coragem nas areias de Copacabana." Havia, realmente, um extremo cuidado...

Um não passava a informação para o outro.

– Exato.

Por desconfiança, vaidade, competição?

– Não. Por medo de ser denunciado.

Eles não confiavam uns nos outros?

– Não, ninguém confiava. Havia um extremo cuidado. Notem, como eu já lhes disse, o general Ulhôa Cintra havia me solicitado alguns mapas. (Luiz Helvécio apresenta detalhes ao episódio.) Bom, consegui os mapas para ele. De onde o senhor quer os mapas? E arrumei para ele na parede. Mapas atualizados das estradas de rodagem. E ele perguntou: "Bom, e agora preciso de pessoal?" Eu disse: "Quantos oficiais o senhor quer?" Respondeu: "Eu quero quatro". Levei os oficiais para ele, além daqueles que eu conhecia, como o Heitor Caraca Linhares. Ele até se assustou quando eu apresentei seis oficiais. Eu sempre *marretava*. Ele (Ulhôa Cintra) era muito preparado. Havia um vaticínio feito sobre ele pelo general Gamelin (Maurice Gamelin, que chefiou a *Missão Militar Francesa no Brasil*). Ele esteve junto à *Missão Militar Francesa* e se saiu muito bem. Gamelin vaticinara que o Ulhôa Cintra seria um dos futuros chefes do Exército. Era o segundo chefe do Exército. Mesmo assim, foi apelidado de *Juca Burro*.

"Um verdadeiro perigo político para o Brasil"

Tem sempre um apelido...

– O certo é que se tratava de um apelido depreciativo. Eu servi com ele quase um ano. Achava-o um general igual aos outros, falando mal do governo. Foi o tempo em que capitães e majores faziam revoluções no Brasil. Hoje, não. Hoje somente os generais. Os generais têm as facções deles. Bom, ele pelo menos foi um homem assim.

(O coronel Luiz Helvécio abre mais um intervalo na narrativa e passa a fazer um comentário sobre o País e ele próprio.)

– No dia em que quiseram promover uma reeleição aqui no antigo Estado da Guanabara, nós achamos que aquilo era uma afronta à Constituição. Francamente, seria a culminância de um processo degenerativo de autoridade, transformando isso aqui numa *republiqueta*. O *Jango,* querendo intervir na Guanabara, era desafeto do sr. Carlos Lacerda. Já havia o senhor João Goulart terminado com o Parlamentarismo. E foi condição *sine qua non* para que não lhe fosse atribuída a Presidência da República, porque todo mundo sabia que o *Jango* era esquerdista, muito se deixando influenciar pelos comunistas e líderes sindicais. *Um verdadeiro perigo político para o Brasil. O Brasil seria liderado por um homem sem escrúpulos.* O certo é que colocou abaixo o Parlamentarismo com aquelas mesmas figuras que, depois, queriam o Parlamentarismo de volta: "*Seu*" Tancredo Neves, "*Seu*" Ulysses Guimarães. "*Seu*" Ulysses Guimarães foi, inclusive, parlamentarista. "*Seu*" Tancredo, também. Que elite política nós temos! Nós temos assim: "Seu" Ulysses Guimarães é hoje o *vate* da Pátria; o homem que elaborou a *Constituição-cidadã.* Constituição que, todo mundo viu, amarrou o Brasil, engessou o País; não se pode fazer nada com ela porque demanda 300 e tantas leis para que possa entrar em vigor. *Então, passará à História como o homem que redemocratizou o País com uma Constituição inexeqüível.* Como falei, convocaram um Conselho de Segurança, Conselho de Defesa. Segurança é contra a fome, a miséria... Agora, isso é um acinte; segurança é um conceito global do estado de garantia das instituições, do bem-estar social; quer dizer: do bem-estar da Nação brasileira... de qualquer nação. Então, globaliza muito mais do que um *Conceito de Defesa. Conceito de Defesa,* em Ciência Política, é a atitude que um cidadão toma diante de uma ameaça. Então, a segurança é um estado bem mais global. Envolve a Nação com ramificações nas partes interna e externa. Vamos acabar logo com esse assunto para lembrar o que houve nos bastidores da revolução.

– Quando, em 1924, foi criado por Arthur Bernardes, era *Conselho de Defesa*. Em 1934, "*Seu*" Getúlio Vargas, na Constituição, reproduziu a mudança para *Conselho de Segurança Nacional*, o que é muito mais global; uma visão moderna da Segurança do Estado. O Estado, naquele tempo, tinha maior preocupação com a agressão externa; depois, viu-se que havia também uma forte possibilidade da desagregação interna. Então, deve que ser prevista alguma segurança interna; segurança interna para aqueles que não crêem ou não apóiam a ideologia do governo. Não aceito essa Constituição, são uns *monstrengos*. E esses idiotas não tiveram a coragem de enterrá-la; de acabar com essa Constituição, não por uma questão de *forra*, mas porque ela tem atrasado o Brasil. É uma Constituição inexeqüível. O sujeito vai lá e mantém. Por incrível que pareça... eu fiz um trabalho no ano passado para a Escola Superior de Guerra. Todas as leis eleitorais são do período da chamada *ditadura*: tempo do Médici, tempo do Castelo. A *Lei Orgânica dos Partidos* era do tempo do Castelo. Existem outras leis, Código Eleitoral... tudo, porque somente sabem esculhambar a gente do Congresso e não sentam para escrever.

As chamadas leis complementares não foram ainda elaboradas...

– Não foram feitas. Parece que a Constituição dependia de 300 e tantas leis. Ora, o governo pode legislar, sim. Não se pode sobreviver num Estado inconstitucional, mas não estamos num estado inconstitucional. *Até hoje estamos sem o orçamento deste ano. Como é que pode resistir uma rede hospitalar – como eles fizeram –, uma rede hospitalar federal, estadual e municipal tudo fodido! E mais: a rede particular associada à rede da Previdência Social... e o governo não paga. Desde fevereiro os hospitais particulares estão sem receber um tostão. Qual o hospital que pode prestar bons serviços à população?* Então, vejam que tudo isso é fruto dessa Constituição. A Constituição fixa um prazo anterior ao exercício para a entrada do anteprojeto da *Lei Orçamentária*. A *Lei Orçamentária* determina os prazos. Não respeitam nada, não fazem nada... hoje nós estamos vivendo de duodécimos. Então, o que se faz? Estão tirando o duodécimo do orçamento correspondente ao ano passado. Ora, como quitar as despesas de hoje com os duodécimos referentes ao orçamento do ano passado numa Nação que registrou 2.500% de inflação?

"Então, é um País de brincadeiras"

– O Brasil tem que ser imediatamente modificado. A estrutura estatal está desajustada, sem unidade; os Poderes estão se chocando. Já devia ter acontecido uma revolução há mais tempo; revolução no sentido da reviravolta nesse estado de coisas; fossem militares ou civis que se insurgissem, porque isso não pode continuar assim. Não dá. Agora mesmo está aí o funcionalismo público em greve. Todo mundo acredita que haverá uma grande perda salarial. "Não: o Fernando Henrique é uma beleza." É porque ainda não chegou... quando a URV entrar em vigor, os senhores verão que isso é tão óbvio porque ela acompanha a inflação. Eu cheguei com o meu contracheque de R$ 1,5 mil... e olha que eu sou general-de-divisão, com todos os cursos e 40 anos de serviço. Cheguei lá: recebo saldo de R$ 1,5 mil e tantos por mês. Eu preferia mesmo em cruzeiros. Agora nos pagam em reais. Há o caos na administração federal, que se reflete nas administrações estaduais e nas municipais. O País não pode viver assim. Olha, é quase como pedir a intervenção da ***Organização das Nações Unidas*** para instalar um comissariado aqui, porque nós estamos dando à ONU um atestado de incapacidade administrativa. O ministro da Justiça vai resolver um problema com os ianomamis, garantiu que foi aqui no Brasil e não foi (na verdade, conforme os jornais publicaram na época, o fato aconteceu 11 km além da linha de fronteira do Brasil). *Então, é um País de brincadeiras!* Não podemos aceitar esse estado de coisas... Eu acho que nós temos uma elite à nossa frente, uma massa crítica suficientemente capaz de conduzir este País. Agora, tem que se dar um *arrolho* nessa imprensa safada, nefasta... há um bando de proxenetas escrevendo aí. Esse pessoal é que faz a cabeça do *povão.*

"O Exército assume responsabilidade por uma série de atentados"

– A imprensa brasileira não tem a menor responsabilidade. Mente, depois escreve uma carta, coloca uma folhinha lá embaixo, quando dá, e aí sempre desmente, mas foi confirmado que foi na versão que nós demos e não na outra. Há tempos um sujeito veio a mim com algumas perguntas... esteve aqui das 9 da noite até 1 hora da manhã. Eu não lhe dei entrevista.

Houve até um arroubo com a minha esposa. "Olha, o senhor vá embora, pelo amor de Deus! Meu marido já sofreu muito, já foi preso por causa dessas reportagens que os senhores publicam. Nunca sai como ele disse." "Bom, coronel, nós temos um problema. Nós viemos falar com o senhor e tudo o mais." Somente argumentei: "Eu acho que você deveria ir ao general Muricy, ao general Cézar Montagna... pessoal que participou ativamente da revolução; os chefes da revolução." Passados uns 15 dias, o tal repórter voltou: "Coronel, fui ao general Leônidas Pires Gonçalves, o general Cézar Montagna também falou para nós sobre o episódio do Forte etc. O general Muricy também falou; agora, eu gostaria de voltar ao senhor, veja bem, como uma *expressão moça da revolução*." Eu disse: "Bom, se é somente para me citar, não tem problema, mas assim mesmo não diga que eu fui líder porque senão o meu pessoal pensará que eu estou querendo me lançar como chefe. Sabe como o pessoal militar é: cheio de *mãos pelas costas*." O certo é que, para minha surpresa, no dia 8 de março de 1989, estava publicada na ***Manchete*** uma reportagem (duas páginas) assinada pelo Carlos Heitor Cony.[13] "*O Exército assume responsabilidade por uma série de atentados*." Falei com ele: "Não – argumentou – o senhor sabe como revista é diferente de jornal. Revista é fotografia; ela é muito mais gráfica, fotográfica que o jornal." Eu acentuei: "O rapaz me desgraçou e me botou como terrorista. Entregou a reportagem para o Carlos Heitor Cony."[14] O Carlos Heitor Cony era um *comuna* extremamente violento, e me pintou como terrorista perigosíssimo etc. Segundo a reportagem, eu teria dito que o Centro de Informações do Exército era um dos ícones de defesa do Exército. Antes, a reportagem fora proibida, enfatizando que o Centro de Informações do Exército era um escudo de defesa do Exército. Toda vez que um sujeito atacava o Exército ou o governo indevidamente, nós reagíamos. Fomos às autoridades, e elas disseram que não dispunham dos meios para reagir. Nós, então, reagimos violentamente.

Mas o próprio repórter não assinou a matéria?

– Não, quem assinou foi o Carlos Heitor Cony.

E o senhor sequer teve contato?

– Não tive contato. *Aí eu disse ao jornalista: "Isso foi o fim da picada. Se eu não tivesse família, eu te daria um tiro na cara hoje aí dentro da redação*." Tinha que ser assim para causar um impacto igual ao que você causou. Ia te matar em plena redação da ***Manchete***.

O senhor lembra o nome desse jornalista?

– Hélio Contreiras.[15] Ele atualmente trabalha na revista ***IstoÉ***.

(Nova interrupção no depoimento. Luiz Helvécio conta que, por causa dessa e de outras reportagens publicadas, sofreu constrangimentos quando viajou para o Reino Unido)

– Por exemplo, na Inglaterra, me fizeram um *check-up* completo em termos de segurança. Sim, me deram tratamento igualzinho ao que seria dispensado ao *Chacal* (Carlos Ilitch Ramirez [grifo dos autores]).

Mesmo apesar da sua idade?

– É. Têm receio. Eu, para entrar na França, fui primeiramente aos EUA.

Não podia ser direto?

– Não, tinha receio de que tivessem o meu nome incluído na lista dos terroristas. Mas os ingleses são mais sabidos. Os ingleses têm um serviço (de Informações) perfeito; mais do que perfeito. Quando dei meu passaporte, passaram para o computador e checaram tudo... é uma regra de segurança. Fomos para o andar de baixo; tive que deixar minha mulher sozinha etc. Eu pensei: bom, agora vou fazer *striptease* aqui na frente de todo mundo. Vou ficar nu. Fiquei nu. São ordens da Polícia.

Em que ano foi isso?

-1990.

Um ano após a publicação da reportagem.

– Um ano depois da reportagem. A reportagem foi publicada em março; eu viajei para lá em maio. Em maio sofri esse vexame, mas... tudo bem!

(Luiz Helvécio volta a comentar sobre a mobilização no interior do Forte de Copacabana).

" Gorilas! Isto não vai ficar assim!"

– Ficamos ali à espera. De repente eu percebi alguém fardado no interior de um automóvel civil. Avisei os demais companheiros: "Olha, eu vou lá embaixo. Vocês não atirem." O meu receio era o de que eles (Luiz Helvécio referia-se aos militares que estavam nos carros) quisessem aplicar um *golpe de mão*! Seria o caso de eles pararem, subirem correndo fortemente armados e nos surpreenderem. Um *golpe de mão*. Pedi aos companheiros que me dessem cobertura com uma metralhadora, pois eu pretendia entrar em contato. Quando eu olhei, vi que era o pessoal do coronel Cézar Montagna. Fiz um sinal para que eles prosseguissem na direção do Arpoador e não da Praia de Copacabana, uma vez que o Quartel da Artilharia de Costa não tinha sido dominado e, também, porque o comandante do Forte (coronel Arídio Brasil) não quis. O general comandante da Artilharia de Costa (Antonio Henrique Almeida de Morais [grifo dos autores]) havia saído. Fiz aquele sinal para o coronel Montagna seguir para o Arpoador, porque eles poderiam desembarcar mais facilmente. Nisso, a coluna – uns dez automóveis – tomou a direção da Praia de Copacabana. Subi novamente e quando já estava no topo escutei uma rajada de metralhadora e alguns disparos isolados; olhei para baixo e vi uma senhora caída no meio da rua e tremendo. Coitada, não tinha nada a ver com aquela história. Não demorou muito e consegui entrar em contato com um sargento que me informou: "Olha, o coronel Montagna deu um *golpe de mão* no QG da Artilharia de Costa. A guarda do QG reagiu, e nós estamos com um oficial ferido: um major. Ele não morreu por pouco..."

Quando o major invadiu o quartel, o sentinela abriu fogo...

– O major estava com o Montagna e os outros.[16] Chama-se Nero, um rapaz muito bom, muito calmo... Porque o sargento comandante da guarda atirou no coronel Cézar Montagna, e a guarda veio em cima... O Nero deu um tiro de pistola na perna desse sargento, e ele caiu. Aí o restante da turma entrou e dominou a guarda. Estavam lá uns oito homens. "O QG da Artilharia de Costa caiu. Isso às 8 horas da manhã."

Alguém morreu?

– Não. O major sofreu um ferimento superficial. Quanto ao sargento, quebrou o fêmur. Era um sargento comunista e, lá na enfermaria, ele ficou nos insultando, "Gorilas! Isto não vai ficar assim!" Bom, vamos deixar este veado para lá. Foi este o episódio do Forte de Copacabana.

"O Jango Goulart fugiu"

O senhor havia comentado sobre outra unidade do Exército...

– Depois que aquele contingente deixou a Rua Francisco Otaviano, o sentinela deu o alarma: "Uma tropa está se aproximando lá pelo lado de Ipanema!" Olhei com o binóculo. Essa tropa me pareceu ser do 8º Grupo de Artilharia de Costa Motorizado (GACosM). Viaturas pesadas: rebocadoras de canhões, canhões de Marinha, apropriados para Artilharia de Costa. O certo é que a coluna fez alto nas proximidades da Rua Montenegro. Então, eu recomendei aos soldados: assestem o canhão de 40 milímetros para lá; viatura alguma vai passar, porque a nossa posição era de cima. Bastava atirar de ricochete no asfalto, e o projétil atingiria o Morro Dois Irmãos. Pouco depois alguém nos informou: "Dobraram a esquina." Logo depois veio a confirmação: era mesmo a tropa do GACosM (uma bateria integrada por quatro peças e aproximadamente 120 homens [grifo dos autores]). Chegou até ali, mas desistiu de nos atacar.

E as pessoas nos prédios... como o senhor percebeu o clima em volta?

– Favorável. Crianças brincavam nos *playgrounds*, apesar daquele clima de guerra. As pessoas não se davam conta, mesmo com os carros passando... somente depois do meio-dia é que a Rua Francisco Otaviano foi bloqueada. Esse bloqueio foi efetuado pelo próprio pessoal do Forte. Foi um colega nosso, o José Meireles (outras fontes indicam o capitão Getúlio Martins dos Santos [grifo dos autores]), quem coordenou a arrumação das barreiras. Ficamos naquela angústia, aguardando uma confrontação. Boatos de que viriam pára-quedistas etc. De repente, por volta das 5h30 para 6 horas da tarde, comecei a escutar aplausos nas ruas. O povo festejando, pulando e gritando: "O *Jango* Goulart fugiu."

"Quero ser milico, mas não quero ser bandoleiro"

Dia 1º?

– Dia 1º. No sábado, o general Castelo Branco chegou ao Forte de Copacabana. Com ele estava outro general... Usava um tapa-olho... Havia uma área de segurança, onde estavam os oficiais. O Sotero e outros. Alguns oficiais pró-Jango ficaram presos no QG da Artilharia de Costa... esse general com o tapa-olho ali estava para assumir o comando da Artilharia de Costa. Ele integrava os quadros da Escola Superior de Guerra. Eu posso lembrar o rosto dele, corado... foi aquele oficial que comandou o 1º Grupo de Obuses 155 na Campanha da FEB, na Itália. Houve até um incidente com ele, porque o Sotero – que era o chefe de uma das barreiras – indagou: "O que o senhor pretende fazer? Basta o senhor se identificar etc." O motorista não atendeu. O general mandou que ele tocasse adiante. Atiraram no carro dele. Ele compreendeu o aviso e chegou ileso lá no Forte. Lembrei! Chamava-se Hugo Panasco Alvim. Comandou depois as tropas brasileiras em São Domingos.

Ele acompanhou o general Castelo Branco na visita ao Forte?

– Não, isso foi bem antes, na parte da manhã. Ele assumiu o comando da Artilharia de Costa. Ele era considerado o substituto do Antonio Henrique Almeida de Morais, que até aquele momento comandava a Artilharia de Costa. Era ele exatamente a pessoa que levava notícias lá no Primeiro Exército, quando informaram ao *Jango* que a guarnição do Forte de Copacabana se sublevara. O pessoal que prestava serviço no Forte de Copacabana tinha tradição revolucionária. Dizem que foi a notícia de a guanição ter se revoltado que incentivou o *Jango* a abandonar o Palácio e viajar para Brasília. E, de fato, eu cheguei a indagar ao coronel Arídio Brasil: "Coronel, esses canhões ainda oferecem condições de tiro?" Ele respondeu afirmativamente. Então, prossegui, por que o senhor não atirou contra o Palácio das Laranjeiras, onde estava o João Goulart? Não há saída. Tanto numa revolução como na guerra é necessário atirar. Ele respondeu: "Não! Vai matar muita gente, sabe". Eu sou muito disciplinado, podem estar certos disso. Se eu tiver um camarada me chefiando, eu cumpro rigorosamente as ordens dele. *Quero ser milico, mas não quero ser bandoleiro.* Acrescentei, pois: olha, nós não estamos desprovidos de mérito neste episódio. Com esse mesmo armamento o capitão Siqueira Campos atirou no Palácio do Catete e na frente do Ministério da Guerra. No disparo efetuado contra o Catete, ele errou e acabou atingindo a Escola Rodrigues Alves, ao lado do Palácio do Catete. Então, eu acreditava que nós devíamos atirar. *Eu acho que quando nós, soldados presos a regulamentos, praticamos a disciplina e somos forçados a nos levantar contra a ordem ou a desordem vigente, devemos fazê-*

lo do modo mais rápido possível, com toda a potência. Uma blitzkrieg *para logo voltarmos às normas regulamentares.* Esse negócio de ocupar a Presidência da República, para nós não era o *Jango*. Nós devíamos liquidar com ele e, ao mesmo tempo, mostrar a nossa verdadeira disposição. Tal como o Siqueira Campos e os demais fizeram. Depois, tiveram que lutar contra alguns regimentos provenientes da Vila Militar. Resistiram nas areias da Praia de Copacabana e morreram quase todos ali.

"Dono da revolução"

Retomando: o general Castelo visitou o Forte?

– Ele visitou o Forte no final do dia 1º. No dia anterior ele fora ameaçado de prisão.

A partir dessa visita ao Forte estava consolidada a vitória do Movimento Militar...

– Sim. Aí foi uma questão para saber quem seria o novo Chefe do Governo. É interessante explicar: as lideranças das quatro correntes que, veladamente, conspiravam, se encontraram para debater. Muita gente achava o seguinte: "O fulano de tal, que nunca fez nada pela revolução, também estava lá, cuidando do assunto." Mas foi assim que aconteceu. Como o Odílio Denys, que também julgou ser um dos *donos da revolução*. Ele até fez, num livro lançado há pouco, uma restrição à escolha do nome do general Castelo Branco para ocupar a Presidência da República. Para ele, o indicado deveria ser o sr. Magalhães Pinto, com quem manteve contato naquele mesmo dia. Reforçando a ênfase dada pelo general Denys: um companheiro que acompanhou de perto a articulação que vinha sendo conduzida pelo general Olympio Mourão Filho, disse que ele, Mourão, chamou para que fosse a Juiz de Fora o governador de Minas Gerais, Magalhães Pinto, e este ali chegou num táxi-aéreo. O único campo de pouso em condições de permitir a aterrissagem daquele tipo de aeronave ficava atrás do quartel da Artilharia. O avião baixou e coisa e tal. O general Mourão Filho solicitou que ele redigisse o *Manifesto da Revolução*. O sr. Magalhães Pinto ponderou inicialmente que seria melhor voltar para Belo Horizonte e, na capital mineira, redigir o documento. O Mourão não concordou:

"Não, nós temos que sair daqui. O senhor não embarcará se não elaborar esse manifesto."

Mineiro, não é?

– Ele viu que esse comportamento (meio escorregadio [grifo dos autores]) era normal entre políticos. E aí o Magalhães Pinto redigiu o manifesto [17]. Sob ordens do general Mourão, assegurou: "Vou colocar a Polícia na rua para engrossar as tropas do Exército." Ele, inclusive, destacou um contingente para Brasília. Outro destacamento viria por São Paulo e desceria na direção do Rio. O destacamento de São Paulo estava sob o comando de um oficial ligado ao general Amaury Kruel. *A revolução enfrentou dificuldades em São Paulo; houve muita confabulação, muita indecisão, muita indefinição. O certo é que alguns generais mostravam-se favoráveis, mas a maioria dos generais do Exército era contra, a exemplo do Aluízio Miranda Mendes. O comandante da 2ª Divisão de Exército também não era favorável... O próprio Amaury Kruel mostrava-se reticente.*

"Eu apostei todas as minhas fichas no Jânio Quadros"

Por questões legalistas ou políticas?

– Amizade ao *Jango*! Tanto que ele, Amaury Kruel, foi deputado pelo PTB logo depois.

O Jango não despertava ódios...

– Ele podia ser um bom presidente de sindicato; a Presidência da República exige maiores dimensões, capacidade, nível intelectual, e ele não tinha isso.

Os generais sobre quem o senhor comenta, num momento como esse..., quando existe a perspectiva de uma tropa enfrentar soldados compatriotas... o senhor crê numa espécie de consciência civil?

– Isso não é inédito; sempre houve aqui. Aquele estado de anarquia que o Jango instalou no País... a saída do Jânio Quadros... a Nação confiava num homem que realizava um bom governo em São Paulo. De repente, eu joguei nas fichas dele. Não deu azul! Eu apostei todas as minhas fichas no Jânio Quadros. Esse cara (João Goulart) não era governo para nós; nós vetávamos. Vetávamos porque ele estava comprometido com os comunistas. Ele era um populista... O senhor João Goulart não era nada daquilo que o pessoal dizia: que, embora fosse um homem despreparado, era bem-intencionado. Ele estava cercado de comunistas e sindicalistas para anarquizar o governo do Brasil. Assim era. Foi embora sem demonstrar capacidade alguma... Numa ocasião o avião em que viajava fez uma aterrissagem forçada próxima a Uruguaiana. Casualmente eu estava em Brasília. Naquele tempo o general Ongania era o presidente da Argentina. Ele era muito ligado ao Exército brasileiro e tinha grande simpatia pelo Brasil. Ele nos informou que o *Jango* estava preso em Paso de los Libres, local onde o avião dele pousara no caminho para o Paraguai. Os argentinos pretendiam entregá-lo à guarda do general Pelegrini, comandante da 2ª Divisão de Cavalaria. O certo é que eles fizeram o seguinte: era o dia 24 de maio de 1970. Não foi possível localizar o presidente da República. Estavam todos num churrasco da Cavalaria e... o general Pelegrini queria prender o *Jango*. Eu achei que era necessário aguardar. O encarregado dos Negócios do Brasil em Buenos Aires era um rapaz meu conhecido. Chamava-se Parriset da Fontoura. Ele conversou a respeito com o embaixador brasileiro, que, por sua vez, observou: "Isso não pode ficar na mão do Exército." Nisso, o pessoal do Itamaraty tem uma boa visão do quadro global. "Não, isso não pode ficar sob a decisão do comandante da 2ª DC. Isso tem que ser decidido pelo presidente Emílio Médici. Vamos aguardar o término do churrasco." Sabe como são esses churrascos de Cavalaria: começam ao meio-dia e vão terminar lá pelas 4h da tarde. Quando o Médici voltou ao Plano Piloto... o churrasco fora realizado lá para as Águas Claras, próximo ao Regimento dos Dragões da Independência. Então, o Médici soube o que acontecera e resolveu: "Deixa para lá... isso pode trazer mais problemas para a gente..." E, interessante, muita gente discordou.

"Da revolução queria somente uma coisa: matar uns dois ministros do Jango"

O que aconteceu depois que o general Castelo Branco apareceu no Forte?

– Naquela mesma noite eu soube que alguns ministros do governo João Goulart haviam sido presos.

O senhor comentou que foi até a Escola de Comando e lá estava, inclusive, aquele coronel que, em 1955, reagiu contra a sua não-participação no golpe do Lott...

– Daí, eu conversei com o Cerqueira Lima... notei-o desinteressado e disse-lhe que, da revolução, queria somente uma coisa: matar uns dois ministros do *Jango*.

Civis ou militares?

– Quem estivesse preso. Até então eu não sabia quantos deles estavam presos. Ele me disse: "Tu queres ir até lá?" Respondi afirmativamente. Fomos de carro à Escola de Comando e Estado-Maior do Exército. A Avenida Pasteur (que dá acesso ao bairro da Urca) estava fechada com barreiras militares. Chegamos na noite do dia 1º e entramos sem maiores problemas. No *hall* da Escola há um salão. Uns 50, 60 oficiais transitavam por ali, e alguém chamou o Hiran Ribeiro Arnt que, soube-se, fora o comandante da patrulha que prendera esse pessoal do João Goulart. O Hiran é um amigo nosso, oficial distintíssimo e, na ocasião, servia como um dos instrutores da Escola. Descendia de alemães do Vale do Itajaí. "Vocês querem o quê? Aí está o Abelardo Jurema[18]?" O Abelardo Jurema! Puxa vida!... Tinha também o ministro do Trabalho, além de uma secretária... Está ótimo! Indaguei: como chegar aonde eles estão? Me levou para uma entrada falsa do gabinete, por intermédio de uma balaustrada. Chegamos na sala do ajudante-de-ordens e entramos no gabinete do general, já pela balaustrada. Havia uma mesa muito comprida. O general Jurandir de Bizarria Mamede[19] – que era o comandante da Escola – estava sentado numa das cabeceiras. Eu já o conhecia de vista. Na outra extremidade estava (descreve a cena)... do lado de cá da mesa, ele (Abelardo Jurema) e um datilógrafo-escrivão, que era o Hernani D'Aguiar, major-instrutor da Escola e tido como um sujeito muito besta. O Hiran Ribeiro Arnt ficou atrás de mim. Voltando-me para Abelardo Jurema. Eu o provoquei: *Chama de gorila. Tu não dissestes que nós estávamos entregando o Vale do Paraíba?... Seu canalha, seu crápula! Acabou-se! Aí, dei-lhe um chambão, dei-lhe uma pernada. Eu estava louco para pegá-lo ali, esganá-lo...* Ele criou um *Comissariado do Povo* ali atrás do Palácio do Catete durante o governo João Goulart, que era para cuidar dos "assuntos econômicos." *Comissariado do Povo*! Veja bem a similitude com o regime comunista que vinha sendo posto em prática no País. (prosseguindo)... *Aí eu amea-*

cei: seu canalha, você será fuzilado e pendurado nessa árvore bem aí em frente! Está vendo? Não tenha dúvida. Vai ser fuzilado, seu canalha, pelos crimes que cometeu!... Ele olhou para mim com aquele bigodinho. ***É, vai ser fuzilado!...*** Aí o D'Aguiar, que – como observei – estava funcionando como escrivão, explicou: "Ele está prestando informações valiosas. Vocês pretendem levá-lo agora? Já estou terminando aqui." Perguntamos ao comandante da Eceme: "O senhor nos entregará o Abelardo Jurema? O general Mamede respondeu que sim." Daí, o Hernani D'Aguiar complementou: "Vocês podem aguardar lá embaixo?"

Com que autoridade ele (Mamede) estava investido?

– A de comandante da Escola de Comando Estado-Maior do Exército, que fora, sem dúvida, a *mola mestra* do *Movimento Revolucionário. Foi a Escola que agenciou esses comandantes de unidades para não reagirem, ou mesmo para engrossarem o Movimento.* E o (João) Figueiredo, lá dentro, era, sem dúvida, o braço direito do Mamede. Então, ficamos por ali. Fizemos plantão. Havia uma estatuazinha do Chopin ali na Praia Vermelha... Eu disse a ele (ao ex-ministro Abelardo Jurema): "Olha, é mais ou menos centrado na estátua do Chopin que nós vamos fuzilá-lo. Você vai morrer na praia..."

"As vivandeiras também vão ser executadas"

Quem fez a arregimentação para compor o pelotão?

– O Etchegoyen e outros oficiais... então ficamos por ali. Segundo o major Hernani D'Aguiar – no que foi confirmado pelo general Jurandir Mamede –, ele (Abelardo Jurema) nos seria entregue. Ficamos aguardando, com os olhos fixos na Escola. Quando deu 10 e meia, 11 horas da noite, eu disse a um dos colegas: "Ih, rapaz, daqui a pouco chega o cardeal, e sai abraçado com ele debaixo daquela batina vermelha, e ninguém mais vai encontrá-lo."

Quem era o cardeal na época?

– O cardeal era Dom Jayme de Barros Câmara. Eu disse: "Bom, vamos subir, pois está ficando tarde." Quando chegamos ao Gabinete, para nossa decepção, não havia mais ninguém; as luzes continuavam acesas... aquilo tinha sido preparado. Depois é que foi confirmado pela conduta do Hernani

D'Aguiar. Ele retirou o pessoal de lá (Luiz Helvécio relembra mais alguns detalhes sobre o episódio [grifo dos autores])... Do outro lado, no sofá, estavam as secretárias. Elas ficaram horrorizadas. Eu, de metralhadora na mão; estava armado com uma INA... eu até não gostava daquela arma porque costumava *engasgar*. Eu provoquei medo nas secretárias e disse: *E olhem mais: as vivandeiras também vão ser executadas. As vivandeiras também vão pagar, serão executadas também! Revolução tem que ser assim!*

Mas o general Bizarria Mamede não era revolucionário? Então, como é que permitiu a remoção dos presos?

– Certamente houve a anuência dele. Disso eu não tenho dúvida.

Naquela hora prevaleceu a opção pela não-violência...

– É, o general Mamede era um homem de temperamento calmo. Não era homem capaz de permitir que os presos fossem fuzilados.

Mas aquele grupo de oficiais estava disposto?

– Ah, estava. O pessoal estava no *partidouro com o cavalo.*

Ficaram todos frustrados...

– Ficou todo mundo frustrado. Aliás, uma das primeiras frustrações do *Movimento*. Quer dizer, começa a nos fazer justiça. Aquele *cara* tinha que ser fuzilado. Depois o senhor Hernani D'Aguiar escreveu no livro dele (*O AI-5*) que sempre o chamou de ministro e que lhe devolveu a arma de sua propriedade quando entrou com ele na Embaixada do Peru para que ele pudesse se asilar e, em seguida, ser liberado e viajar. No Peru, ele (Abelardo Jurema) montou uma indústria de farinha de peixe etc. Depois, quando voltou ao Brasil, foi recebido em audiência pelo presidente João Figueiredo, fato este que mais ainda me magoou o coração. No dia da assinatura da *Lei da Anistia*, firmada por ele (Figueiredo) em 1979, eu estava proferindo uma palestra em Belo Horizonte e comentei com o general Campelo, chefe da Agência (do SNI local): "Olha, Campelo, gostaria de lhe dizer que estou desencantado com a anistia proporcionada aos comunistas, o que somente aumenta a minha mágoa." Lamentei não dispor de dinheiro para transpor a fronteira em sentido contrário. *Eu acho que foi uma canalhice dele (Figueiredo) deixar esses comunas sem-vergonha retornarem ao País depois de terem assassinado companheiros nossos.*

"Qual seria a primeira linha de defesa da revolução? Saímos oficiais de Estado-Maior e fomos para os órgãos de informações..."

Nesse episódio de 1964 relatado pelo senhor, ficou claro que, na maioria, os oficiais não seriam capazes de tomar atitudes extremadas...

– Vitorioso o *Movimento Militar*, eu fui encarregado de comandar a primeira guarda na residência do general Castelo Branco. Achei estranho quando vi o Castelo saindo sozinho. Fui ao seu encontro, e ele me perguntou: "Você aqui?" Respondi: "Olha, o senhor não vai me sair sozinho daqui, porque eu estou cumprindo ordens. O senhor já não se pertence. O senhor pertence à chefia de um movimento revolucionário." Ele: "Eu não posso lhe impedir. Até pensei que fosse o motorista do doutor Ranieri Mazzili (que, naquele momento histórico, respondia pela Presidência da República), e eu fui convidado a ir à casa dele." Tudo bem, se o senhor deseja ir, eu não posso impedi-lo. E o escoltei até lá.

Isso quantos dias depois?

– Lá pelo dia 3.

O senhor estava sozinho na guarda diante da casa do general Castelo Branco?

– Não. Comigo também estavam o Sotero, Dacio e o Sodré. Éramos quatro oficiais, todos armados.

E a sua família sabia onde o senhor estava?

– Ninguém sabia. Devo dizer que a minha mulher sempre foi extraordinariamente calma. Bem, eu queria mesmo assistir à derrubada desse pessoal, mas eu acreditava que era necessário fuzilar. Fiquei frustrado. Fiquei extremamente desolado por não ter eliminado...

A alguns dos seus colegas, o senhor confidenciou este sentimento?

– Claro! Bom... então, o que fazer? Qual seria a primeira linha de defesa da revolução? Saímos oficiais de Estado-Maior e fomos para os órgãos de informações...

O senhor terminou o curso de Estado-Maior...

– Em 1965, eu fui classificado no Quartel-General do Grupamento de Unidades Escolas – GUE (hoje 8ª Brigada de Infantaria [grifo do próprio entrevistado]). Era a melhor tropa da Vila Militar, porque ali são praticados todos os regulamentos e as modificações implementadas nos regulamentos. Toda aquela doutrina militar norte-americana era testada nessas unidades-escola. Uma é a Escola de Artilharia; outras: de Infantaria, Cavalaria e assim sucessivamente. Essas tropas eram subordinadas a um Quartel General denominado Grupamento de Unidades Escolas.

"Foram banidos do Exército após a revolução"

– O general-comandante era amicíssimo nosso, além de revolucionário, do *Grupo do Castelo*; um revolucionário muito reflexivo. Chamava-se Nilton de Oliveira Reis. Nós já havíamos feito contato anteriormente, porque o Leri (nome completo não lembrado), que Deus o tenha, um bom companheiro, observou certa vez: "Helvécio, o Nilton de Oliveira Reis vai elaborar um Manifesto do Clube (Clube Militar), tentando conquistar o direito do voto secreto e ele gostaria de testar a reação do texto que ele preparou com um oficial mais novo. Pensei em você. Você topa?" "Topo", respondi. Ele morava no mesmo edifício onde residia o Luis Mendes da Silva (que participou ativamente da *Rebelião de Aragarças*, em 1956 [grifo dos autores])... *Edifício Montese*, na Rua Gustavo Sampaio, 194 (Leme, Zona Sul). Fui à casa dele e ele leu o texto para mim. Era um oficial muito humano, uma pessoa carismática. Ele leu... falava baixinho, escrevia bem, com muita lógica. Disse antes: "Olha, eu gostaria de ouvir a sua opinião. O senhor não vai se aborrecer?" Quando terminou a leitura, eu ponderei: "Vou criticar o que for para criticar. Vou expressar meu sentimento. Quanto à forma, quanto à exposição, nada a acrescentar, porque o senhor escreveu com muita nitidez, mas vou lhe dizer uma coisa: esse manifesto não vai adiantar de nada." O general Justino Alves Bastos, que era o presidente do Clube Militar (o general Justino presidiu o Clube Militar por duas gestões consecutivas. Em 1958 derrotou o general Humberto de Alencar Castelo Branco e, em 1960, o general Peri Bevilacqua, tanto este último como o primeiro pertencentes à corrente denominada *Cruzada Democrática*), não aceitará isso. Se ele nos conceder o direito do voto secreto, nós venceremos a eleição.

Essa eleição era importante?

– Muito importante. O Clube Militar sempre serviu como termômetro do Exército ao longo dos anos.

Quem disputava essa eleição?

– ... O general Alcides Etchegoyen encabeçava a chapa de oposição. Etchegoyen era um homem de atitudes, decidido, impetuoso... mas o general João de Segadas Vianna venceu a eleição com os votos abertos. *Ninguém era louco. Os generais-comandantes é que enfiavam os votos nas urnas. Um jogo de cartas marcadas.* Nós perdemos. Conquanto vencêssemos apoiados pelas guarnições do interior, nós perdemos. Aliás, voltando um pouco no tempo, desde 1950 eu freqüentava o *Clube Militar.* Sempre que era possível estava por lá. Havia uma ala nitidamente comunista, chefiada pelo Donato (prenome não lembrado), que era do Espírito Santo; outro oficial, Tácio Lívio Reis de Freitas, era o intelectual deles. Uma turma comunista e tremendamente agressiva, sempre na defesa incondicional das teses esquerdistas, e *eu era arraia-miúda, era só a claque para vaiá-los.* Ia lá para cima, vaiava o tempo todo, fazia aquela coisa. "Senhor presidente, peço para evacuar as galerias, pois eu não posso concluir **"Uhuhuhuhuh..."** (Helvécio imita o som das vaias)... esse negócio me marcou e lançou na vida política militar. A partir desse instante eu participei de tudo, até que eles (os comunistas [grifo do entrevistado]) foram banidos do Exército após a revolução. A coisa ficou mais ou menos assim... mas eles sempre se manifestavam. O general Justino Alves Bastos voltou a ser presidente depois. Tinha sido comandante do 4º Exército e não fez nada por lá. Aliás, quem promoveu a revolução na região Nordeste foram os coronéis e oficiais menos graduados. Ele, Justino, somente fez bandalheira...

"Aí ele ficou branco, azul, amarelo... Chamava-se Mr. Fischer"

O Quartel-General dele ficava...

– Em Recife. O general Justino desejava presidir o *Clube Militar.* Era quase uma troca de guarda, pois todo mundo era do mesmo lado. Pois o Justino apresentou-se para suceder o general Muniz de Aragão, que fora o presidente do Clube no tempo do *Jango.* O certo é que os comunistas se juntaram ao Muniz de Aragão e mantinham um escritório junto ao Ministério da Educação (Centro do RJ [grifo dos autores]). Isso depois de 1964.

Então, um núcleo da esquerda continuava operando...

– Não, eles tinham sido expurgados, mas apoiavam de fora... alguns até mesmo por dentro: professores etc... aquele pessoal que estava algo marginalizado. E aí nós ficamos apreciando. Um dia um oficial foi até a minha sala – eu chefiava o setor de *Contra-informação* do Centro de Informações do Exército – e ele me disse mais ou menos o seguinte: "Olha, o general Justino vai ganhar a eleição." Eu argumentei: "É, mas eu acho que não há nada contra ele... não foi dada ordem alguma para *bombardear* a candidatura dele." "Isso (o general Justino) é um canalha quando se trata de defender a revolução"... Naquela semana eu viajaria para o Rio Grande do Sul acompanhando o ministro do Exército... mas aquele colega oficial ponderou: "Você bem que podia desistir dessa viagem para liqüidar com a candidatura do Justino." Então eu decidi tentar. De fato, numa gravação (*grampo telefônico* [grifo dos autores]) anterior eu havia captado uma conversa dele com o presidente da *Sidney Ross* aqui no Brasil (este senhor, segundo Luiz Helvécio ainda circulava, ao tempo da entrevista, no Clube Militar), pedindo dinheiro para a candidatura dele próprio, general Justino, à presidência do Clube. O presidente da *Sidney Ross* respondeu afirmativamente, dizendo que não havia qualquer problema e recomendou que ele aparecesse por lá. O executivo da empresa pedia, em troca, um elevador exclusivo que o levasse até o décimo terceiro andar etc. "Não tenha dúvida, ele vai conseguir", afiançou o oficial (ao longo da conversa). O regulamento do Clube explicitava que aquele que recebesse qualquer tipo de apoio por fora estava excluído, automaticamente estava posto para fora de qualquer disputa.

O homem estava na mão...

– Era uma fita gravada. Eu pensei: bom, então eu vou conversar com o presidente da *Sidney Ross*. Foi numa quinta ou sexta feira à tarde... me anunciei... a secretária: "O senhor agendou audiência?" Não senhora. "Por favor, diga que um oficial do gabinete do ministro do Exército precisa falar com ele." Ela indagou o assunto a ser tratado. Eu respondi: "Será uma conversa fechada, e não gostaria que outras pessoas estivessem presentes (Helvécio reproduz parte da conversa prévia já na sala e diante do presidente da Sidney Ross) – Se o senhor está cogitando em trazer um *leão-de-*

chácara para testemunhar, está enganado, porque eu tenho aqui uma pistola 45 para enfrentar qualquer *filho-da-puta*. Aí ele ficou branco, azul, amarelo... chamava-se Mr. Fischer.

– Mr. Fischer, a nossa conversa vai ser simples. Eu não vou roubar muito tempo do senhor. Gostaria de saber se o senhor confirma aquilo de que nós já temos conhecimento: que o senhor contribuiu para a candidatura à eleição do general Justino para a presidência do Clube Militar em troca de alguns favores. Ele aí ficou ... (atônito [grifo dos autores])... eu vou explicar novamente. "O senhor compreende o que eu disse?" "Sim, mas..." "Vou lhe falar pausadamente." Falei explicitamente. Ele perguntou: "E há algum crime nisso?" Justifiquei: *"Não há crime propriamente, pois se assim fosse não seria da minha alçada, mas das autoridades policiais. Todavia existem implicações de ordem política. No Brasil, o Clube Militar reflete bastante o pensamento das Forças Armadas. Uma intromissão nesse quadro pode trazer conseqüências imprevisíveis, o senhor esteja certo."* Ele: "o senhor sabe, eu sou estrangeiro, não tenho a menor..." Aí eu fiquei alerta: *está na hora de passar para o lado dele...* eu sei que o senhor teve a melhor das intenções, possivelmente até para homenagear o Exército. Agora, eu creio que o general Aragão está possesso com o senhor. Se é por causa do elevador, se o senhor encaminhasse um ofício a quem de direito... ele poderia lhe dar ou não. Mas, em troca de dinheiro, ficou difícil. Sei que o senhor não percebeu e nem aquilatou a extensão dessa pequena atitude, mas há repercussões, inclusive na sua própria empresa. Nós atravessamos um período de exceção... volto a lhe dizer: acho que o senhor não agiu de má fé. Ele foi aceitando a minha argumentação...

O senhor preparou uma saída para ele?

– Exatamente. Ele: "Pois é..." Daí eu continuei: "No momento eu só vejo uma saída, qual seja o senhor elaborar uma carta ao presidente do Clube explicando tudo isso, que nós vamos entregá-la." Aí ele chamou a secretária ao seu gabinete e ditou a carta exatamente nos moldes que eu idealizara. Era a prova documental que até então nós não tínhamos. Só dispúnhamos da fita gravada (*a desgravação da fita permitiu que Luiz Helvécio também tivesse acesso a outras informações que, segundo ele próprio durante a entrevista, comprometiam ainda mais a candidatura do general Justino à presidência do Clube Militar [grifo dos autores]*). Quando eu cheguei no gabinete do Aragão – quem lhe entregou a carta foi o

Faustino, que era o vice-presidente do clube –, o Aragão babava: "Expulsá-lo-ei!" (ao general Justino). Daí eu ponderei: "Amanhã nós fecharemos esse escritório de campanha do general Justino nem que seja a pau." O imóvel ficava ao lado da empresa *Aliança da Bahia*, bem próximo do prédio do Ministério da Educação e Cultura, na Avenida Graça Aranha; ele dá vista para a Rua Araújo Porto Alegre. Do outro lado do edifício uma galeria permite o acesso à Rua Amfilófio de Carvalho. Quando chegou a sexta-feira eu decidi: não passa de hoje! Fomos até lá. O escritório pertencia a um advogado. Aí a mulher desse advogado pegou o telefone, e quem atendeu foi uma secretária do Justino: "*Filho-da-puta.*" Foi o maior amontoado de insultos pesadíssimos que eu ouvi de uma mulher. O Nunes (prenome não lembrado) me roubou essa fita. Mostrei para ele: "Deixa eu ouvir..." Acabou ficando com ela. Quando chegou no dia seguinte, a mulher: (desabafou com o general) "Por isso é que você não quer nada comigo!..." Ele: "Eu vou aí!... Não!... minha filha, eu vou desligar" Ela: "Se desligar..."(Helvécio comenta com gestos e bom humor explícito o tumulto provocado por esse telefonema).

O senhor ainda não estava trabalhando no CIE...

– Eu trabalhava, como expliquei, no Quartel-General do Grupamento de Unidades Escola. Certo dia um ex-colega de escola, que veio de Juiz de Fora, foi à minha sala, e me disse o seguinte: "Olha, Helvécio, vou deixar o Exército e gostaria que você ficasse no meu lugar." O chefe da seção era um conterrâneo maranhense que fora colega do Gilmar Campelo – o qual, posteriormente, chefiou a Polícia Federal no governo Costa e Silva. O certo é que eu fui conversar com o Gilmar e ele me recebeu de braços abertos: "Puxa é uma satisfação!..." Então eu fiquei no Primeiro Exército

Notas

[1] Consultado sobre esta declaração de Luiz Helvécio, o jornalista Ayrton Baffa, nos respondeu:

"Conservatória, 29 de maio de 2003.

Prezados Srs. José Argolo e Luiz Alberto Fortunato

Em resposta à carta de 23 do corrente, tenho a informar-lhes o seguinte:

1 – Jornalista, repórter-investigativo e escritor (autor de sete livros), jamais traí a confiança de minhas fontes, de meus entrevistados, de leitores, de chefias – em mais de 40 anos de atividades. Em jornal, revista, rádio e TV. Na chefia da redação da sucursal carioca do *Estadão*, *Jornal da Tarde*, *Agência Estado*. Na direção da Agência Fluminense de Divulgação, gestão do governador Raymundo Padilha; na equipe da Assessoria de Imprensa do governador Carlos Lacerda; como secretário municipal de Comunicação de Valença-RJ, mandato do prefeito Álvaro Cabral. À frente da Assessoria de Imprensa da Secretaria de Segurança, gestão do general Nilton Cerqueira. Jamais fui punido pela Justiça, por denúncias feitas em reportagens. Ao contrário de centenas e centenas de colegas, notadamente em Brasília, exerci numerosas funções públicas e jamais tive emprego público, pendurado em mordomias, em bocas-ricas;

2 – Quanto ao inesquecível amigo, Cel. Luiz Helvécio da Silveira Leite: conquistei sua confiança pelas matérias que publiquei sobre os escândalos da Capemi – onde ele era diretor administrativo e financeiro e denunciou mar de lama, de corrupções; e sobre a eliminação de seu amigo, Alexandre Von Baumgarten;

3 – Recordo-me, com detalhes, do dia em que aquela decente criatura levou-me à sua casa, na Zona Sul carioca, para mostrar-me seus arquivos, com a farta documentação secreta do SNI – Serviço Nacional de Informações, ele que fora primeiro subchefe do órgão, em Brasília. Imaginem a minha excitação, como jornalista-investigativo, ao manusear a papelada com carimbos de secreto, confidencial... Não publiquei uma linha, em respeito à fonte, que não autorizara;

4 – Num final de ano, estava na minha sala, na redação do jornal, quando o Cel. Luiz Helvécio foi visitar-me. Disse-me: "Vim trazer-lhe um presente de Natal. Pode publicar aqueles documentos"... Imaginem minha excitação. Com as séries de reportagens sobre os escândalos da Agropecuária Capemi e os documentos secretos do SNI, ganhei o Prêmio Esso, em 1983 (Economia), e em 1988 (Política), publicados no *Estado de S. Paulo* e *Jornal do Commercio*. As denúncias deram origem aos livros "*O Escândalo – Rei – a trama Capemi-Baumgarten*", que ajudei, com o deputado Carlos Alberto De Carli, ex-síndico da massa falida: "*Nos Porões do SNI – o Retrato do Monstro da Cabeça Oca*"; e "*Sol para os Mortos – Memórias de Antigo Chefe do Extinto SNI*";

5 – Sobre o saudoso Cel. Luiz Helvécio: deixei de manter contato com ele após ter perdido o cargo, em 1989, sofrido deslealdade do jornal em que trabalhava, durante 23 anos. Traição que me abalou de tal maneira, atacando gravemente minha saúde. Mudei-me para Valença.

Vou ficar por aqui. Se tiverem tempo, passem os olhos no livro que envio. Podem utilizar o que entenderem. Raio Um era ele... desejo sucesso nesse trabalho. E que Deus ilumine o espírito do saudoso amigo Cel. Helvécio, para quem sempre mando rezar missas, em louvor de sua dignidade, de seu patriotismo, de honrado chefe de família. E pelas injustiças que sofreu, após sua reforma.

Abraços

Ayrton Baffa"

[2] *Torturas. **Veja***, 10 de dez. de 1969, pp. 23-25. Em um dos entretítulos, a reportagem – *não assinada* – oferece relato pormenorizado sobre a prisão e morte do estudante Chael Charles Schreier, da Faculdade de Medicina da Santa Casa e integrante da *Vanguarda Armada Revolucionária,* Grupo *Palmares* – VAR-Palmares. Pelo interesse histórico, reproduzimos o texto:

As histórias e as suas provas

Muitas são as penas dos

que trocam o Senhor por

outros deuses

Salmos de Davi, capítulo 16

Leiben Kuperman, um dos funcionários encarregados da cerimônia de purificação do cadáver, no Cemitério Israelita do Butantã (São Paulo), vestiu o corpo de Chael Charles Schreier, 23 anos, com o manto tradicional. Chamou os parentes designados para carregarem o caixão e leu então os *Salmos de Davi*. Depois, uma reza encomendando paz para o morto. Nem Leiben – com sua referência aos possíveis deuses de Chael – nem qualquer um dos presentes estavam julgando as penas cabíveis ao morto ao trocar o Deus de seus amigos e de sua família por outros deuses. Nos enterros não se julgam os mortos. E foi assim na quarta-feira do dia 26 de novembro, às 4 horas de uma tarde de sol, quando o caixão foi levado através da alameda de pinheiros até a sepultura 136, quadra 49, uma das quatro compradas por seu tio às pressas no dia anterior.

A opção trágica – Os 50 ou 60 acompanhantes do enterro, parentes e antigos colegas da Faculdade de Medicina da Santa Casa, que Chael abandonou quando deveria cursar o terceiro ano, em princípios de 1969, para aderir à violência, não julgavam o terrorista Chael da *Vanguarda Armada Revolucionária*, Grupo *Palmares*, chefiada pelo ex-capitão Carlos Lamarca. Os que o conheceram na rua em que morava, no bairro da Aclimação, também não julgavam o rapaz gordo e alto, geralmente simpático e bonachão, que trocara a existência cheia de amigos e perspectivas de auto-realização pela vida dos assaltos criminosos, das operações de terror e das noites maldormidas que lhe consumiram 30 quilos de peso e deixaram no seu rosto linhas carregadas e na sua mente jovem a decisão externada de não se deixar capturar vivo. Ari Schreier, 57 anos, o pai de Chael, e Emília Brickman Schreier, 49 anos, sua mãe, também não julgavam o filho único que há um ano abandonara a casa, desaparecendo para sempre e recusando os últimos apelos de ao menos terminar o curso de Medicina ou então de viajar para o exterior.

No enterro de Chael, onde as pessoas não se falavam e mesmo amigos íntimos evitavam os cumprimentos e procuravam não estar juntos, não se julgava o caminho de Chael quase igual ao de outros estudantes que aderiram ao terrorismo. Chael havia sido do MUD – *Movimento Universitário de Desfavelamento* – e, depois de uma prisão em setembro do ano passado em São Paulo, fez a opção trágica pelo terror. Ao som gutural do *Kadish*, a reza judaica pela alma dos mortos, dito por seu pai em meio a soluços e à discreta ajuda do rabino, estavam em julgamento certas formas de aplicação da Justiça brasileira e métodos empregados para combater o terrorismo. As circunstâncias estranhas de sua morte levavam a crer que *o caso Chael era a primeira prova real de morte violenta durante um interrogatório policial*. Na terça-feira da semana passada, seis dias após o enterro, o ***Jornal da Tarde***, de São Paulo, publicava o atestado de óbito de Chael, datado do dia 22 (dia seguinte à sua prisão, noticiado em detalhes pelos jornais sem qualquer menção a ferimentos recebidos). ***"Causa mortis: contusão abdominal com ruptura do mesocólon transverso e mesentério, com hemorragia interna."*** Através da hermética linguagem médica, a cena que levou Chael à morte, e que talvez nunca seja desvendada, transparecia com suficiente clareza. O dicionário Caldas Aulete, define contusão como "*lesão produzida nos tecidos pela pancada de corpo duro sem que haja rompimento da pele*". (O médico Marco Segré, professor de Medicina Legal, explica o que pode causar tal contusão: atropelamentos, quedas acidentais violentas, pauladas, pontapés etc.) A denúncia foi a primeira de uma avalancha que durou toda a semana. O advogado Leopoldo Heitor, preso durante duas semanas no Deops de São Paulo, citou publicamente nomes de torturados e torturadores; a Ordem dos Advogados do Brasil denunciou arbitrariedades na prisão de três advogados e outros casos começaram a chegar às redações de jornais. O Centro Acadêmico XI de Agosto de São Paulo (Faculdade de Direito) anunciou ter uma lista de 40 pessoas torturadas ou tratadas de forma ilegal.

De todas essas histórias e denúncias, três eram particularmente trágicas. E de todas elas, a de Chael é a mais dramática.

Na pista de Lamarca – O "aparelho" dos terroristas Chael Schreier, Maria Auxiliadora Montenegro e Antonio Roberto Spinoza pode ter sido encontrado com a ajuda do economista Antônio Alves, filho do proprietário da casa da Rua Aquidabã, 1.053, em Lins de Vasconcelos (GB), intrigado pelo pouco movimento na casa. Pode também ter resultado de um paciente e longo trabalho da Polícia Política carioca, empenhada em levantar todos os imóveis alugados com depósito de três meses (opção apresentada pelas companhias imobiliárias para quem não tem fiador). De uma forma ou de outra, o trabalho detetivesco não diferiu muito da minuciosa rotina já estabelecida para o desmantelamento do terror. Um informante do Dops passou 20 dias na casa vizinha (pertencente ao mesmo proprietário), vigiando os passos dos três terroristas, dos quais Maria e Spinoza se diziam casados. Na sexta-feira, dia 21 de novembro, as suspeitas se confirmaram e à noite foi organizada uma batida policial chefiada pelo comissário Brito, pelo inspetor Vasconcelos e mais onze policiais dirigidos pelo detetive Antero. A casa foi cercada e Maria Auxiliadora, ao atender o toque da campainha, foi logo presa. Chael e Spinoza resistiram a tiros no andar superior e só se entregaram quando a munição acabou e as nuvens de gás lacrimogêneo os obrigaram a sair. Primeiro Spinoza, de braços levantados, e depois Chael, com um lenço no nariz para se proteger contra os gases. Da Rua Aquidabã foram levados ao Dops carioca, bem no Centro da cidade, onde a Polícia constatou que os presos eram muito importantes. Spinoza, que disse chamar-se *Mauro*, e Chael, que deu o nome falso de *Joaquim*, eram terroristas de confiança do grupo de Lamarca, e suas fotografias estavam nos cartazes distribuídos em todo o País. Na mesma madrugada, à 1h30min, os três e mais o material encontrado no "aparelho" foram levados ao quartel da Polícia do Exército na Vila Militar, em Marechal Deodoro, subúrbio do Rio de Janeiro, sob a responsabilidade do capitão João Luiz. Ainda nessa mesma madrugada de sábado, poucas horas depois, o corpo de Chael dava entrada no Hospital Central do Exército, em Benfica. O general-de-brigada Galeno de Penha Franco, médico-diretor do Hospital Central do Exército, garante que Chael deu entrada no hospital já morto, e que o envio do corpo foi apenas uma formalidade, uma vez que provinha de unidade militar. Cumprida a formalidade, o corpo foi enviado ao Instituto Médico-Legal, na Avenida Mem de Sá, para ser autopsiado pelo médico Rubens Pedro Macuco Janini, o mesmo que, finalmente, assinou o atestado de óbito. No Instituto Médico-Legal, o corpo de Chael foi ainda embalsamado, providência cara e pouco comum, talvez pela necessidade de preservá-lo, caso fosse sepultado em São Paulo, e nada foi cobrado à família, três dias depois, na terça-feita à tarde, quando Emília Brickman Schreier e Ari Schreier, os pais, tomaram conhecimento, perplexos, de que o filho estava morto.

Notícia de jornal – Quando a primeira notícia da prisão foi publicada pelos jornais cariocas, na edição de domingo, ele já estava morto. *Mas os jornais o davam como vivo, contavam detalhadamente a prisão, a resistência até o último tiro e* *não falavam em qualquer ferimento leve ou grave.* Ao contrário: segundo o ***Jornal do Brasil***, os terroristas procuravam enganar a polícia fornecendo pistas falsas, Maria resistia aos interrogatórios e, finalmente, alguns nomes de comparsas teriam sido encontrados no caderno camuflado num móvel. Nesse dia, domingo, os pais de Chael recebem telefonema de um parente no Rio contando o que diz o ***Jornal do Brasil***. Emília e Ari vão para o Rio de avião na mesma tarde e instalam-se provisoriamente na casa dos parentes. Começam, então, suas longas manobras para ver o filho, que não sabem já estar morto. As evasivas, a incerteza e a angústia em nada diferem de tantos casos semelhantes. Os truques, até ingênuos, usados pelos pais de Chael, também já fazem parte da crônica desses dias de combate ao terrorismo, onde a incomunicabilidade dos presos torna impossível uma visita ao prisioneiro nos primeiros dias e às vezes nas primeiras semanas de detenção. Emília e Ari procuraram a ajuda de um major conhecido da família para saber como estava o filho. Através do major, sempre pelo telefone, conseguiram chegar a um coronel. Na segunda-feira recebem a primeira ligação. "Certamente seu filho deve estar bem, e farei o possível para que possam vê-lo", diz o major. Emília e Ari planejam ficar no Rio até que termine o processo, para aproveitar melhor os horários de visita ao filho único. Chegaram a procurar um quarto para alugar e entraram em contato com advogados. Os jornais continuam dando detalhes da prisão, e ***O Globo*** informa que os três estão presos na Polícia do Exército, Vila Militar. Na terça-feira mais notícias nos jornais: os três continuam recolhidos, e, com base em suas informações, outro "aparelho", no bairro do Leblon, é desmantelado. Os contatos entre os pais de Chael e seu amigo militar continuaram até esse dia e, à tarde, às 15h30min, são informados de que Chael está morto e o corpo pode ser reconhecido e retirado no Instituto Médico-Legal, sendo o reconhecimento praticamente desnecessário, dada a coincidência das fichas datiloscópicas com as enviadas pela polícia paulista. O papel desempenhado pela imprensa carioca no caso é outro mistério de difícil compreensão. De quem recebiam os repórteres as informações sobre o comportamento de um vivo que já estava morto? Por que só na quinta-feita, um dia depois da transferência do cadáver, providenciada pela família em avião comercial, foram publicadas notas sobre a sua morte ocorrida no sábado anterior? E por quê nessa quinta-feira, pela primeira vez, o ***Jornal do Brasil*** fala que Chael teria chegado à polícia, na noite da prisão, com a camisa manchada de sangue? Há apenas uma hipótese sobre a origem de notícias sobre presos incomunicáveis: vem da própria polícia.

A purificação – O corpo chegou no Aeroporto de Congonhas em São Paulo, às 14h15min, pouco depois dos pais de Chael, e foi levado diretamente para o Cemitério Israelita, no outro extremo da cidade. Na Faculdade de Medicina da Santa Casa, os antigos colegas e professores foram avisados por telefone e cerca de dez acompanharam o sepultamento, sendo mais tarde chamados à polícia para esclarecer suas relações com o morto (na última sexta-feira, os convites para prestar esclarecimentos continuavam, atingindo já 20 pessoas, inclusive sete professores, e não se restringiam aos que foram ao enterro, sendo as últimas inquirições feitas pela ***Operação Bandeirantes***, no quartel do Exército da Rua Tutóia).

O caixão foi aberto com dificuldade, talvez porque as pessoas que o fecharam não conheciam o ritual judaico da purificação no cemitério. Com marcas de autópsia, costuras no tórax e nas pernas, e sinais de sangue no nariz, o corpo tinha ainda manchas roxas no rosto e na barriga. Um dos primos de Chael, ao sair da sala de purificação falou: "Ele apanhou como um cavalo." Nesta frase parece estar resumida dramaticamente a história das horas passadas por Chael enquanto preso. Por enquanto, a frase também encerra a história até que uma possível investigação do Ministério da Justiça a reabra.

[3] Ayrton Baffa é jornalista dos mais conceituados. Pela respeitabilidade do seu trabalho recebeu o *Prêmio Esso de Informação Econômica de 1983 (reportagem sobre o Escândalo Capemi)*. Entre os textos que publicou sob forma de livro destacam-se ***Nos Porões do SNI*** e ***Sol para os Mortos***.

[4] *Cartas ao Quincas*. Série de cartas publicadas na *Revista do Clube Militar* entre 1954 e 1955. Selecionamos três delas como referência para os leitores:

Uma Seção que Nasce (9, outubro 1954)

O Quincas existe. Não é um personagem de ficção, criado pela capacidade imaginativa de alguém, desempenhando um papel fixado pelo Criador, e movendo-se como os títeres, presos aos cordéis que o artista maneja.

Quincas, a exemplo daquele extraordinário Fradique Mendes, cria amizades "onde todos encontram proveito intelectual e encanto". A sua vivacidade quase exagerada lhe empresta um colorido todo particular à palestra. Nele, os gestos estão em paridade com as palavras. Dão-lhe até um reforço substancial, como quem sublinha partes importantes de um período escrito. A sua agilidade mental é apreciável, e todo ele ri – interior e exteriormente – quando tem oportunidade de praticar pequeno exercício de ironia à custa de um amigo benevolente, ou de um adversário qualquer. Impiedoso no ataque, só poupa o inimigo depois que este se confessa vencido. Leu, com carinho, esses livrinhos magníficos que ensinam como formar o estilo, peito de "como fazer amigos". Assimilou muito bem os primeiros, fez cultura e é, agora, erudito. Pouco lhe ficou, porém, das fórmulas do mestre americano do "saber viver"... Faz amizades, como dissemos acima, mas espanta muitas no primeiro contato.

Polígrafo, o Quincas aborda todos os assuntos com igual maestria. Tempera-

mento polêmico, só sabe realizar-se nas contendas, de que ama particularmente as do espírito. Seria notável a publicação da correspondência do Quincas. Impossibilitados de obtê-la, no momento, resta-nos o consolo de publicar algumas cartas que a ele foram dirigidas. Nelas se encontram, embora por ação reflexa, seus pensamentos sobre os assuntos de maior interesse para os oficiais das Forças Armadas, desde os da especulação pura do espírito até e às preocupações mais nitidamente materiais de nossa vida.

Por isso, a REVISTA faz empenho de proporcionar aos seus leitores, senão a própria palavra do Quincas, ao menos a dos amigos com quem se corresponde.

Meu Caro Quincas:

Saúde

Positivamente, meu prezado amigo, eu não tenho a veleidade de entrar para a história da literatura pelo mérito próprio. Reconheço a parcimônia dos recursos, a fragilidade da imaginação criadora e a dureza do estilo que em mim se conjugaram numa conspiração vitoriosa, para anular-me as pretensões a beletrista. O máximo a que poderia aspirar, em tão precária posição, seria uma triste imortalidade conquistada por processo indireto, à maneira de Madame de Grignan, a quem Sevigné endereçou as suas cartas famosas no século XVII, ou à semelhança de Madame de Jouarre, a inefável madrinha de Fradique, a quem ele jurou "num sábado de Páscoa em Paris, com as mãos piamente estendidas sobre a sua maravilhosa edição dos Deveres de Cícero... mandar todas as semanas, pelo correio, Portugal em descrições, notas, reflexões e panoramas"... Por isso lhe peço, meu caro Quincas, se for do seu intento a publicação de sua correspondência, que poupe o seu amigo aos olhos da posteridade, não deixando que estas cartas apareçam ao lado das suas, pois a comparação seria desastrosa para mim, e o leitor que se deliciará com seu estilo epistolar vigoroso, plástico e suave, há de ter justificados rancores em tolerar-me a presença indesejável, ainda mesmo que levado por suas mãos boníssimas. Faço, todavia, ponto final neste intróito. O humor é pobre, e você pode ir passando, a esta altura, do desdém para a zanga, do mesmo modo como o seu desinteresse se transmudou em enfado, para com esse jovem literato, de quem você trata em sua carta. Lastimo que a palestra lhe tenha sido penosa, e que você haja retribuído tão mal os elogios que lhe dispensou o moço. Conhecendo-o, bem o imagino, entre irritado e agressivo, a rebater a acusação que o escritor – e como tal, seu confrade ... – a nós, homens de farda, endereçou. Não obstante o cuidado de executá-lo, e com isso poupar você do insulto, o seu amigo nos atribuiu "mentalidade curta, incultura e total incapacidade para tratar das coisas do espírito". Justifico a sua irritação e agradeço o cuidado da defesa de seus camaradas fardados.

Compreendo o seu desapontamento com certos homens de letras, no Brasil. Também conheço o processo, Quincas amigo !

"Não é o seu caso, é claro, que você é um rapaz de talento e de uma cultura invejável. Mas infelizmente os seus colegas não são assim. Aqui para nós: umas toupeiras, incapazes de discorrer sobre assunto diferente de fuzil, metralhadoras e batalhões... É uma pena, mas é a verdade: se você lhes fala de literatura, de economia, de filosofia, emudecem ou só dizem asnices."

Assim começam eles, num elogio inicial oferecido à guisa de "habea corpus" *que lhes faculta o direito de agredir sem protestos. Mas se você esboça uma ligeira e comedida reação, eles o desarmam de novo:*

"Não, meu caro! É a pura verdade. O seu gesto é nobre, sendo prova, como é, de solidariedade à classe. Mas eu estou certo de que você não se deve sentir bem entre eles, pois está perdendo seu talento na caserna."

Não sei até que ponto adianta argumentar, como você o fez. Decerto, não seria eu que lhe negaria a razão quando você diz preferir "um artilheiro que apenas conheça superficialmente a literatura e a filosofia, mas que saiba muito bem sua técnica de tiro e a sua topografia, aos romancistas e contistas que se julgando outros Machados de Assis não passam de pobres nomes destinados a povoar as montras desarrumadas e coloridas das "liqüidações", vendidos praticamente aos "quilos". Triste sorte a desses escravos da subliteratura, sujeitos à lei da oferta e da procura dos mercados dos livros, e como que constituindo um problema de "gravosos" para os livreiros. Todavia são eles – et pour cause– os que mais falam contra o nosso "troupier", esquecidos da realidade de nossa época, para se vestirem pelos figurinos do século XIX. Sem dúvida, não lhe há de ter passado despercebido o fato de que a acusação tem raízes internacionais. O velho Liautey, ainda nos ardores de sua juventude idealística, se queixava de que a França, empenhada embora em solucionar a questão social, não utilizava os oficiais do Exército, justamente os mais indicados para uma ação eficaz sobre seus subordinados, pois que " em contacto imediato com os soldados, partilham inteiramente seus trabalhos, suas fadigas e delas não tiram qualquer proveito; seus interesses não são opostos, mas semelhantes; seu lucro não depende, como entre os industriais, do suor de seus homens". E como não encontrasse justificativa para se manterem os oficiais à margem do movimento que empolgava a nova geração francesa, escreveu amargurado: "É, talvez, devido à velha prevenção dos homens de pensamento contra a gente de espada. É também a lenda, mais difundida do que se pensa, em certos meios, que faz de todo oficial um "traineur de sabre" e um "soudard" inapto a toda concepção elevada de ordem intelectual e moral, lenda aliás criminosa e cuidadosamente mantida pela pena e pelo desenho, e odiosamente personificada no tipo popular do "Coronel Ramollot". Aí tem você ! No fim do século XIX Liautey se molestava seriamente com o menosprezo dos homens de letras para com os de espada, e você em 1954 se deixa tomar da mesma indignação ante a deselegência de um literato que, no seu juízo, "assina péssimos contos, perpetra novelas soporíferas e procria mediocríssimos versos brancos..."

Dou-lhe razão, mas apenas em parte, caro amigo. Não que eu defenda o ponto de vista do seu antagonista. Não. Mas pretendo explicá-lo, até certo ponto. Esse homem de letras não pode ignorar a revolução que se processou em todos os exércitos do mundo, conseqüente à radical modificação do recrutamento. Indiretamente que seja, ele deve conhecer o fenômeno. Senão pelo estudo pessoal, no âmbito da sociologia, ao menos através da situação de Bilac na campanha pelo serviço militar obrigatório. E não será possível atribuir-lhe o desconhecimento da outra faceta de Bilac: a do patriota... Logo, se faz de todos nós um retrato em tudo semelhante ao do "Coronel Ramollot", é porque talvez sinta essa necessidade, uma coisa assim como liberação de recalque. E é aqui que eu pergunto a você: será justificada essa animosidade consciente e cultivada? Não se teria originado da passagem desse moço pela caserna, durante a fase terrível da última guerra? Que natureza de comandante terá tido? Qual o tipo de disciplina que o "enquadrou" no Exército? Qual a natureza de seu próprio temperamento? E eu poderia continuar a encher este papel de perguntas e mais perguntas que você não me poderia responder, sem antes tranferí-las ao interessado. Pode ser que nós todos tenhamos contribuido para essa atitude de hospitalidade que é falsa e não tem conteúdo de veracidade. À época mesma em que o seu amigo ingressava na Academia, éramos cerca de três mil candidatos a disputar duzentas vagas, no concurso de habilitação à Escola Militar de Realengo. É possível até que ele seja um dos mil e oitocentos que ficaram do lado de fora! Mas não prejulguemos. O que lhe posso aconselhar – se você me permite esta audácia! – é que faça umas perguntinhas ao rapaz, ao festejado contista ... E, se você concluir que a culpa é nossa, amacie-lhe as arestas com esse jeito sereno que você possui, com essa capacidade de persuasão, que é o seu forte, e estou em que não demorará muito tempo ele terá, rodando nos prelos, ditirambos a Caxias, e mais algum suculento romance histórico.

Dobre o homem, Quincas, pois aqui fico ardendo de impaciência para ter às mãos o fruto literário desse talento fabuloso que você tem o dever sagrado de tornar nosso aliado !

Estou certo de que lhe darei, em breve, um forte abraço de gratidão por tal serviço.

Seu ex corde

Jotapê

* * *

Nunca deixeis de corresponder a uma saudação. Receber uma saudação em resposta a que tiver feito, é o legítimo direito do inferior. Abusar da autoridade de que nos achamos investidos para faltar simultâneamente à disciplina e à polidez é coisa pouco brilhante.

A.Gavet

* * *

(7 de agosto de 1995)

Quincas, meu velho amigo:

Saúde.

Recebi uma carta. À proporção que lia, ela me comunicava compunção e tristeza. E quando a concluí, entre aflito e emocionado, senti a tua alta. Tive necessidade de ouvir-te, porque também tu terias uma palavra de carinho e compreensão para com essa esposa de oficial, que me contas suas agruras, em termos contundentes mas absolutamente verdadeiros. E me perguntei a mim mesmo se todas essas pequenas preocupações, a que damos tanta importância em nossa vida, têm algum sentido ou qualquer valor ante o pequeno-grande drama dessa mulher. De que se queixa? Da vida? Do esposo? Dos filhos? Não. E nem seria o caso, pois que não mantemos "consultórios sentimentais" ... De que se queixa ela, então? Oh! Meu inefável amigo. A ti, a quem tanto repugnam as questões meramente materiais, devo dizer serem os problemas da economia doméstica o motivo de suas torturas. Vê bem que ela é consorte de militar, e simboliza essas criaturas heróicas a quem damos o pesado encargo de alimentar e prover a família, em todas as suas necessidades de sobrevivência e de educação, com um punhado de cruzeiros que, a despeito de todas... as "mezinhas" dos nossos inspirados economistas e Ministros, se desvalorizam sem cessar. A quem digo isso, senhor, senão a um homem solteiro como tu , que se dá ao luxo de pagar imposto por ser celibatário? Mas é preciso que me ouças, para que eu reparta contigo a aflição dessa mulher. Ela não sabe mais como pagar as dívidas. Há muito que não existem em seu orçamento as chamadas "despesas supérfluas", pois que até o cinema se lhe tornou uma diversão muto cara, com a tentação do cinemascope, a devorar mais dinheiro em troca de um barulho, por vezes, ensurdecedor, do aumento do campo visual na tela côncava. Suas amarguras represadas, saltam em cascata e se despejam em frases como esta: "Chegamos a um ponto crítico, a um estado próximo do desalento e da desesperança;" ou como est'outra: "Recebemos os vencimentos, fazemos os pagamentos indispensáveis e ... constatamos que nada nos sobrou." Veja que não é uma senhora que reclama um novo automóvel, uma jóia de valor, um caro perfume de fragrância suave. Não! É uma dona de casa que vê o dinheiro desaparecer literalmente, mal paga os gêneros de primeira necessidade.

Riscou de suas cogitações a expressão vaidade feminina. Não há propaganda, por mais hábil, de costureiros famosos ou de embelezadores de cutis, que a atraiam. Não que seja dessa austeridade que repele tudo o que não é natural. Não há mulher, "seu" Quincas, que se esqueça da necessidade de ser o seu tanto faceira. E é isso que dá encanto à nossa vida, e explica, em grande parte, o segredo do fascínio que elas exercem sobre nós. O caso da esposa de militar se resume em que, a despeito dos anúncios convincentes, os vencimentos do marido não lhe permitem gastos com a "manutenção da beleza". Não é, pois, de estranhar que ela pergunte com rudeza: "E os problemas a resolver? E as roupas para os filhos, os remédios, os livros e a educação caríssima?" Essa mulher, que é símbolo de sacrifício e devotamento, possui seu limite de resistência. Precisamos socorrê-la, antes que ela atinja o grau de exaustão que se pode entrever por esta explosão de seus sentimentos: Já não vivemos. Só lutamos ..." !

Aí está, meu bom amigo, um quadro a que não é alheia a maioria, a quase totalidade dos lares militares. Vivemos o grande e terrível drama dos homens de vencimentos fixos num país que emite a jatos, e ameaça sepultar-nos sob a massa do papel moeda sem valor. Isso nos tolhe o patriota que há dentro, bem no imo, de cada um de nós. Emudece-nos a própria e grave dificuldade com que luta o país, a debater-se em crises sucessivas, o que não impede a pequena minoria de ricos de multiplicar astronômicamente seus haveres. Como já te escrevi antes, a ética nos veda reinvidicar os próprios direitos, quando vemos a Nação avolumar, engordar, cevar seus "déficits" orçamentários. Justo, dirás. Mas será tão justo ao ponto de deixar que todos exijam o direito de viver condignamente, enquanto fingimos tranqüilidade que não temos ? O funcionalismo civil, que vem de reestruturações que apenas amenizaram suas necessidades, tem os olhos voltados agora para a reclassificação do pessoal, em trânsito no Congresso. Uma minoria encastelada nos favoritismos absurdos consegue leis de exceção, que se vão incorporando ao anedotário nacional, através de expressões como "trem de alegria", "panamá", e toda a sorte de nomes pândegos com que empulham a opinião pública. Não te cito o exemplo para que o sigamos. A tanto não devemos cair. Mas não te parece imperdoável que, por absurda e deturpada abnegação, escravizemos a esposa e fiquem os filhos desassistidos, porque temos pejo de reclamar a melhoria de nosso baixo padrão de vida? Não, não é crime nem é falta de ética lutar pelos filhos, pela mulher sacrificada, pela mãe que está em nossa dependência, se tudo o que lhes queremos ofertar é apenas o mínimo necessário a viver sem conforto, mas com decência !

Escreve, meu caro Quincas, escreve tu também a essa mulher e afirma-lhe a nossa disposição de lutar em seu favor para nos redimirmos da feia culpa do nosso silêncio e da nossa indefensável omissão em face das suas aflições.

Teu, ex corde

Jotapê.

[5] Francisco Julião foi o idealizador e chefe das *Ligas Camponesas* – desarticuladas pelos militares após março de 1964.

[6] O general Álvaro Fiúza de Castro já estava Reformado quando foi convidado pelo presidente interino a ocupar o cargo de Ministro da Guerra. Recorda Glaucio Carneiro em *História das Revoluções Brasileiras*. p .402, que: "Às 21h30min o general Fiúza de Castro declarava em entrevista coletiva: Vim para unir as Forças Armadas. O que é preciso é haver coesão e união entre elas. Por essa razão, o Exército estará, sob meu comando, de acordo com a tradição: lado a lado com a Marinha e a Aeronáutica."

[7] Artur Duarte Candal Fonseca (ex-presidente da Petrobras – 1972/1974); ex-comandante do 4º Exército – 1969/1971 – e do Estado-Maior das Forças Armadas – 1972/1974), foi chefe da Divisão de Planejamento da Diretoria Geral de Ensino do Exército (1956) e, no ano seguinte (1957) , dirigiu o Curso de *Classificação de Pessoal.*

[8] Ver em A *Direita Explosiva no Brasil* (pp. 85-153). O relato completo sobre Aragarças acrescido das cartas dos oficiais rebeldes e comentários divulgados por intermédio da Imprensa.

[9] Durante entrevista complementar aos autores, o coronel Alberto Fortunato contou que:

" O Haroldo Velloso era um cara gozadíssimo. Eles puseram o Velloso em Lagoa Santa. Aí o Velloso montou um plano para recuperar os NA T-6, como chefe da manutenção (os NA T-6 eram aviões de caça utilizados durante a Segunda guerra Mundial [grifo dos autores]).

Então o que ele fazia nesses T-6 era torná-los incapazes de combater. Ele deixava o *bicho nos trinques* mas incapazes de combater. Mas com a ***Semana da Asa*** ele fez o contrário. Deixou um T-6 nos *trinques* . Arranjou umas bombas, munição de combate etc. Aí ele fez um acordo com a *Sears,* para que aquela aeronave fosse exposta. Ele tinha uma turma de sargentos que fazia tudo o que ele mandava.

E havia um pessoal da *situação*; eles desconfiavam que o Haroldo Velloso estava preparando alguma tramóia no hangar onde ninguém podia entrar. Então, quando chegou o dia, ele tinha articulado tudo. Apareceram batedores e também um trator. Ele montou isso lá em São Paulo. O avião foi transportado de Lagoa Santa para São Paulo. Daí, quando (os oficiais do Exército) viram o avião todo equipado com metralhadoras, bombas etc., fizeram o seguinte: colocaram carros de combate e cercaram a base da FAB. Aí o avião foi rebocado para a *Sears* todo armado. Foi uma sacanagem, uma provocação dele."

[10] O Brigadeiro Paulo Victor, atualmente residindo em Manaus (AM), foi um dos mais ativos oficiais da Força Aérea Brasileira. Participou intensamente da *Rebelião de Jacarecanga* (1956).

[11] A participação de 3 mil a 4 mil operários da Chesf na sublevação seria transformada em um marco da História Política Brasileira, grifo dos Autores.

[12] O corpo era de D. Regina Coeli Farry, morta no dia 1° de dezembro no Hospital dos Servidores do Estado; na aeronave também estava Jaísa Lott, viúva do tenente Lott (primo do ministro da Guerra) da Força Aérea, morto 15 dias antes num desastre de avião (ver *A Direita Explosiva no Brasil*, p.118)

[13] Carlos Heitor Cony, romancista e integrante da Academia Brasileira de Letras, é, também, um dos mais respeitados jornalistas deste País.

[14] Consultado sobre esta declaração do Coronel Luiz Helvécio, o jornalista Carlos Heitor Cony nos respondeu:

"José Argolo e Luiz Alberto Fortunato.

Honestamente, não me recordo do episódio acima narrado. O fato de alguém me considerar um "comuna extremamente violento", revela um erro essencial de pessoa. Nunca fui comunista nem sou violento. Durante os anos em que trabalhei naquela revista, fui patrulhado, aí sim, violentamente, pela esquerda nacional.

Como redator da ***Manchete***, como qualquer outro redator de qualquer redação, fazia *copy* de reportagens oriundas da reportagem.

Conheço e admiro o Hélio Contreiras, é um repórter *furão*, freqüentemente ele trazia matérias e informações que eram aproveitadas pelo editor da revista. Repito que não me lembro do episódio mas é possível que tenha feito um *release* de várias matérias chegadas ao editor geral e encaminhadas à redação apenas para o texto final.Prática bastante comum e até mesmo indispensável no dia-a-dia do Jornalismo.

Além do mais, em 1990, eu estava dirigindo a Superintendência de Dramaturgia da ***Rede Manchete***, desde 1986, raramente descia à redação.Limitava-me apenas a mandar a crônica semanal, que geralmente não tratava de assuntos políticos".

[15] Helio Contreiras é profissional de Imprensa especializado na cobertura jornalística do Setor Militar. Recentemente publicou um livro intitulado *Confissões dos Militares*, contendo declarações de oficiais superiores sobre os bastidores da Comunidade de Informações. Trara-se de pessoa altamente respeitável e bom colega de trabalho.

Quando consultado sobre a declaração do Coronel Luiz Helvécio, o jornalista nos respondeu:

" Prezado Argolo

Essa história do coronel Luiz Helvécio é estranha. Ele deu uma entrevista, gravada, em que disse que o grupo dele é que fez os atentados do final da década de 60, no Rio e SP. Vale a pena você falar com o Ayrton Baffa, que também fez entrevista semelhante com este coronel. O problema é que ele falou comigo e com o Baffa e depois voltou atrás. Mas falou diante de um gravador. Liga para conversarmos. Um abraço. Hélio."

[16] Glauco Carneiro (em *História das Revoluções Brasileiras*, pp. 483- 484) destaca a participação, na tomada do QG da Artilharia de Costa, do tenente-coronel Oscar Antônio Couto e Souza; do major Dickson Melges Grael; dos capitães Benedito Onofre Bezerra Leonel e Rubens Bayma Denys (filho do general Odílio Denys).

[17] Esta é a íntegra do manifesto elaborado em Minas Gerais: "Brasileiros"

"Foram inúteis todas as advertências que temos feito ao País contra a radicalização de posições e atitudes, contra a diluição do princípio federativo, pelas reformas estruturais, dentro dos quadros do Regime democrático. Finalmente, quando a crise nacional ia assumindo características cada vez mais dramáticas, inútil foi, também, nosso apelo ao Governo da União para que se mantivesse fiel à legalidade constitucional.

" Tivemos, sem dúvida, o apoio das forças representativas, todas empenhadas em manifestar o sentimento do povo brasileiro, ansioso de paz e de ordem para o trabalho, único ambiente propício à realização das reformas profundas que se impõem, que a Nação deseja, mas que não se justifica, de forma alguma, com o sacrifício da liberdade e do Regime.

" O presidente da República, como notoriamente o demonstram os acontecimentos recentes e sua própria palavra, preferiu outro caminho: o de submeter-se à indisciplina nas Forças Armadas e o de postular – e quem sabe? – Tentar realizar seus propósitos reformistas, com o sacrifício da normalidade constitucional, e acolhendo planos subversivos que só interessam à minoria desejosa de sujeitar o povo a um sistema de tirania que ele repele. Ante o malogro dos que, ao nosso lado,vinham proclamando a necessidade de reformas fundamentais, dentro das estruturas do Regime democrático, as forças sediadas em Minas, responsáveis pela Segurança das instituições, feridas no que mais lhe importa e importa ao País – isto é, a fidelidade aos princípios de hierarquia garantidores da normalidade institucional e da paz pública –, consideram de seu dever entrar em ação, a fim de assegurar a legalidade ameaçada pelo próprio presidente da República. Move-as a consciência de seus sagrados compromissos para com a Pátria e para com a sobreviência do Regime democrático. Seu objetivo supremo é o de garantir às gerações futuras a herança do patrimônio de liberdade política e de fidelidade cristã, que recebemos de nossos maiores e que não podemos ver perdida em nossas mãos.

" A coerência impõe-nos solidariedade a essa ação patriótica. Ao nosso lado estão todos os mineiros, sem distinção de classes e de condições, pois não pode haver divergência quando está em causa o interesse vital da Nação Brasileira. É ela que reclama, nesta hora, a união do povo, cujo apoio, quanto mais decidido e sem discrepância mais depressa pemitirá o êxito dos nossos propósitos de manutenção da lei e da ordem. Que o povo mineiro, com as forças vivas da Nação, tome a seu cargo transpor esse momento histórico. Só assim poderemos atender aos anseios nacionais de Reforma Cristã e Democrática. Esse o fruto que nos há de trazer a legalidade, por cuja plena restauração estamos em luta e que somente ela poderá conseguir."

[18] Abelardo de Araújo Jurema foi ministro da Justiça no Governo do presidente João Goulart.

O Dicionário Histórico e Biográfico elaborado pela equipe do CPDOC informa que Abelardo Jurema, "visando aumentar a centralização do aparelho judiciário, transformou as delegações estaduais do Serviço de Assistência ao Menor (SAM) em delegacias do Ministério da Justiça e criou a Divisão de Polícia Marítima, Aérea e Terrestre, subordinada ao Departamento Federal de Segurança Pública.

(...) Duas das suas iniciativas tiveram grande repercussão política: a criação do *Comissariado de Defesa de Economia Popular* (CODEP), órgão fiscalizador dos preços dos generos alimentícios, e o congelamento do preço dos aluguéis, que provocou o descontamento dos empresários ligados à indústria de construção civil".

Vitorioso o Movimento Militar de Março de 1964, Abelardo Jurema foi viver, como exilado, no Peru. Retornou ao Brasil em 1974 (em pleno governo Ernesto Geisel) e, em Dezembro de 1977, manifestou-se favorável ao retorno lento e gradual da democracia.

[19] Jurandir de Bizarria Mamede é considerado historicamente como um dos mais inteligentes e hábeis oficiais do Exército Brasileiro. Em 1955, como coronel classificado na Escola Superior de Guerra, proferiu a saudação fúnebre ao general Canrobert Pereira da Costa, cujo teor desagradou o então ministro da Guerra, Henrique Teixeira Lott.

Parte 3

Em tempos de chumbo

(...) O que há na consciência de todos é a repulsa à política do empreguismo e corrupção, aos desmandos administrativos e à malversação dos fundos públicos que, só nas negociatas de café, ampla e recentemente divulgadas, atingem cifras astronômicas.

O que há no íntimo de todos é o repúdio da gigantesca empresa estatal de petróleo aos comunistas, que a transformaram num monstruoso reduto de pregação revolucionária a cujos escândalos, de proporções inauditas, deixam o Brasil estarrecido, numa antevisão da capacidade destruidora e de falta de escrúpulos dos que pretendem assaltar o Poder.

O que as Forças Armadas sentem é o sorrateiro processo de desmoralização em que vêm sendo mergulhadas, já por efeito da afrontosa organização síndico-comunista – que até por autoridades de responsabilidade é cognominada de 5º Exército – já em virtude de demagógica anarquia salarial que, com o sacrifício de muitos, elege novas e privilegiadas classes sociais, já pelas duras condições de vida que decorrem da galopante inflação e dos insuficientes reajustamentos de soldo, que acabaram por impor aos militares toda a sorte de privações e vexames.

O que as Forças Armadas não aceitam é o jogo que se tenta pôr em prática para lançar a cizânia entre os seus componentes, solapar-lhes a disciplina, destruir-lhes a eficiência, aniquilá-las e, por fim, substituí-las por um arremedo de exército vermelho ou de milícia cubana (...)

Documento Leex (Lealdade ao Exército) in *1964, Golpe ou Contragolpe*, p. 466

Da contra-espionagem à Liga das Nações Cativas

"Um núcleo de guerrilha instalado no Caparaó"

(Luiz Helvécio explica, neste tópico da entrevista, que a sua permanência no Primeiro Exército levou-o a trabalhar na Segunda Seção (Inteligência) do Estado Maior).

– Em 1966 fui trabalhar na Segunda Seção do Estado Maior. O general Costa e Silva assumiria a Presidência em 1967. Pouco tempo depois o próprio Campelo me convocou ao seu gabinete para uma conversa: "Olha, Helvécio, infelizmente eu vou deixá-lo. Só não te levo para a Polícia Federal porque você será mais útil para nós aqui. Mas se você quiser eu o chamo." Respondi: Nunca pensei em trabalhar fora do Exército. Assim, continuei interinamente como chefe até que, tempos depois, chegou um colega oficial procedente dos Estados Unidos; não revolucionário, mas muito inteligente, de cultura acima da média. Era paulista e chamava-se Severino Maris Sobrinho. Todas as vezes que ele se referia à revolução – eu achava aquilo muito estranho –, enfatizava: "Essa revoluçãozinha de vocês, há! há! há!..." Ele trabalhou muito tempo fora do país à disposição da Organização das Nações Unidas, até que aconteceu o Movimento Militar de março de 1964. Trabalhou algum tempo junto ao secretário-geral da ONU, Dag Hamarskjold, e falava muito bem inglês. O certo é que se passou mais algum tempo e recebemos uma informação originária de um Batalhão sediado em Vitória que era comandado por um desses *cristãos novos* da revolução... – o *cristão novo* é melhor do que o *cristão antigo* – ... a informação dizia que, tendo realizado um exercício militar na região de Santa Marta do Caparaó... o Caparaó é interessante porque se trata de um *esporão* que sai da Serra da

Mantiqueira e se dirige meio para o Nordeste, formando uma espora... (Luiz Helvécio interrompe a narrativa linear para apresentar uma explicação técnica sobre a topografia daquela região)... O que nós chamamos de *esporão* na topografia militar é mais ou menos assim: cresce um morro aqui, depois mais outro, como se fosse um esporão. Ali está localizada a região do *Pico da Bandeira*. Esse *esporão* é mais ou menos do porte das Agulhas Negras. O certo é que, segundo aquela informação, havia um pessoal civil por lá fazendo exercícios à noite. Então, solicitamos uma ação de *Controle Operacional* daquele batalhão para a 4ª Região Militar (Juiz de Fora). Ele não está vinculado diretamente ao Primeiro Exército, porque se estivesse... (Luiz Helvécio acentua que, neste caso, o Primeiro Exército não perderia tempo em efetuar uma ação investigatória e ao mesmo tempo repressiva). Pedimos que as tropas de Juiz de Fora esclarecessem aquilo. Juiz de Fora demorou. Vieram dois oficiais, por acaso meus colegas de turma e classificados na Segunda Seção do Comando de Juiz de Fora. Um deles era o Dalson (sobrenome não lembrado) da Engenharia, já falecido; o outro, também da Arma de Engenharia, muito bom oficial. Bom, então eu disse, vamos fazer o seguinte: vocês realizam um exercício por lá... O comandante da Região Militar era o Alfredo Malan, um desses intelectuais *modernos* do grupo do Milton, do Jurandir Mamede, do Castelo Branco... então, o Malan faria um exercício naquela região, com tropas; vasculharia a Serra do Caparaó e, se houvesse mesmo gente suspeita por lá, agiria com rigor. Em não havendo, teria sido somente praticada uma demonstração da nossa força. Mas, antes disso, pedimos que eles fizessem um amplo reconhecimento, porque nós não dispúnhamos sequer dos mapas da região do Caparaó. Assim fizemos. Demos a eles algum dinheiro mas eles camuflaram mal os jipes. Solicitamos, então, algumas medidas complementares: *que o acesso à área fosse restringido, ou seja, que as pessoas não entrassem, a menos que autorizadas pelos clubes excursionistas e/ou controladas pelo Exército. Quem quer que fosse encontrado por lá sem bilhete na mão estaria sujeito às penas da lei.* Foi boa essa medida. Ali existiam umas poucas estações transmissoras de televisão. O Comando Militar de Juiz de Fora demorou a fazer o reconhecimento, mas em seguida designou quatro tenentes para realizar o trabalho na área em jipes do Exército pintados de azul. Ao mesmo tempo a Polícia Militar de Minas Gerais, a nosso pedido, vigiava os acessos à área. Esses quatro oficiais passaram no primeiro posto, e, no momento em que saíam, os policiais notaram material do Exército num dos bancos.

Mandaram-nos parar e fizeram com que se identificassem. Depois disso, em todos os postos de controle os PMs apresentavam armas àqueles rapazes. Foi uma coisa gozada, cômica... mas até aí, tudo bem. Aqueles tenentes fizeram um trabalho extraordinário. Em vez de ficarem juntos, cada um seguiu caminho diferente. Trata-se de uma área com 150 km de perímetro cheio de montanhas. Um sujeito comum se perde ali... há certos trabalhos que honram um profissional. Eu gosto de ver um bom profissional, seja ele um simples coveiro. Eu gosto de observar o melhor coveiro abrir a cova direitinho. Mas esses rapazes chegaram lá... primeiro toparam uma parada daquelas: cada um ficar sozinho e tomando notas, fazendo *croquis*, efetuando levantamentos. Passado algum tempo, eles ficaram mais ou menos conhecedores das trilhas e pequenos caminhos no alto do Caparaó. De lá de cima, sozinhos, eles elaboravam *croquis*. Para o lado de Minas Gerais cai mais suavemente o Caparaó. Para o lado de cá, do Espírito Santo, a serra é abrupta, assim como a do Corcovado, ela cai abruptamente. Esses jovens oficiais fizeram um trabalho admirável. Conversaram com moradores da área e recolheram informações preciosas. Por exemplo: "Eu ia cruzando o *Campo de Pernambuco* (umas *mesetas* que eles chamam de campo) procurando o gado que pastava e vi uns homens fazendo instrução militar. Quando nós passamos, eles se viraram de costas, fazendo isso várias vezes." Um quitandeiro disse: "*Tem uns caras que estão aqui, uns caras de fora, eles levaram (compraram) quase uma tonelada de fubá. Eles vêm sempre aqui, com uma mulazinha, à noite.*" Diferentes conversas que eles trouxeram... "Encontrei *abatises*[1] até com os entalhes para as armas... Um trabalho profissional, exemplar," cujo relato foi gravado em fita. Pois muito bem, voltando a conversar com o Severino Maris Sobrinho, ele me disse: "Olha, Helvécio, eu achei isso aí e, em resumo, creio que eles gastaram o dinheiro que nós repassamos para eles, e ficaram com vergonha de nos dizer que não encontraram nada. O que existe aí é um *romance* danado. Se você *tiver saco* escuta esse negócio." Às duas horas da tarde, comecei a rodar a fita e fui me empolgando. Um dos jovens oficiais dizia assim: "Cheguei numa casa, aparentemente habitada, sem ninguém, mas havia comida, roupas etc." Não sei como eles não pegaram (capturaram) aqueles tenentes... Até hoje não sei. Talvez porque, no início, estivessem preocupados em ficar incógnitos. *O certo é que foram esses depoimentos que me levaram à convicção irreversível de que havia um núcleo de guerrilha instalado no Caparaó, prestes a começar as ações.* Cheguei a esta conclusão às 6 horas da tarde. O Severino Maris perguntou: "Helvécio, o que é que você acha?" Respondi: "Se eu fosse você, caso isto lhe sirva como conselho, levava a fita ao general Adalberto Pereira dos Santos, explicava que foi detectado um núcleo de guerrilha instalado na área do Primeiro Exército e que devem ser tomadas medidas urgentes.

Nessa época já havia preocupação com guerrilhas?

– Sem dúvida. Já havia inclusive uma, comandada pelo Jefferson Cardim Osório[2], que eu também constatei casualmente no Rio Grande do Sul. Uns paisanos vieram e me informaram. Bom, mas havia preocupação porque eles (os comunistas) acentuavam que aquilo era o começo da guerrilha rural, diferentemente da guerrilha urbana que o exército francês enfrentou — e perdeu — no norte da África. Eles sempre nos diziam isso quando eram presos: "Vocês acham que nós vamos perder essa guerra? O exército francês perdeu porque estava lutando num território ocupado com dez mil anos de existência em continente africano." Respondíamos: vocês, comunistas, têm a mania de comparar coisas inteiramente diferentes e aí tiram conclusões estapafúrdias...

A sua atividade não era especificamente no campo de Informações?

– Dentro do Primeiro Exército, sim. A Segunda Seção trata somente de assuntos dessa natureza. O *quente* na época era isso. O certo é que o general Adalberto conversou com general Alfredo Malan a respeito, para que fosse empreendida uma ação de força, uma demonstração de força. Se os comunistas ali estivessem, prendia; se não... *A minha solução teria sido diferente. Teria barrado imediatamente as entradas do Caparaó, interditaria aquela área, realizaria uma ação com pára-quedistas... e pau neles! Pára-quedista quebrando boates por aí não é bom... não há melhor tropa do que essa. Quando a guarda começa a não ter trabalho...* Eles (os guerrilheiros) fizeram de forma diferente. Demoraram muito no planejamento. Aí começaram a aparecer notícias nos jornais, principalmente no ***Correio da Manhã***. Reportagens sobre uma possível guerrilha na região do Caparaó etc. Eles tinham a base por lá, mas o apoio deles ficava no Rio de Janeiro.

A inteligência, digamos assim...

– Não. Os recursos humanos e etc eram captados aqui, arregimentados aqui e seguiam para lá. A nossa causa, porém, era correta. O barbeiro de um lugarejo na saída sul do Caparaó foi até Juiz de Fora para entregar ao Exército um malote... (Foi exatamente esse malote que motivou a operação *São José da Pedra Menina,*[3] como foi denominada pelos militares, e a desarticulação por completo da Guerrilha do Caparaó [grifo dos autores]).

"Polícia é boa para prender nas ruas, muito boa; mas não para formação de combate"

– O barbeiro achou aquilo (o malote) estranho e levou para o Exército; e o Exército agiu rapidamente... o Estado-Maior do Exército fez um trabalho muito bom. Decifrou, identificou quem era quem. Ali estavam umas 18 cartas denominadas... *Na Serra da Liberdade*, com notícias da família, fazendo comentários etc. Estavam bem próximos de começar as ações. Lá havia, também, a sugestão para a abertura de uma *Frente Guerrilheira* em Petrópolis, na Serra de Petrópolis, estendendo-se pela região da Baixada etc. Uma outra frente fora tentada no norte de Minas Gerais, em Pedra Azul, terra do Darcy Ribeiro. Mas, como não deu certo, eles vieram para cá. Eles (os guerrilheiros) se comunicavam por intermédio de uma linguagem "meio" cifrada, mas foi tudo decodificado. O chefe do grupo era um ex-sargento: Amadeu Felipe da Luz Ferreira. Ele tinha sido da Ativa mas estava foragido. Era catarinense, da família do Hercílio Luz. Era burocrata aqui no Campo de Instrução de Gericinó; fingiu estar desaparecido, mas estava lá; ele chefiava aquela *Frente Guerrilheira;* veja bem, era o *comandante-sargento*. Mas aí o general Alfredo Malan[4] elaborou o planejamento. Convocou o general Adalberto Pereira dos Santos e lhe disse: "Olha, você vai para lá assistir." Mas ele não dispunha de outras informações, a não ser por intermédio dos jornais, pelo ***Correio da Manhã***... (Luiz Helvécio explica que, além do general Adalberto, ele próprio foi enviado à Região do Caparaó, [grifo do autores]). O general Adalberto determinou: "Você vai para lá com uma estação de rádio e nos mantém informados etc e tal." Assim fiz. Ao chegar encontrei o Sérgio Ari Pires, que chefiava o Estado-Maior deles.

Ele me perguntou: "O que vocês fazem aqui?" Respondi: Vim ajudar o general Adalberto. O general almoçava naquele momento com o bispo local e chegaria mais tarde. Recomendou então que eu esperasse. Não demorou muito e chegou o próprio general Alfredo Malan: "Vocês já estavam aqui? Se eu soubesse teria convidado vocês para almoçar comigo. Não sei por que o Adalberto mandou tanta gente para cá." Eu fiquei *puto*. Expliquei: "Excelência, estou aqui cumprindo ordens do general Adalberto Pereira dos Santos que, ontem à noite, determinou que eu me deslocasse para cá porque teria havido um entendimento dele com Vossa Excelência." Ele: "Eu gostaria que você me tratasse como sempre me tratou: por senhor." Respondi: "Eu estou agora no Comando Militar da Área, com Vossa Excelência como meu comandante. Faço questão de lhe prestar todas as honras e sinais de respeito." Fui taxativo.

– Pouco depois entrou na sala um oficial lotado no Gabinete do Ministro. O general Alfredo Malan ficou tenso; logo em seguida chegou outro cara; e mais outro. Este, um oficial da Marinha a quem ele quase colocou para fora. Então eu disse: General, eu tenho à minha disposição uma estação de rádio, mas nenhuma informação sairá daqui sem o conhecimento da sua Segunda Seção. São dois oficiais, por sinal meus colegas de turma e muito amigos... Eu sequer aceitei a pousada que ele me ofereceu e fui dormir dividindo o mesmo cômodo com aquele major que antes me convidara para servir na Segunda Seção do Primeiro Exército e, posteriormente, comandou um esquadrão em Juiz de Fora. Embaixo ficava a carceragem dos presos. O certo é que somente depois eles decidiram empreender uma ação de força, mas o general Alfredo Malan reafirmou que não utilizaria tropas do Exército. O Exército apenas controlaria a operação, de natureza essencialmente policial. Achei estranho, porque *a Polícia Militar não recebe instruções que lhe permitam efetuar uma campanha militar em campo aberto. Policia é boa para prender nas ruas, muito boa; mas não para formação de combate.* São grupamentos que não foram criados para aquilo. Daí, o general decidiu fazer uma explanação para todos. Presente, o chefe da Força Aérea, um coronel-aviador, que assegurou: "Dar-lhes-ei o meu apoio, representado por esquadrilha de observação e ligação." Eu mesmo voei muito naqueles aviõezinhos.

– Bom... mas assim foi feito com a Polícia Militar. Treinaram pelo menos a parte teórica: as ordens destinadas às operações e as concepções das manobras. Em linhas gerais, o objetivo era formar uma *bigorna* com parte das forças vindas do Espírito Santo e aqui – do lado de Minas Gerais – uma tropa subiria para imprensar o grupo naquela *bigorna*. Caíram todos; do lado de Santa Marta do Caparaó ficava o "bico" da bigorna. O objetivo militar era fechar as passagens: uma em *São José da Pedra Menina*... mais outra lá ao norte, que ficaria bloqueada, e fazer com que aquelas forças se reunissem. Seis companhias de Polícia (uma companhia dispõe de 130 a 150 homens [grifo dos autores]): uma delas "fecharia" para o lado do Espírito Santo... A Polícia Militar do Espírito Santo teria que entrar no Estado de Minas Gerais e existe um antigo dissídio político e territorial entre eles. Por causa desse dissídio as tropas capixabas não poderiam entrar em Minas Gerais e aí a coisa se complicava. Encontrei uma companhia completamente parada. Adverti: *Olha, vamos acabar com essa frescura. O Brasil é um só. Nós estamos aqui tratando de um assunto muito mais sério. A companhia da Polícia Militar do Espírito Santo vai entrar no território de Minas Gerais e não haverá problema algum. Eu assumo total responsabilidade.* Os *caras*, com aquela *frescura*, e nós tratando de capturar os comunistas... Bom, mas as companhias foram devidamente orientadas sobre como deveriam ser efetuadas as manobras. Com a ajuda do coronel Carrão (prenome não lembrado), um excelente oficial e comandante de um batalhão do Exército sediado em Juiz de Fora, tudo ficou mais prático. No dia do ataque, eu estava a bordo de um helicóptero para observar o comportamento das tropas, olhando aquele percurso... Baixamos num lugarejo chamado Príncipe e eu vi alguns jipes e suas guarnições passando. Era jipe para cá, jipe para lá... Daí eu decidi checar o que os policiais estavam fazendo. Perguntei a um jovem capitão: "Desculpe, a que horas será o ataque?" O ataque devia ter começado às 6 da manhã e eram 9h30min, quase 10 da manhã. Ele respondeu: "Eu não recebi ordens." Retruquei: "Você não recebeu ontem no QG a documentação toda explicando como seria feita a operação?" Ele: "Aqui estão os papéis." "O senhor poderia me dar licença? Qual é a companhia?" Digamos, a segunda do 11º Batalhão. Olha: deveria progredir na direção tal, assim e assim; vasculhar tudo.

"Senhores, estamos diante de um coronel cujos conhecimentos são em muito superiores aos da média dos oficiais que conheço"

Ele não leu...

(Luiz Helvécio comenta o despreparo daquele jovem oficial da Polícia Militar no comando da companhia).

– Ele nem sabia o que era uma operação militar. Aí eu conversei longamente com o coronel Carrão. E fui até lá, em Espera Feliz (outra localidade na Região de Caparaó [grifo dos autores]). Eles sequer sabiam o que estavam fazendo. O rapaz não sabia ler o mapa com as coordenadas da operação. Convocamos os seis capitães comandantes de Companhias, e ele (coronel Carrão) disse: "Helvécio, você que coordenou a manobra, faça uma explanação." Foi o que eu fiz. Daí o coronel Carrão levantou-se: "Senhores, estamos diante de um coronel cujos conhecimentos são em muito superiores aos da média dos oficiais que conheço." Coronel, argumentei, eu lhe agradeço a referência elogiosa, mas nós sequer iniciamos a operação; depois, teremos a oportunidade de criticá-la, mas neste momento vamos ver se desencadeamos a operação que deveria ter começado às seis horas e já são dez e meia. E assim foi feito. Subiram primeiro aqueles soldados que estavam calçando botinas novas e, logo-logo, começaram a jogá-las fora. Depois, quando comeram aquelas rações enlatadas do Exército... eles colocaram muita banha para esquentar. Daí eles comeram, comeram e deu a famosa *pipineira*. Se os guerrilheiros dispusessem de alguma força...(Luiz Helvécio refere-se a um razoável poder de fogo [grifo dos autores]) bastava empurrá-los (aos soldados e oficiais) lá de cima. Foi uma esculhambação. E o general Adalberto querendo que eu também subisse para combater.

Mas, afinal, tinha muita gente lá em cima?

– Tinha. Veja como Deus nos protegia de certo modo. Aqueles dois mensageiros que esqueceram o malote com a documentação em *Espera Feliz* foram presos pela Polícia e conduzidos, sob forte escolta, para Juiz de Fora. Eles alegaram na ocasião que estavam sendo processados por uma Auditoria Militar por crimes pretéritos e tinham sido intimados a comparecer perante aquela Auditoria. Sabem qual foi a decisão do Alfredo Malan? A Justiça pune sempre dentro de certos condicionamentos. Mas, naquela oportunidade, aconteceu algo que foi um revés. De repente, eles manifestaram o interesse de serem apresentados na Auditoria para que pudessem responder ao processo que vinha se arrastando há quatro ou cinco anos. O general Alfredo Malan ponderou: "Não, não tem desculpa." Eu lembrei ao general: a presença deles lá vai ser como uma *bomba*. Os comunistas não sabem que eles estão presos e isso provocará uma repercussão difícil de ser aquilatada. Pode até estragar a operação. Mas ele (Alfredo Malan) não aceitou a ponderação. Então, solicitei ao Comando da Segunda Seção do Primeiro Exército que fotografasse as pessoas ligadas àquele movimento na própria Auditoria Militar. O que foi feito. Quando eles foram apresentados, foi mesmo uma verdadeira bomba, porque o subcomandante militar da guerrilha era um ex-pára-quedista: Jelcy Rodrigues Correia;[5] o comandante-militar de guerrilha, como assinalado, era o ex-sargento Amadeu Felipe da Luz Ferreira. Eu esculhambava com eles: Quer dizer que você trocava de hierarquia. "Isso era na hierarquia da burguesia." Dei um *show* com esses *caras*. O certo é que eles provocaram uma celeuma danada... e aí o que fizeram os comunistas? *Rasparam a panela*. O pessoal que estava cercado provavelmente pensou: "Pô, mataram os outros." Então, *rasparam a panela*. Se mobilizaram rapidamente e subiram o Caparaó. O nosso instrutor de prática costumava dizer assim: "*Cansaram a dama antes do baile.*" Eles saltaram na rodovia que distava aproximadamente 45 km da área de operações; um terreno do tipo *sobe e desce, sobe e desce*.

"Eu vi a cabeça dele aberta. Nunca tinha visto um troço assim"

(Luiz Helvécio acrescenta detalhes sobre as lideranças daquele Movimento Guerrilheiro).

– O chefe do Setor Político era um advogado, Nestor Rocha, já falecido, ex– secretário do sr. Leonel Brizola (durante a primeira gestão deste como governador do Estado do Rio de Janeiro); o assessor militar chamava-se Dorival Moreira, capitão pára-quedista, tipo físico muito forte de soldado do Exército. O certo é que eram uns 18 homens. *Ora, um grupo de 18 homens naquela região é o mesmo que avião pousando no interior: todo mundo nota.* O certo é que eles começaram a *pedir água*. Esse advogado, Nestor Rocha, tinha que subir morro e descer morro sem cantil na mão; batia numa porta, noutra... Aquele pessoal não tinha jeito de turista. Enfim, foram para lá e, ao chegarem no Caparaó... por ali passa uma estrada de ferro... no sopé do Caparaó, pelo lado de Minas Gerais. Foram lá na estrada de ferro onde todo mundo já estava ciente de que a Polícia vigiava a área. Nesse aspecto eles (a Polícia) são muito bons. *Os guerrilheiros chegaram lá na Estação de Caparaó Velho, deixaram um grupo mais ou menos próximo, foram até lá e compraram... esgotaram o estoque de bolachas (biscoitos). Compraram todo o estoque. Eles estavam ali quando veio a Polícia. Quando os policiais se aproximaram, o chefe deles, capitão, sacou a arma e atirou nos soldados; os policiais revidaram, atiraram nele e os outros ainda lhe deram algumas cacetadas. Eu vi a cabeça dele aberta. Nunca tinha visto um troço assim. O capitão levou um tiro na altura no baço e lhe abriram a cabeça; quanto ao ordenança, logo se entregou.* Eles estavam comprando mantimentos...

E o restante do grupo?

– Quando ouviram o tiroteio, os guerrilheiros que integravam o restante da coluna *deram no pé*. Apertamos o cerco na região e... nada! Dois ou três dias depois, ao cair da tarde, eu já estava atuando na área. Um menino da região caminhou quase oito quilômetros para informar à guarnição de um dos nossos postos de vigilância que alguns homens suspeitos estavam tomando banho num riacho. Fomos até lá. Eram os remanescentes do bando: Nestor Rocha, um sargento e o assessor. O encarregado de abastecimento deles também foi detido, um sargento. Fomos lá com uma patrulha reforçada. Eles se deram mal. Estavam todos de cuecas! Gritamos: "*Mãos na nuca! Quem se mexer leva chumbo!*"

O senhor estava lá pessoalmente?

– Pessoalmente. Eles nem se mexeram. Eles não conseguiram resistir; não tinha jeito. Eles estavam em área classificada como de combate. Determinei, então: vamos dar o nome agora, um de cada vez. Eles deram os *nomes de guerra*. Levei os guerrilheiros presos para Espera Feliz e, em seguida, evacuamos todos para Juiz de Fora. Pensei: *Bom, agora vamos apertar as craveiras deles* (craveiras são orifícios das ferraduras dos cavalos, por onde entram os cravos [grifo dos autores]).

"Os malandros não queriam que eu batesse. Eu não bati, mas eu os levava à exaustão. Fui treinado para interrogar os inimigos."

Esta foi a primeira iniciativa guerrilheira no País da qual o senhor tomou conhecimento?

– Como eu já disse, no Rio Grande do Sul houve uma tentativa. Um *arraso* que o Jefferson Cardin Osório fez por lá, entrando pela fronteira do Uruguai.[6] *O sr. Leonel Brizola, que estava exilado no Uruguai, recebeu muito dinheiro e não empreendeu ação alguma. O Che Guevara também esteve em Montevidéu. Ele conhecia bem a fronteira com o Brasil; entrou pela Colômbia e... ele foi inclusive fotografado nas imediações de Curitiba.* (A monitoração de Ernesto Che Guevara em território brasileiro por parte dos órgãos da Inteligência Militar – particularmente do Exército – ajuda a explicar o colapso da coluna por ele comandada nas selvas da Bolívia, em 1967 [grifo dos autores]).

Fotografado pelo Exército?

– Por dentro (Exército [grifo dos autores]).

E a Imprensa, soube disso?

– Soube muito tempo depois. Mas nós tivemos certeza de que era ele. Che Guevara cruzou a fronteira, esteve em Montevidéu e conversou com Brizola. O *Comandante* Fidel Castro ficou desapontado. Mandava dinheiro, recursos e... nada! Tinham treinado o pessoal... 90 por cento foi treinado em Cuba (Luiz Helvécio refere-se às forças guerrilheiras que combateram pelas armas o Regime Militar no Brasil [grifo dos autores]). Eles faziam o seguinte: quem seguia para o exílio passava em Montevidéu para uma primeira triagem; para preparar os quadros combatentes, eles dispunham de uma granja de propriedade do sr. Brizola, onde construíram um estande de tiro. Quem construiu esse estande foi o Doutor Kuperman, brasileiro de ascendência judaica que era integrante da facção denominada *Política Operária* (Polop), de formação trotsquista. Nessa granja eles faziam exercícios de marcha: 30 kms, 40 kms... depois disso, o sr. Neiva Moreira os acompanhava até o aeroporto, de onde embarcavam para Praga (Tchecoslováquia). De Praga eles viajavam para Cuba. Finalmente em Cuba, eles recebiam treinamento especial e passavam de três a seis meses em diferentes escolas de guerrilha. Ao longo da guerra revolucionária travada por Fidel Castro, havia outros lugares mais famosos. Esse pessoal nosso todo passou por lá.

Receberam treinamento entre 1964 e 1967?

– Foi. Em 1967 eles estabeleceram a *Frente do Caparaó*. Eles também tinham vinculações com pessoas em São Paulo. Apoio político vindo de São Paulo. *Nós descobrimos isso mais tarde, porque o Exército vigiava intensamente a Fronteira Sul. Era muito interessante. O Exército observava a entrada deles. Eu até pensei que fosse uma espécie de teste para nós aquilo que o Exército vinha fazendo:"Foram vistos fulano e beltrano; entraram em Jagüarão assim – assado, pelos fundos. Passaram em Porto Alegre, depois entraram em Curitiba." Sumiam dali. Aí nós fomos checar: rapaz! o negócio era na direção do Caparaó. Eles estavam engrossando por lá e tentaram estabelecer outras frentes no norte de Minas. Queriam fazer guerrilha no Estado do Rio de Janeiro.* Então, dois mensageiros foram presos... o subcomandante militar da Frente Guerrilheira, Jelcy Correia, foi apanhado numa tramóia no Departamento de Trânsito. Está lá o *retratão* dele. Eu o conhecia. Só dava o nome dele etc... e acabou. Pensei comigo mesmo: agora vou pegar esse maroto! Os *malandros* (refere-se aos outros oficiais) não queriam que eu batesse. Eu não bati, mas os levava à exaustão. Fui treinado para interrogar os inimigos.

"Não sargento, pelo amor de Deus!"

Como o senhor falava com eles?

– Duro. Eu não os deixaria sem apurar toda a verdade. E mais, eu lhes dizia: posso fazer dois tipos de interrogatório. Interrogatório com respeito à pessoa humana. Toda ela. Eu a considero, se vocês não acreditam, eu acredito em Deus, eu considero a todos como irmãos. *Eu sou cristão. Agora, não sou Cristo. Tem um outro tipo de interrogatório que vocês, comunistas, aplicaram nos países ocupados na Cortina de Ferro. O cardeal Vincent, da Hungria, foi submetido a 72 horas de interrogatório: um velho de quase 80 anos. Depois confessou-se agente nazista etc.* Eu disse exatamente isso para o Nestor Rocha: eu sou democrata. Agora, você terá que escolher se prefere o *Número Um* ou o *Número Dois*. Fizemos o seguinte: naquele dia o Nestor Rocha foi interrogado em Espera Feliz. Lá existiam uns armazéns do Instituto Brasileiro do Café com alguns estrados sobre os quais se colocavam os sacos de café para que não ficassem apoiados diretamente no chão. Os armazéns estavam vazios. Nós instalamos ali o Posto de Comando. As paredes não iam até o teto. Eram paredes com dois metros de altura. *Aí nós fizemos o seguinte: instalei uma sala de interrogatórios; ao lado, deixei um sargento fazendo uma pantomima. Ele agia como se estivesse interrogando um preso e dava porradas naqueles estrados. Pá! (Luiz Helvécio imita o barulho da pancada) "Ai! Não sargento, pelo amor de Deus!" Eu disse: olha, deve estar funcionando; o sujeito está gritando de dor. O Nestor Rocha entregou tudo. Foi o interrogatório mais fácil e mais tranqüilo, e eu... gravando*! Então, o Exército era bom nisso: meu filho (Luiz Helvécio reproduz a ordem transmitida imediatamente aos demais integrantes da equipe [grifo dos autores]), diz aí pra prender o Bayard Demaria Boiteux, no Rio de Janeiro. Meia hora depois o Exército confirmou a prisão. A minha irmã trabalhava no Estado-Maior das Forças Armadas e me disse que ele já estava lá. "Ah, o Boiteux, imagina! O Boiteux é um sujeito que não é nada intelectual..." Mentira! Ele era o grande agenciador de pessoas para o Movimento Guerrilheiro, o Bayard Demaria Boiteux.

– O certo é que eu fiquei quase 30 dias sem dormir e sem comer direito. Não tinha conversa comigo. Eu passava a noite toda até ele... (um indivíduo qualquer dentre os presos [grifo dos autores]) falar. E ele (o preso): "Eu vou me suicidar..." Eu respondia: "Abra a janela. Olhe, salte de vez, de cabeça." O cara chegava assim e parava. *Como é que dizia o Presidente Mao? O Presidente Mao Tsé Tung dizia que um guerrilheiro, quando está exausto e não pode mais dar nenhum passo, ainda é capaz de marchar mais 10 km. Então, está longe esse negócio...* O certo é que, graças a Deus, fizemos um bom trabalho. Depois, escrevi um relatório secreto para o Estado-Maior do Exército, e elaboramos juntos (eu e outros oficiais que participaram das operações) o relatório oficial.

Do General Alfredo Malan?

– Sim, do Alfredo Malan. Por exemplo: ele disse, inicialmente, que o equipamento básico não podia incluir botinas dadas na véspera para a Polícia Militar. Os sapatos tinham que ser de borracha. A comida: não podia ser aquelas rações do Exército. Tinha que ser ração leve, senão diriam que deu um *piriri* danado. As tendas não dobravam. Na subida do morro mostrei a eles como era. Fiz isso por dever de consciência, para que amanhã não começasse outra guerrilha e incidíssemos nos mesmos erros.

Foi abortado esse núcleo guerrilheiro?

– Foi. Mas a demora foi tanta que o juiz de Direito de São José da Pedra Menina disse depois que, numa noite, passaram por lá perto de 100 homens (esse número é exagerado [grifo dos autores]). Eles perceberam isso.

Escapando?

– É, escapando... Depois disso eu fui a Porto Alegre e Curitiba atrás de outro militante...

Quando terminaram os interrogatórios, os senhores estimavam em quantas pessoas diretamente envolvidas com a guerrilha?

– Nós calculávamos entre 60, 70 homens, mas muitos escaparam (consultadas outras fontes bibliográficas e testemunhais, os autores consideram esses números exagerados). Foi até engraçado. Tinha um camarada que foi o primeiro caseiro deles lá de cima, um folgado... O povo local identificou-o como *Pedro*. Tinha 1,75m de altura, cabelos alourados, um tanto calvo aqui na frente, e desdentado. Foi esta a primeira defesa daquele cara. Ele disse que residira antes em Macaé (norte fluminense).

"Doutrina de Contra-Informações"

(Luiz Helvécio acrescenta, neste tópico da entrevista, que três cidadãos com a mesma descrição física tinham sido presos). Depois nós soubemos que o tal *Pedro* não era de Macaé, mas de Magé. Mandei soltá-lo. Ele gostava era de briga de galos e comprava as aves em Quissamã, distrito de Macaé. Os dois outros presos curiosamente também gostavam de briga de galos. Achei que nós erramos até por excesso de eficiência.

Depois desses fatos o senhor voltou para...

– Posto civil. Depois do Caparaó eu fui para Rondônia e, em seguida, para Brasília. No final de 1969 fui transferido para Brasília, lá chegando em janeiro de 1970. Passei o ano todo no *Centro de Informações do Exército*.

O senhor foi realocado da Segunda Seção para o CIE?

– ...Da Segunda Seção eu fui para o CIE aqui no Rio. Fiquei pouco tempo e fui transferido para lá (Brasília). Mas, tanto lá como aqui, nós *combatemos o bom combate*. Aí o CIE passou a ser um órgão operacional. Antes, era quase que tão-somente burocrático.

Qual a sua função no CIE?

– Eu era o chefe da *Seção de Contra-Informações*. Recebi o convite após a Campanha no Caparaó; acharam que eu havia me destacado e fui convidado para servir no Gabinete. Certo dia o general Adyr Fiúza de Castro (chefe do Centro de Informações) virou-se pra mim no corredor e disse: "O senhor pode escolher um desses oficiais; abra uma sala e veja se produz *contra-informação*, que ninguém no Exército fez até hoje." Vou tentar, respondi.

O senhor não tinha estudado nada disso...

– Eu tinha noções. A gente estudava um pouco este assunto na Escola de Comando e Estado-Maior. Naquela época eu estudava bastante a parte relativa ao funcionamento da Segunda Seção. Eu *tirei* também um curso de *Operações Psicológicas*, que incluía muita coisa sobre táticas antiguerrilha. São unidades especiais. Até os norte-americanos têm unidades de *Operações Psicológicas*. Fazer o inimigo se render sem resistência etc... O certo é que eu procurei desenvolver uma *Doutrina de Contra-Informações* dentro do Exército. Tudo que me coube, eu fiz. Achava que nós não podíamos ficar somente na defensiva; nós tínhamos que proporcionar segurança física ao Centro de Operações. Todas as regras de segurança eram baixadas por nós. A segurança física dos *elementos* (agentes e órgãos) do Centro, e mais: a conduta do pessoal no Centro: zelar pela fidelidade, para que não houvesse quebra. Isso nós desenvolvemos por lá.

Não havia propriamente uma equipe?

– Não tinha ninguém. Tanto que eu pedi a alguns oficiais da Escola de Comando e Estado-Maior que arrumassem as minhas gavetas, porque eu era o *protocolista*, era o analista... eu é que passava e encaminhava a documentação. Então, nós desenvolvemos isso e pedimos a colaboração dos companheiros. Inclusive, guardo a melhor memória do Alexander Murillo Fernandes (que morreu há poucos anos com a patente de general [grifo dos autores]). Excelente companheiro, de uma capacidade, inteligência e vivacidade... ele pegava a coisa no ar. O *Alex* era meu assistente e subchefe do Departamento de Contra-Informações. Nós baixávamos normas para todo o Exército.

(Luiz Helvécio destaca, neste segmento, as preocupações dos órgãos da inteligência militar com os estudantes).

Já nessa época havia uma forte preocupação com a guerrilha e o Movimento Estudantil... não era tão somente a questão da segurança das instalações militares...

– Pois é, nós acompanhávamos o *Movimento Estudantil*. No CIE havia uma Seção voltada somente para este fim (monitorar o pessoal mais rebelde); então, nós acompanhávamos o Movimento e infiltrávamos agentes. Havia os fóruns regionais, mundiais, os grêmios, e nós acompanhávamos... conhecíamos a *avant-première do Juízo Final*, fundamental em qualquer interrogatório. Então, nós acompanhávamos... Congresso da União Nacional dos Estudantes. A UNE era temida, mas nós tínhamos que ir. Havia esses congressos regionais aqui e ali... a nossa *Seção de Operações* era pequena e, para complicar, o chefe da Seção de Operações não se mostrava muito interessado. Era um burocrata: 17h45min... ainda no horário do expediente, ele trocava de roupa porque ia pegar a amante no Ministério da Educação. Não ficava. Rapaziada, o que eu era... *um sacerdote na chefia*... eu não queria saber de mulher, não queria nada; eu queria liquidar com aqueles elementos, estava em campanha. Era tão importante essa luta! O chefe da Seção de Operações não queria nada. Chegou ao ponto de não empreender uma única operação. Às vezes a gente perde uma batalha, mas não perde a guerra.

"Se for preciso eu vou até o presidente da República"

O setor de Contra-Informações não operacionalizava nada?

– Não operacionalizava, mas acionava a Seção de Operações.

Trabalhava somente com informações...

– É, dizia quem era quem. Mas eles argumentavam que não tinha jeito... Tudo bem. Um dos congressos regionais da UNE foi em Teresópolis, e a Seção não pôde operar. De certa feita eu tomei parte nos exercícios de dia do Estado-Maior sobre Contra-Insurreição, abrangendo Contra-Informações e técnicas antiguerrilha. Foi na Escola de Comando e Estado-Maior do Exército, onde (na ocasião) o Milton Rosa era instrutor-chefe; aquele mesmo oficial sobre quem eu me referi há algum tempo. Pois o Milton Rosa pediu a minha colaboração e eu lhe dei. Ele ficou perturbado com o que houve no

Caparaó, uma autêntica "escola de combate." O certo é que nós víamos assim. Eu voltei desse exercício... cheguei no Centro de Informações de Exército e um capitão que *treinava* conosco, me disse: "Coronel, o Congresso Nacional da UNE será realizado em um local que eu não ainda consegui identificar, mas posso lhe dizer que se trata de uma região fria, porque o João Pedro (um dos participantes) disse para levar bastante agasalho." Até aí a gente pode criar algumas (hipóteses): bom, uma região fria nessa época do verão somente pode ser uma região de montanha. Pode ser Belo Horizonte, pode ser São Paulo... Indaguei: "Você já pediu apoio da Seção de Operações?" Ele: "O chefe da Seção me informou que a data e local do Congresso Nacional seriam alterados." O CIE dispunha de uma Seção de Coordenação e não havia discrepância de trabalho entre as Seções. Prosseguiu o Capitão: "Foi o que ele disse e eu não posso fazer mais nada." Daí eu resolvi atuar. Fui até o chefe da Seção de Operações. Era um oficial mais antigo e, casualmente, estava na chefia do Centro. Eu perguntei: "Olha, fulano, você recebeu um pedido da gente no sentido de acompanhar o Congresso da UNE?" Ele respondeu: "Como?! Eu não tenho pessoal, não tenho dinheiro..." Eu respondi: "Não é possível, rapaz. Creio que nós temos de nos cotizar, dar algum dinheiro. Como é que nós somos revolucionários e não temos desprendimento para fazer isso?" Ele: "Mas eu estou dizendo a você que não tenho dinheiro, nem pessoal..." Ele já estava vestido à paisana... Eu prossegui: olha, você vai me desculpar, mas em matéria de Segurança Nacional, para mim, a última pessoa é o presidente da República. Se for preciso eu vou até o presidente da República. Eu vou falar agora com o chefe do gabinete do ministro. Ele: "Pode falar."

Chefe do gabinete do ministro?

– Aí eu fui ao general Sílvio Frota, que tinha o CIE como a *menina dos olhos* dele. Cheguei lá... o assistente fora meu colega de turma na Escola de Estado-Maior; disse: "Ih, rapaz, o *velho* está descendo. Pega esse outro elevador direto." Assim fiz. O general ia entrando no carro quando eu o abordei: general, gostaria de lhe dar uma palavrinha. Ele saiu do carro e eu expliquei: o coronel fulano disse que não tem dinheiro e nem pessoal, que não pagará a operação... Ele respondeu: "Olha, você avisa ao fulano que eu deixei 20 mil cruzeiros com o Adyr Fiúza. Se ele não fizer essa operação, nem me apareça aqui na segunda-feira." O general Sílvio Frota era um cara decidido.

Ou nós fazemos a revolução ou ninguém a fará"

— Quando voltei, encontrei aquele coronel.

(Luiz Helvécio relembra que, ao deixar a sala, o coronel-chefe da Seção de Operações já estava à paisana, de saída, para apanhar a namorada no Ministério da Educação)... Daí, quando eu voltei do encontro com o Sílvio Frota, ele já estava fardado novamente. Falei com ele: "Olha, o general Sílvio Frota disse que deixou dinheiro com você, e que se você não fizer essa operação nem apareça mais." "Mas eu disse a você que não fosse adiante." Respondi: *Não, você não me disse e nem tinha poderes para tanto. Você não é meu chefe em nada, porra. Está respondendo interinamente pela chefia. E o dinheiro que o General Frota disse que deu?* "Ah, o fulano não me deixou a chave do cofre." Bom, mas o Fiúza não é dono do dinheiro. O dinheiro é para o *Centro de Informações do Exército*. Aí foi aquela discussão, e eu adverti: *olha, vamos baixar a voz porque senão nós vamos partir para a porrada aqui. Você é um incompetente, um omisso! Esculhambei...* Aí o pessoal do *deixa-disso* apareceu: "Calma, rapaz." Chega! O Congresso da UNE... (voltando-se para o tal coronel), você deve ter alguma amante na UNE! Não é possível! Daí ele procurou argumentar: "Bom, então vamos fazer um negócio; vamos seguir a fulana de tal. Você me empresta um sargento?" Empresto. "Quer dinheiro? O que eu tiver aqui eu te empresto, sem dúvida." Ou nós fazemos a revolução, ou ninguém a fará. Ele voltou à calma e, no dia seguinte, acompanharam a tal aluna, da liderança do *Movimento Estudantil*, que era um movimento comunista. A moça agia como elemento de ligação. Eu conhecia mais a vida dela do que a da minha mulher. Aí ela acabou detida lá em Ibiúna.[7] Eles (os agentes do CIE [grifo dos autores]) fizeram o seguinte: saíram daqui de ônibus e em duas caminhonetes nossas, horríveis: ***Willys***, vagabundas... aquelas caminhonetes verde e branca. Ora, como poderiam acompanhar aqueles ônibus da ***Viação Cometa***. Que tentativa mais tola! Isso foi num sábado. Eu fui na frente, também no sábado. *Eu sei até que caracterizaram como imprudência. Uma das viaturas capotou nas proximidades de Taubaté. Estava lá um capitão, com a cabeça aberta... ele não morreu; ficou meio abobalhado, mas não morreu. Não sinto o menor remorso. Nós estávamos numa guerra, podia ter sido eu. Estávamos em guerra, estávamos no cumprimento de uma missão.* Bom, nesse mesmo dia à tardinha, descobriram o sítio em Ibiúna onde foram presos mil e duzentos participantes do Congresso da UNE. No dia seguinte, um domingo de manhã, eu fui até o Centro de Informações."*És o herói, Helvécio, somente você com sua asnática mania de prender comunistas.*" Respondi: Olha, não me considero herói. Quem está no manejo, tem a obrigação de fazer (Luiz Helvécio explica que, logo em seguida, retornou a São Paulo).

"Não tenho absolutamente do que me arrepender"

– Chegando lá, fui para o *Lord Hotel*, na Avenida São João. E, de lá, para o Departamento Estadual de Ordem Política e Social. O *Deops* de São Paulo é na *São Paulo Negra*, ao lado da Estação da Luz. "Quando chegamos, um cara nos barrou: "O quê? Não podemos entrar?"*Esses prédios são nossos, deixa de bobagem.* Os caras já tinham liberado muita gente. Até que nós ainda pegamos algumas pessoas importantes. As mulheres foram levadas presas para o Presídio Tiradentes, ali perto. É um presídio antigo e lá estavam 180 mulheres. Eu disse ao delegado: quer ver como nós vamos identificar as lideranças? Pusemos em diagonal no pátio apressadamente, sem dar bola para elas. Elas (as lideranças [grifo dos autores]) vieram logo à frente: vamos ver se isso dá certo. E assim fizemos: *apagamos* (a expressão *apagamos* utilizada por Luiz Helvécio provavelmente significa reduzir o carisma das lideranças [grifo dos autores]) *aquelas damas* que eu escutava tanto.Vieram até nós umas três ou quatro líderes: "escuta, quando é que nós vamos tomar banho?" e ainda:.. "Mas, doutor, onde é que nós vamos almoçar?" "Escuta, onde é que nós vamos tomar banho"? Eu disse: *mas vocês não perderam a mania burguesa de tomar banho? Ué, marxista não precisa tomar banho, minha filha. Que é que há?* "... Ah, moço, disseram que nós vamos beber água. Eu não posso. Tem uma barata lá dentro." Eu disse: exatamente! E você vai ficar de pé. As mulheres quase endoidaram ali no pátio. Identificamos logo as lideranças.

– Pegamos as lideranças. Cheguei para a líder, pessoa muito famosa, e disse: conte a sua história. Tinha afastado o banquinho. Ela: "Bom, fui convidada para tomar parte no Congresso em Ibiúna..." Tudo *171* (mentira [grifo dos autores])... sou quartanista de Direito e fui até lá. Acabei cercada." Você não tem idéias comunistas? "Comunistas? Não, nem sei o que é isso."

Tudo bem, a senhora tem uma mania burguesa: só tem dois amantes. Com essa *dica*, ela percebeu a extensão dos conhecimentos que eu tinha sobre ela. Perguntei: quantos amantes a senhora tem agora? "Por que o senhor quer saber?" Eu disse: *Porque eu quero saber o distanciamento dos padrões morais da nossa sociedade, essa sociedade corrompida, burguesa, que vocês tanto criticam. É somente por isso.* Ela aprendeu. Dei um *show* com ela. Quando deu por volta de uma e meia falaram em almoço. Eu, no pé dela..."Quando é que nós vamos almoçar?" (Luiz Helvécio comentou que, na ocasião, fingiu-se de surdo à pergunta da moça sobre o almoço). Bom, dona fulana, como é a sua vida lá no lugar *assim-assim,* como é a sua vida na Igreja tal. Daqui a pouco... ela tornou a insistir: "Quando é que nós vamos almoçar?" Eu disse: dona fulana, a senhora ainda não perdeu a *mania burguesa do almoço*. Olha que eu sou burguês, estou aqui e não almocei... deu quatro e meia da tarde, começou a esfriar e ela começou a ter soluços. Eu disse: *Olha, a senhora não se preocupe que isso é uma disfunção parassimpática. A gente chama o "eletricista", ele aplica um choque e aquilo emparelha.* Eu não sei se foi essa ameaça, ou não... daqui a pouco passaram os soluços dela. Ela perdeu, mas... Olha, depois ela foi trocada; era tão importante que foi trocada após o seqüestro de um embaixador. Foi para Cuba. Eu li depois a entrevista que ela concedeu ao jornal ***Granma***, do Fidel Castro. Ela dizia que o Exército brasileiro dispunha de interrogadores formados pela CIA. *Experts* em interrogatórios e "técnicas psicológicas." Tudo era esforço próprio. Com os *comunas*, nada! Conosco era aquele negócio: portou-se bem, tudo bem. Era tratado com todo respeito. O cara vem com embromação, entra no cacete. Ela começou a responder rapidamente. A senhora está sendo tratada como ser humano. Mas nós poderemos aplicar também um castigo, se começar a nos tratar como se nós não fossemos também seres humanos. Mudou... passei muitos dias. *Combati o bom combate.* Não tenho absolutamente do que me arrepender, porque não maltratei, mas trabalhei para essa revolução com todo esforço e denodo. Toda a minha capacidade de trabalho eu coloquei ali.

"Pô, sem-vergonha, venha cá, senta aqui"

O senhor ficou classificado no CIE até quando?

– Fiquei até 1973. Em 1973 fui *tirar* o *Curso de Informações* na Escola de Informações (primeiro curso). Saí de lá e fui para o Ministério do Exército chefiar o Gabinete do general Camargo Osório, chefe da Diretoria de Inativos e Pensionistas do Exército. Em seguida fui para a Reserva (com o soldo de general-de-divisão [grifo dos autores]); recebi Cr$70 mil: davam em dinheiro. Eles pagavam e o dinheiro vinha naqueles carrinhos próprios para carregar compras. Muito obrigado pelos Cr$70 mil! Aí (passado algum tempo, grifo do próprio entrevistado) recebi um chamado do general Figueiredo (João Baptista de Oliveira Figueiredo), através do general Albuquerque: "O *chefe* quer falar contigo. Dê um pulinho até aqui." Fui lá e perguntei ao Albuquerque, a quem eu conhecia: "Olha, ele (Figueiredo) quer te dar uma missão." Não demorou muito e ele me chamou e disse: "*Pô, sem-vergonha, venha cá, senta aqui.*" Eu sentei, e ele: "*Olha, a Fronteira Oeste do Brasil está completamente aberta. Está havendo contrabando, tráfico de drogas etc. E você é o homem talhado para reprimir isso. Será o comandante da Fronteira Oeste, com plenos poderes.*" Perguntei: "Mas como será isso?" "Vai chefiar uma agência do SNI para toda aquela área." Casualmente eu já conhecia a agência de Campo Grande. São quase 700 km de fronteira. Quando o chefe da Agência Cuiabá (que é o centro das decisões políticas da região) não conseguia uma coisa, pedia *carona*. Acrescentei: "...e além disso o general Bandeira me convidou para chefiar a Segunda Seção em Juiz de Fora. Já lhe dei a minha palavra. Agradeço ao senhor pela lembrança."

Nessa época o Figueiredo...

– Era ministro-chefe do SNI. O Figueiredo então fez o seguinte: "Escuta, fulano (voltando-se para um assistente militar) telefone para o general Bandeira e diga que eu quero falar com ele." O assistente ligou: "Olha, Bandeira, estou aqui com o Luiz Helvécio e o convidei para trabalhar. Mas ele disse que tem um acordo com você." Ele próprio (João Figueiredo) me convocou ao telefone: "O Bandeira quer falar contigo." O general Bandeira: "O João quer que você trabalhe com ele?" Respondi: "Para mim, general, não existem muitas opções." O Bandeira era aquele oficial com quem, quando passava em Juiz de Fora, em viagem para Brasília... ficava a noite toda conversando com ele. A mulher dele, D. Léa, certa vez, nos disse "bom dia!" Aí eu fui para o SNI e, lá chegando... o general Newton Cruz (da Agência Central) me fez uma única pergunta: "Tu vais bem comigo?"

A Agência Central...

– Coordenava todas as agências no Brasil... Todas as ordens fluíam por intermédio da Agência Central (Luiz Helvécio acrescenta que, até aquele momento, mantinha bom relacionamento com Newton Cruz). Fomos instrutores na mesma época na Escola de Aperfeiçoamento. O Antônio Joaquim Fontoura era o chefe do *Curso de Aperfeiçoamento*. O Newton saiu quando o Fontoura foi para lá. Bom, até então sempre tivemos bom relacionamento. Eu sabia que o general Newton Cruz era revolucionário, conquanto sempre fosse mordaz. Certa ocasião eu fui para o Sul visitar a agência do SNI. O SNI não dispunha de muitos recursos. Estava nascendo. Eu me entendia bem com vários oficiais que lá serviam. Vocês querem alguma coisa? Bom, eu achava realmente que ele (Newton Cruz) estava de bem comigo e fui até lá para ver. Era a primeira subchefia da Agência Central. "Ele (o general João Baptista Figueiredo [grifo dos autores]) nem me falou que tu vinhas para cá; me disse apenas que o senhor é o chefe daqui;" "Eu te recebo de braços abertos. Você chefiará a primeira subchefia." Até então eu era o único oficial que havia concluído o *Curso de Informações*.

Na época o senhor era coronel?

– Era coronel. Ficamos trabalhando. Trabalhei que nem um mouro. Foi nessa época que eu conheci mais de perto os graves defeitos que ele tinha. Ele era um sujeito muito desconfiado. Se o Newton tivesse qualquer idiossincrasia com um companheiro, não descansava enquanto não o liquidasse.

(O coronel Alberto Fortunato, no longo depoimento concedido aos autores, também reforçou essas palavras, lembrando que ele, Newton Cruz, simplesmente *demoliu* o SNI).

– O Newton Cruz era louco desde a época da escola. Um dia eu notei que o chefe da seção de *Atividades Anticomunistas* chorava... um coronel da Força Especial de Pára-Quedistas chorando! O cara era de uma coragem... perguntei: O que houve? ele: "Rapaz, acabei de passar pela maior humilhação. O Newton me convocou lá em cima (no Gabinete) e disse que eu sou infiel, sonegador de informações."

Ele fora trabalhar lá por indicação de alguém?

– Quando eu cheguei ele já estava lá.

"Eu vou matar o Newton Cruz"

(Ainda sobre o coronel ofendido verbalmente pelo chefe da Agência Central do SNI):

– ... Aí como seu chefe imediato eu lhe disse: deixa disso... Isso é tão ruim e nós já somos tão poucos; se começarmos a criar problemas entre nós isso aqui ficará insuportável. Ele desabafou: "*Eu vou matar o Newton Cruz!*" Calma! Que é isso? Pelo amor de Deus!... Levou a coisa para o campo da honra pessoal... (prosseguiu Luiz Helvécio) Calma, vamos embora! Sou seu amigo e companheiro de lutas, o que é que há?... preocupado com aquele fato eu fui falar com o chefe de gabinete do Newton: olha, fulano, há um grave problema entre o Newton e o Pimentel. É uma questão de honra, de ofensa, e ele (o Pimentel) estava chorando. "O que é?" Ele me disse que o Newton o chamou de *infiel, sonegador de informações, desonesto...* O Pimentel me assegurou que havia entregue ao Newton a cópia dos documentos. Qual não foi a minha surpresa quando esse coronel confirmou a informação: "Mas ele, de fato, entregou; vi quando ele entregou." São duas listas *(fria e quente)*, eu estava presente. Vi quando ele entregou a lista *quente*. Fomos ao gabinete do Newton. "Oh Newton, o Luiz Helvécio me comunicou que houve um problema (Helvécio imita os resmungos do general Newton Cruz). Mas eu estava presente! Foi bem assim na hora do cafezinho." *Aí apareceu um detalhe qualquer que acendeu a memória daquele idiota*: "Puxa vida, como é chato a gente ser precipitado." Foi a expressão textual. Daí, o Newton Cruz me pediu ajuda: "Helvécio, me faça um obséquio. Peça ao coronel Pimentel para vir aqui em cima." Mandei chamá-lo e ele entrou. A sala do Newton Cruz era grande. Quando ele chegou, o Newton levantou-se: "Quero pedir desculpas ao coronel Pimentel pelo grave erro que eu cometi e pelo qual eu peço perdão. Me dê um abraço." O coronel ficou na posição de sentido. Aí o Newton se aproximou e abraçou o coronel, pegou a mão do homem: "Pimentel, pelo amor de Deus, esqueça esse negócio. Um homem não pode estar errado? Eu não posso errar também?" (Luiz Helvécio aproveita o "gancho" e emenda com outro exemplo dos desmandos praticados na órbita do SNI).

– Um dia, ele (Newton Cruz) me pediu uma informação que lhe fora determinada pelo próprio presidente (Ernesto) Geisel. Versava sobre as causas jurídicas do divórcio nos países anglo-saxões e nos países latinos (particularmente na América do Sul) além do Japão.[8]

"... Eu sabia que ia trabalhar dentro do esgoto"

– ... Queria um verdadeiro tratado de Direito Comparado: causas, legislação etc. Eu pensei: como eu vou sair dessa? Procurei o Jarbas Passarinho; fui até o Senado pedir que ele me facilitasse o acesso à Biblioteca. Fui lá e observei que o Senado dispunha das obras do Ruy Barbosa, de 1910, 1911... Em seguida, dirigi-me à Biblioteca da Escola Superior de Guerra... havia alguma coisa e a pessoa era bem atendida em livros, tanto sobre o Brasil como em relação ao mundo. Oito dias depois eu estava entrando na Agência e, quando fui tomar um cafezinho, encontrei o Newton Cruz. Ele: "Ah, e a informação?", perguntou. Newton — respondi — o negócio não é brincadeira, você me deu uma *chave de pescoço...* Ao que ele retrucou: "Mas se você não quisesse fazer, que me dissesse, não ficasse assim, cozinhando..." Protestei imediatamente: "Cozinhando, Newton? Você acha que um homem como eu? ... *Se eu não quisesse, eu te diria e pediria para sair daqui no mesmo momento. Quando vim para cá, Newton, eu sabia que ia trabalhar dentro do esgoto* (grifo do próprio entrevistado), *que eu ia trabalhar com botas até aqui, luvas até aqui em cima... Nunca, Newton, nunca deixaria de produzir uma informação! Quando eu vim para cá, sabia que ia ter que contrariar até alguns dos meus princípios morais. Mas aceitei porque, para mim, acima de tudo está o Brasil.*" E acrescentei: "Você quer saber de uma coisa? Já estive com o ministro Jarbas Passarinho. Procurei, estive tardes inteiras no Senado. Encontrei somente livros velhos, sem maiores referências. E o que você pede é mais do que uma informação; é um verdadeiro tratado de Direito Comparado. Quer dizer, comparar a legislação japonesa com a legislação francesa, com a legislação italiana, alemã, inglesa, com a (norte) americana. Não é brincadeira! Eu não sou formado em Direito, não sou desembargador, não tenho cultura jurídica. Eu sei onde as coisas podem ser encontradas, mas não tenho profundidade..., nem por isso refuguei a informação." "Você está dizendo que eu... não senhor! Olha, você sabe qual seria a solução? *É pedir ao comando da Escola Superior de Guerra para mobilizar um daqueles desembargadores colocados à disposição da Escola, e acessar a bibliografia atualizada sobre divórcio no Brasil, na América do Sul e no mundo. Você encaminha o pedido e eu sirvo como escrivão. É o único jeito. Você pode tomar as providências junto à ESG"* (Luiz Helvécio contou que o general Newton

Cruz o recomendou ao desembargador Arruda Câmara, integrante do Corpo Permanente da Escola etc., que – em seguida – selecionou uma bibliografia atualizadíssima)...

— E produzimos... eu fiquei apenas escrevendo... ele, o desembargador Arruda Câmara, redigiu um tratado. Deixaram como documento apenas um exemplar. Até hoje, quando eu vejo o desembargador, ele comenta: "Aquele meu tratado, hein, coronel?" Um homem formidável! *Agora para que serviria aquilo? Para dar cobertura ao faz tudo do Golbery, aquele capitão Heitor de Aquino Ferreira (chamavam-no de professor), que era descasado, e também ao chefe do Gabinete Militar, coronel Alzir Nunes Gay... Servia para ajudar a cada uma daquelas pessoas que estavam numa situação assim.* E ele, o Geisel..., acho que pretendia forçar o Congresso a aprovar a lei e, para tanto, queria apresentar as justificativas dos projetos .

"Eu lavo a honra com sangue"

– Bem, eu então mostrei ao Newton o que havia sido feito. Ele ficou surpreendido. Acrescentei: não leve isso como ameaça, mas um amigo avisa ao outro: você não me trate como tratou o Pimentel... quando ele começou a descambar para aquele lado. *Newton, você mora na mesma prumada que eu, em andares diferentes. Eu não sei dormir com certos insultos, certos molestos. Eu só tenho uma solução. Lavo a honra a sangue. Não tem outra solução comigo.* Ele indagou: "Você está me ameaçando?" *Não é ameaça. Estou lhe dizendo sobre o modo como eu reajo com você ou qualquer outro que me trate assim. Eu trato a todos muito bem. Tento ser suave com todo mundo, mas se me insultar da forma como você fez com o Pimentel, já sabe: perdeu a vida. Olha, Newton, um homem da minha dignidade enfrenta um tribunal, qualquer tribunal, seja aos 40 ou aos 70 anos. Não temo nada.*

Então a sua convivência com ele foi dramática?

– Foi dramática, sim. Porque eu entrei lá por cima, pelo João Figueiredo. Porque o Figueiredo acobertava ele, de vez que acobertava as bandalheiras do Figueiredo. Uma baixaria incrível. E mais: ele tudo fazia para que eu caísse fora de lá. Um exemplo: foi levada ao Figueiredo uma denúncia... Ele não gostava, tinha horror da Agência Brasília. E a Agência Central não podia se desviar para investigar problemas municipais. Era eficientíssima essa agência. Tinha uma relação estreita com o Congresso, linha direta. Escutava todos os pronunciamentos dos deputados, nem precisava estar lá. Era só gravando. O certo é que o coronel Sodré (Luis Guilherme Sodré de Castro), um sujeito muito puro, o Sodré..., nunca foi da área de Informações. Ele impressionara o Figueiredo porque sabia falar alemão. Tinha feito um curso de Estado-Maior na Alemanha e saiu-se bem. O Figueiredo integrou-o ao Gabinete Militar e o nomeou para a Agência Brasília. O Figueiredo é assim: é amigo, tem tudo com ele. O Sodré, *anjamente*, tinha mandado que fossem anotadas as placas das viaturas que iam para a área de diversão em Brasília, na área do *Shopping Gilberto Salomão*. Houve, repito, ordem do Gabinete para anotar todas as viaturas do serviço público que cruzassem a Ponte Costa e Silva (que liga o Lago Paranoá, em sua parte Sul, para a região do *shopping*); a viatura destinada ao Newton foi apanhada com a família dele dentro num sábado à tarde e o Sodré colocou lá no relatório. Nem sabia que o carro era utilizado pelo Newton Cruz. Daí, no sábado ou domingo, quando ele (Newton Cruz) passou na Agência, disse: "Bota no triturador, isso é uma merda! Tudo que vem dessa agência..." Esses caras são assim. Ficam cercando o Poder. Houve desconsiderações tão grandes...[9]

Comprometendo a Agência...

– Sem dúvida. Aí começaram a surgir denúncias de que estava em gestação um plano para a derrubar o governo, plano este promovido, incentivado, pela Agência Brasília, com pichamento das paradas de ônibus etc. Aí levaram ao conhecimento do Figueiredo.

Ele não convocou o pessoal da Agência de Brasília para explicar...

– Não, isso foi tudo feito na surdina. Eu soube depois que o Figueiredo perguntou: "Escuta, o Helvécio está metido nisso? Não? Não apareceu o nome dele? Ah, então não é para valer." Agora, porra, eles estavam falando mal dos colegas. Eu saía às sete horas da noite e tinha vontade de pichar essas cabeceiras de ministérios todinhas. Nós prometemos a essa gurizada... (Luiz Helvécio referia-se, em particular, aos jovens oficiais do Exército). Aí sim nós transformávamos o Brasil numa potência, numa nação decente. E eles viam o Brasil cada vez pior. Eu tive realmente vontade de fazer isso. Mas o Figueiredo recomendou: *"Ponha água na fervura."* Presente a esse encontro estava o Comandante Militar do Planalto. Posteriormente, quem substituiu o Newton Cruz foi o general Sebastião Castro, que era mais ligado ao Fontoura ex-chefe do SNI.

"Filhos-da-puta.Vão grampear os cornos da mãe!"

(Helvécio retoma o tema da articulação que estaria sendo feita com o apoio da agência do SNI em Brasília).

– Então, como eu disse, chegou ao conhecimento dele (Figueiredo) a notícia de que havia um complô em gestação, comandado pela Agência de Brasília, com a promessa de que seriam rasgadas as folhas do ***Almanaque do Exército*** onde estivessem os nomes dos generais. *O plano serviria para sensibilizar os generais que se sentiam ameaçados de perder seus cargos. Somente deixariam constar no Almanaque de coronel para baixo.* Aí foi emitida a ordem para fechar a Agência de Brasília. Eu conversei com o general Castro: general, a Agência Central ficará prejudicada com o fechamento da Agência Brasília. Ela não dispõe de pessoal suficiente para produzir o serviço que a Agência de Brasília faz. Então, veja se é possível o senhor trazer esse pessoal de lá, que eu vou criar uma *Seção Brasília* aqui na subchefia. E esta seção ficará voltada para as questões de Brasília. E ele assim o fez. Abri uma sala como essa (do apartamento) ou um pouco maior. Ficaram trabalhando lá Rubens Robine Bizerril,[10] José Leopoldino e outros. O Leopoldino eu transferi depois para outra cidade. O Bizerril era natural do Espírito Santo. Transferi para Belém. Depois retificaram a transferência dele para Vitória. Deixei lá, trabalhando naquela sala, todo o núcleo da Agência Brasília. Aí veio o Rubem, um português (tenente-coronel Rubem William, posteriormente alçado à condição de diretor da Companhia Madeireira São Miguel, com sede em Belém do Pará [grifo dos autores]). Trabalhava na Agência Central. E ele foi logo dizendo: "Esse pessoal é extremamente perigoso. Como é que deixaram eles todos juntos?" Eu respondi: "Olha, Rubem, esse pessoal é gente como nós, revolucionários. E eu confio plenamente no Leopoldino..." "Não, eu só estou dizendo" (imitando sotaque de português)... Prossegui: "Olha, eu não vou desmanchar (a equipe)... Esse pessoal presta um excelente trabalho. Se quiser, *grampeie* o telefone deles todos e pronto. Estamos conversados."

– Acompanhava o Rubem o chefe do setor de Contra-Informações. Um *cão-de-fila desgraçado*. Reclamei: Vão *grampear* meu telefone? *Filhos-da-puta. Vão grampear os cornos da mãe!* Até o general Sebastião Castro soube dessa história e conversou comigo: "Você anda meio nervoso." Retruquei: "Ando nervoso, não. *Eu esculhambo quando vejo que não confiam em mim, pô. Desconfiança da minha fidelidade? Eu esculhambo...*" Virou uma paranóia. Todo mundo tomando conta de todo mundo. Ali é que estava a coisa. Todo o processo de *desmanchar* a revolução começou ali com aquele camarada (o sr. João Baptista Figueiredo [grifo dos autores]). Foi nefasto, extremamente nefasto. E era protetor do Newton, um sujeito nefasto, ordinário, safado.

(Luiz Helvécio conta mais uma história)

– O jornalista Elio Gaspari, que trabalhava na Revista ***Veja***, insistiu para que eu lhe desse uma entrevista para as *páginas amarelas*. Foi no restaurante Rio's (Parque do Flamengo, Zona Sul da cidade). Argumentei: "Vocês nunca divulgam o que pensamos e, sim, o que vocês gostariam que nós pensássemos. Incompatibilizam-nos, inclusive, com os amigos. Eu sou anticomunista, vou morrer anticomunista." *Aí, num determinado momento da conversa, ele me confidenciou que o Golbery*[11] *era comunista*. Disse para mim: "*Você sabia que o Golbery era comunista? Olha, o Dieese o identificou como um comunista que protegia os comunistas...*" pois o Fernando Henrique Cardoso era assessor dele. Esse Fernando Henrique, posto para fora da Universidade de Brasília como esquerdista, marxista, estava dando assessoria econômica ao gabinete do Golbery... passei imediatamente a informação para o general Geisel etc. E o Geisel recomendou que ele (Golbery) interrompesse essa ligação.

Reclamar do Golbery junto ao general Geisel era perder tempo...

– Fiz isso para que eles soubessem que nós também estávamos sabendo. Sabe o que ele (Golbery) fez? Passou a ir aos sábados e domingos à *Granja do Torto*. Tertúlias!... Então, foi igualmente detectada uma conversa *grampeada* com D. Ivo Lorscheiter, que era secretário da Conferência Nacional dos Bispos do Brasil e inimigo declarado da revolução. Pois, o Golbery felicitava-o pelo fato de ele ter elaborado um livro no qual *metia o pau* na revolução. Não dá! Encaminhamos ao Geisel um relatório sobre essa "arte" do Golbery etc. Enfim, havia toda uma *patota* contra a gente. O que nós podíamos fazer? O governo estava oficialmente favorável a eles. *O estratagema era socar. Sentar o pau. Destruir todos eles. Dar prejuízo.* Não adiantava querer derrubar o governo que nós ajudamos a colocar. Então nós tinhamos é que fazer uma nova revolução na altura da nossa capacidade.

"Liga das Nações Cativas"

(Neste bloco Helvécio passa a discorrer sobre a "Liga das Nações Cativas")

– Nós dispúnhamos da *Liga das Nações Cativas,*[12] que tinha uns *caras* bons como o diabo! Lituanos, letões, estonianos, poloneses... gente de todas essas nações aqui no Rio. Mas ela mantinha ramificações em todos os lugares. Gente boa. Você queria fazer umas falsificações, por exemplo, ingressos para o balé russo. Eles imprimiam bilhetes semelhantes aos do balé russo e enchiam de gente o teatro. Tinha dois, três bilhetes para a mesma cadeira. As discussões eram inevitáveis: "Essa cadeira é minha!...," "Não senhor!..." Era trabalho da *Liga das Nações Cativas.*

– ...Quem deu a idéia de aproveitar as organizações resistentes foi o francês Pierre Richell Pellegrin. Pierre dizia assim: "*Vocês são muito complicados. Vocês querem sempre criar uma instituição nova para combater isso (os comunistas). Vocês têm que fazer uso das instituições já existentes, por exemplo, uma organização poderosa como o jogo do bicho. Vocês não sabem utilizar a força que ela tem. Sabem o que deviam fazer com o jogo do bicho? Exigir! Queremos o (Carlos) Lamarca dentro de três meses, preso. Do contrário, colocamos o jogo do bicho a zero, fechamos e prendemos todos os banqueiros do jogo do bicho. Vocês receberiam o Lamarca em um mês, de graça. E assim iam fazendo... queremos dinheiro para combater a subversão! Vão a esses supermercados... Olha: ou nos dão tanto ou então incendiaremos todos. Assim fizemos na França e na Argélia.*" Esse cara, o Pierre, não era brincadeira. Eles treinavam para (organizar e manter) um determinado tipo de revolução.

Nesta situação era quase uma guerra...

– ...No cais do Porto de Argel os portuários fizeram greve para não descarregar material para o exército colonial francês. *Pierre encheu um Dauphine com bujões de gás e dinamite. O carro bateu contra os portões das docas de Argel. Sabe quantos ficaram no chão? Duzentos e quarenta e três. Derrubou todo mundo. Aqueles que ficaram de braços cruzados... foi todo mundo para o beleléu.* O negócio é esse. Não ter pena, digamos assim. Se for perigoso para o nosso objetivo, temos que eliminar o cara. *Foi a primeira pessoa que nos chamou a atenção para os dominicanos.*[13] Ele se lembrou que todas as vezes que passavam diante de um convento dominicano, dirigindo-se do Cais do Porto para o acampamento deles nos arredores de Argel, as últimas viaturas do comboio eram metralhadas e dois ou três soldados morriam. Ele nos contou que estava voltando com a tropa no dia 24 de dezembro de 1954 ou 1955 e, ao passar diante do convento, percebeu algo estranho... na véspera do Natal atiraram neles... atiraram lá do convento. Disse Pierre: "*Então fomos, subimos lá e metralhamos aqueles pombinhos brancos: 22 ou 23. Ficaram todos lá.*" Outra História contada pelo *Francês*: "Sabe como nós pegamos o Ahmed Ben Bellah?[14] Fomos para a zona dos bordéis em Argel e dissemos: "Olha, queremos o Ben Bellah no máximo em dois meses ou então voltamos para quebrar e isso aqui vai ficar às moscas. Entregaram o Ben Bellah às moças. Ele foi *comer* uma daquelas moças e, quando acordou, estava algemado."

(Luiz Helvécio comenta um pouco mais sobre Pierre Richell Pellegrin)... Pierre era oficial. Major do exército francês. Tropa especial. Serviu oito ou dez anos no Vietnam (ex-Indochina Francesa) e mais uns oito no norte da África. O Pierre era um combatente extraordinário. Ele dizia que o homem de Informações, homem de Operações, tinha que fazer qualquer coisa em qualquer lugar, a qualquer momento. Não tinha conversa. Ele devia improvisar, ter uma criatividade capaz de não deixar fugir o instante. Ele nos dizia: "*Você está vendo essa torneira aí? Bota o bicho na corda ali e afoga um pouquinho... tira! Puxa, deixa o cara de cabeça para baixo. Puxa! Colaborou, suspende; não colaborou... afoga.*" E assim vai.

Como é que o *Pierre* se aproximou de vocês?

– Através da *Liga das Nações Cativas*. Ele já estava morando aqui. Ele veio para cá meio fugido, porque o (Charles) De Gaulle não gostava dele. O De Gaulle queria promover a paz na Argélia, como de fato fez. Precisava tirar aqueles caras de lá. Ele até trocou de nome. Veio para o Brasil com o nome trocado. Mas era um *monstro* em termos de competência. Era de uma capacidade tremenda, sabe? Percebia-se no olhar. Ele é mais moço do que eu. Mas é um camarada tão vivo... Ele chegou e nos disse assim: "Quer prender um *comunista cocô*?..." Ele chamava comunista de *cocô*. Ele era o encarregado da construção do emissário submarino (de Ipanema). Esse emissário que corre paralelo à praia, lá em Ipanema. Certa ocasião ele foi entrevistado por uma repórter em Copacabana... uma repórter que lhe fez muitas perguntas sobre detalhes técnicos... ele era técnico em explosivos. Ela perguntou como aquilo era feito etc. "Eu gostaria de saber como é..." Aí o Pierre: "*Ah, é*?" Catou o endereço dela. Ele era bonitão e impressionava o mulherio. O certo é que nós fomos até Santa Teresa num sábado pela manhã somente para localizá-la. Era o tal negócio: acho que nós não podíamos perder. Pegou um *elemento*, não deixa para amanhã que ele pode desaparecer. Eu não conhecia bem Santa Teresa. Santa Teresa é um verdadeiro labirinto de ruas. Numa subida daquelas nós passamos em frente à casa da mulher. Foi uma bobeada nossa, ela percebeu e desapareceu. O Pierre era de fato um combatente fora de série.

"Como é que estão os coquetéis Molotov de vocês?"

Quem comandava a Liga das Nações Cativas?

– ...Eles tinham, ao menos, uma união muito grande. Eu conheci... havia uma senhora romena casada com um coronel também romeno... e esse coronel era anticomunista. Anticomunista de peso, porque, certa ocasião, ele estava sentado num bar em Campo Grande (Zona Oeste do Rio de Janeiro) e lhe deram uma rajada de metralhadora. Pegou nas costas e um (dos projéteis) atingiu a coluna, por isso vive ainda hoje numa cadeira de rodas. O certo é que a senhora dele ia até o Centro de Informações do Exército; dava algumas *barbadas* por lá. Disse-me ela certa ocasião: "E então, o senhor não pretende aparecer para conversar com o coronel?" Fiz isso, fui até lá e ele ficou muito satisfeito. Se animou e nos avisou sobre o

Francês: Vem aí um rapaz que pertence à Liga das Nações Cativas. E ele está com todo conhecimento modernizado. Veio da Argélia etc. Esse cara é um combatente extraordinário. Porque estava embarcando para trabalhar numa companhia de engenharia na Turquia e, no aeroporto, encontrou-se com o pessoal que viajaria para Biafra (Zaire). Um desses homens lhe perguntou: "Pierre, não gostaria de ser comandante de batalhão na Nigéria. Ganhará US$ 6 mil por mês." Era dinheiro para caramba. Contrato de seis meses. Um negócio interessante... Telefonou para a mulher, com quem ele vivia: "Alice, desisti da Turquia. O dinheiro está curto e eu vou para a Nigéria... comandar um batalhão de mercenários."

(Luiz Helvécio prossegue)

– O Pierre é um cara fora de série. Uma vez ele me disse: "Vocês têm dificuldades em obter resultados nos interrogatórios?" Sim, interrogatório é um ponto crítico no Serviço de Informações. Pierre: "Há muito nós descobrimos um método muito prático. *Olha só o que nós fizemos. Pegamos um (pacote) de OMO*[15] *(sabão em pó fabricado também no Brasil [grifo dos autores]) e dissolvemos o conteúdo em vinte litros de água"... Aquilo tem muita amônia então é preciso coar. Coado, fica uma solução muito boa de sulfanato. Ele (o interrogado [grifo do próprio entrevistado]) toma um copo, o caldo vai direto para o umbigo e dá uma virada. Amolece o estômago que é uma beleza. Ele fala que é uma beleza. Há uma descontração. O cara fala tudo. O cara fica meio relaxado.*" Não cheguei a fazer isso, mas estive para fazê-lo. Como já disse, mato em combate mas não torturo... o certo é que o Pierre conversou muito comigo: "Como é que estão os *coquetéis molotov* de vocês?"[16], indagou. *Ponho gasolina, ácido sulfúrico, depois, se quiser, coloco mais full oil* (óleo pesado, combustível de motores pesados, por exemplo: turbinas para geração de energia elétrica [grifo dos autores]) *para dar uma certa permanência..., mecha, toco fogo e jogo em cima. Quando quebrar* (o vidro) *entra numa reação altamente explosiva...* Ele disse: "*Olha, coronel, isso está mais atrasado do que o dilúvio. Nós usávamos (na Argélia) uma coisa mais moderna, sabe? O nosso coquetel era o seguinte: nós usávamos ácido sulfúrico, gasolina, gascola (para dar substância) e fazíamos... por fora do vidro, colocávamos um chapeuzinho, desses feitos com cartão de visita, contendo clorato de potássio. É assim, meio escamoso... quando o vidro arrebenta e o ácido sulfúrico entra em reação com o clorato, expande 800 graus de caloria. É um perigo. Não precisa acender a mecha. Como é que o senhor, num comício, vai acender a mecha e jogar? Ninguém deixa.* Agora, eu vou aqui..." (Luiz Helvécio imita o sotaque do *Francês*)... Oh, saia de perto de mim! Tomava a distância de 20 metros e ele fazia assim: dava uma volta, colocava os panfletos debaixo do braço e jogava a garrafa somente com o movimento do braço. Virava uma bola de fogo. Era isto.

"O Pierre nos ensinou muito"

– *Tinha uma outra bomba que ele fazia com amônia. A reação com amônia consome muito oxigênio. Para ambientes fechado era ideal, porquanto matava as pessoas por asfixia.* Então, tinha tudo... a *carga oca.* Nós não sabíamos... não conhecíamos. *Então ele preparava a carga oca. Era um cone revestido de matéria explosiva. Explosivo plástico é o ideal. O cone faz a ignição direitinho. É um tiro de canhão! Ele sai naquela angulação do cone mas a prisance se soma no eixo do cone. Vira para o alvo a parte aberta do cone. A parte aberta entra numa parede aqui pequena; no outro lado da parede ela já sai deste tamanho!!! É um tiro de canhão, uma coisa fora de série.* Ficamos impressionados com a capacidade dele. Até então, como gastávamos material! Testávamos lá do outro lado da Baía da Guanabara. O Forte Imbuhy estava desativado. Havia somente a vigilância do Forte Rio Branco, que fica ao lado, embora distante um ou dois quilômetros. As instalações eram perfeitas. Pelo meu gosto nós teríamos instalado lá a Escola de Informações do Exército. Local ermo, de difícil acesso. De modo que nós poderíamos ter feito por lá a nossa agência. Ficaria muito bom. Tinha rancho, tinha tudo...

– O sacana do Fiúza (Adyr Fiúza de Castro) não moveu uma palha. "Não. O SNI vai criar a Escola dele..." Retruquei: mas nós temos que ter a nossa. Se nós fundássemos a nossa, o SNI sequer criaria a dele. Tanto é verdade que foi instituída a Escola de Inteligência do Exército, devido ao *racha* entre o Exército e o SNI. O Exército pretendia dispor de quadros e desenvolver uma linha de investigação autônoma (seria esta uma forma de o pessoal do Centro de Informações do Exército operacionalizar ações ou investigações que o SNI entravava ou avocava para si. Essa questão também podia ser avaliada sob outro prisma, o das vaidades pessoais [grifo dos autores])... fora o fato de estar localizada numa cidade onde todo mundo sabe o que cada prédio significa: "Olha lá a Escola de Informações!..." Lá (no Forte Imbuhy), não. Ficava num lugar reservado, ninguém saberia e, para chegar até lá, seria preciso atravessar o Forte Rio Branco, ou então vir nadando ou de barco. De sorte que são essas coisas assim que a gente reclamava... nós passávamos lá os sábados e domingos. O Pierre nos ensinou muito. Mas o Alberto Fortunato, eu acho, foi o melhor aluno do Pierre. Porque é um detalhista, observador... costumava dizer, naquele jeito dele: "Cavalheiros, calma, tem que fazer assim..." aquelas bombas-relógio (utilizadas em diversos atentados entre 1968 e 1970) era ele quem fazia...

Como aconteceu esse encontro?

– O Fortunato já vinha dessa vertente. Ele veio lá do grupo do Hilário (Hilário José Corrales, marceneiro de profissão e um dos mais importantes ativistas da direita radical no Brasil [grifo dos autores])...

Ele passou a freqüentar a casa do Hilário...

– Ele já tinha *metido a mão* no caso da *Exposição Russa em 1962.*[17] Mas pegaram o Roberto Godoy. Eu vibrava com o negócio. Vibrei ouvindo-o falar: "Eu não tenho nada com isso. Não quero nem saber disso..." (O Godoy) era meio *porra louca.*

"Nós vamos assaltar as pedreiras do Estado do Rio"

E o Hilário?

– Vejam só. O Fortunato eu já conhecia desde os tempos do Henrique Lott. Tínhamos bom relacionamento desde o tempo de oficiais. Eu o considerava muito detalhista. Era um homem dos detalhes:"... cavalheiros, vamos devagar, assim-assado." Aquelas sequências... ele sabia preparar bombas-relógio. Não é fácil. É um perigo *filho da mãe*. Uma bobeada ali e o sujeito morre (o coronel Alberto Carlos Costa Fortunato estudou eletrônica por correspondência e, em seguida, se desenvolveu como autodidata da relojoaria. Ficava horas em sua casa, à noite, praticando. Havia uma luminária sobre a escrivaninha onde ele treinava o ofício com infinita paciência, como ele próprio explicou aos autores).

Como o senhor se encontrou com ele?

– O Hilário era do antigo ***Movimento Anticomunista – MAC***. Um dia eu fui chamado à Agência do SNI, aqui no Rio de Janeiro, para conversar com o general Assis Nogueira. Ele trabalhava no Centro de Informações do Exército e eu o conhecia. Muito antes, quando eu tirei o curso de *Psicotécnico Militar* ele era instrutor em Realengo. Disse-me, pois, o general: "Helvécio, eu precisava falar contigo etc." Respondi: na área de Informações estou à sua disposição. Ele: "Helvécio, o que você acha da situação? Greves, manifestações de estudantes etc. Olha, Helvécio, pelo que estou sentindo o governo vai cair." Pouco tempo antes acontecera... a tal, como chamavam, *Passeata dos 100 mil*, que o Nelson Rodrigues colocava entre aspas. Eu disse, olha, general, eu nunca vi um governo cair, digamos assim, por tentativas de insubordinação de estudantes. Mas já vi muito estudante perder a carreira por se meter contra o governo. "Você acha?..." Eu acho e, *para ser mais objetivo, penso que o senhor quer que eu comande aqui no Rio o Movimento Anticomunista no meio estudantil. Não tenho dúvidas. Dentro de três meses eu ponho esses sacanetas com o rabo entre as pernas*. Ele indagou: "Você acha?" Confirmei: sem dúvida alguma! Aí ele me deu um abraço: "Rapaz, eu nunca pensei que você fosse tão disposto assim." Eu não sou melhor do que os outros, mas gosto de fazer isso. Foi quando eu me liguei ao Hilário. Ele me levou ao Hilário. Quando lá cheguei estavam Alexander Murillo Fernandes, Hilário José Corrales, Fortunato e mais o Pierre... o nosso pessoal se reunia lá. Nós íamos até a casa dele no Catumbi para bater-papo, comíamos aqueles salames que ele servia. Chegamos e *bolamos* as ações. Aprendemos a fazer as coisas. Então, eu alertava: olha, nós vamos fazer isso. O Movimento (de resistência ao Regime Militar [grifo dos autores]) está na frente. *Nós vamos reagir a eles, e vamos reagir não utilizando material do Exército. Vamos fazer o que os comunas fazem. Onde é que eles conseguem explosivos? Arranjam dinamite por aí. Nós vamos assaltar as pedreiras do Estado do Rio. Aqui no Estado do Rio existem várias pedreiras... Víamos umas casinhas isoladas, e não eram casas de pedreiros. Eram casas com dinamite guardada. Os brilhantes capitães, oficiais extraordinários... nós não os esqueceremos. Serviram comigo lá no Centro de Informações do Exército... outros, também, de outras unidades, se ofereciam como voluntários para se incorporar ao movimento e nós assaltávamos...* O comandante do Forte Rio Branco era nosso amigo. Então ele guardava grande parte do material. E nós assaltamos as pedreiras, aí. Os capitães faziam o levantamento e assaltavam. Eles assaltavam e traziam assim vinte, trinta quilos de explosivos. Dinamite inerte.

Agora é preciso saber *escorvá-la*. Perdeu-se muito explosivo e a dinamite fazia algum estrago. Aí nós passamos a agir com o Pierre. O Pierre nos ensinou muito sobre o uso de explosivos plásticos. Utilizávamos dinamite com explosivo plástico. Aí juntou a sopa com a vontade de comer, porque era uma beleza. Aumentou bastante a nossa capacidade. Nós já tínhamos preparado trinta ou quarenta cargas assim e fazíamos operações. O Pierre se incorporou ao plano originário. Era uma turma só...

"Gente de *pedigree*"

O coronel Alberto Fortunato dizia que no Grupo que freqüentava a casa do Hilário havia um outro subgrupo que ficava tão-somente conversando...

– Não era assim. Nós já tínhamos todos: o Freddie Perdigão, *Branco* (nome verdadeiro não lembrado)... Pedro Maciel, não. Esse, nunca participou das operações. Ele era politicamente alinhado conosco. Camilo Borges de Castro, *Camões* (coronel Carneiro de Mendonça). Ele era dessa família Carneiro de Mendonça..., o irmão dele foi goleiro do Fluminense. Famoso. Foi da *Seleção Brasileira*, gente fina. Gente de *pedigree*. Um dos homens de maior coragem que eu já vi. Na galeria dos homens de coragem ele está lá. Ele tinha um olho meio fechado, daí nos o chamávamos de *Camões*. O *Camões* era diretor do depósito de munições do Exército em Paracambi, e ele tinha sob a sua responsabilidade uma área de segurança que ia da serra ao Porto de Sepetiba. Ele sempre me dizia para eu subir até lá, na serra, porque pretendia pegar uns caras de que não gostava. De uma família que ele não gostava. Meio importante, meio bandida. Eles eram de alguma forma ligados ao jurista Romeiro Neto (na verdade, o Dr. Romeiro Neto era quem, como advogado contratado, representava aquela família nas questões de trato jurídico-penal [grifo dos autores]). Um dia, de repente, eu li: *seqüestrados seis pastores protestantes na Baixada Fluminense*. Disse ao *Alex*: isso está me cheirando a coisa do *Camões*. Me faça um obséquio. Vá até Paracambi... longe pacas... o *Alex* era assim, meu colega de turma e colega de Estado-Maior também. Um sujeito extraordinário, de família bem de vida o *Alex*. Um sujeito muito inteligente. O *Alex* foi lá e voltou às nove horas da noite. Telefonou: "Positivo. Ele quer falar contigo. Veja se pode dar um pulo lá amanhã." Eu fui até lá num sábado de manhã. E o *Camões:* "Pô, Helvécio, estava te esperando mesmo. Eu não quero mais vê-los... Estamos fazendo um interrogatório..." Contra-argumentei: o que é que nós temos a ver com isso? *Camões*: "Esses caras estavam vendendo *evangelhozinhos* na rua por um preço absurdo." Arrematei: Oh *Camões*, se nós nos metermos contra os traficantes, os contrabandistas, os bandidos, os pastores safados, contra as prostitutas... nós estaremos atirando com uma metralhadora num ângulo de 360 graus. Sabe que 360 graus não dá..." Ele concordou: "Vamos libertar esses caras e expulsá-los..."

"Explodido cartório de Nova Iguaçu"

– (Luiz Helvécio prossegue a narrativa) ...Daqui a pouco: (...) *Explodido cartório de Nova Iguaçu*. Uma explosão destruiu o cartório etc... — Tinha o *Camões*, o (José de Ribamar) Zamith, que era comandante da polícia por lá, mas tinha toda aquela área sob a sua responsabilidade... e tinha gente da Marinha e a Chefia de Polícia do Estado do Rio de Janeiro que, naquele tempo, estava subordinada ao Francisco Homem de Carvalho, o *Chiquinho*, rapaz muito bom, já falecido. Era casado com uma pessoa dessa família de fabricantes de móveis *Gelli*. Foi um chefe de Polícia distintíssimo. Mas para juntar esses *caras* numa mesa era dificílimo. Certo dia recebi um telefonema do coronel (prenome não lembrado) Paiva. Ele foi até chefe do Estado-Maior das Forças Armadas. Um sujeito que esteve muito tempo na Segunda Seção do Estado-Maior, fez cursos na Argentina... um *cara* que tinha conhecimento global em Informações. Esteve em Suez, comandou aquele batalhão em São Domingos, um cara que levava muito jeito. Pois o Paiva me telefonou um dia. Ele estava comandando o Corpo de Cadetes (na Academia Militar) em Rezende. "Helvécio, olha... – *eu já conhecia esse agente dele* – "...escuta, sumiram com o fulano de tal. Desapareceu assim. Ele foi para São Paulo e você sabe que ele não se dava bem com o *Camões*. Ele mantinha um escritório lá em São Paulo, desceu para tomar um cafezinho e não voltou mais. Quer checar se algum de vocês o prendeu ou aconteceu alguma outra coisa?" Estranho, pensei... Molinaro chamava-se o rapaz. Esteve lá uma vez para falar comigo. Nada tenho a ver com o Molinaro. *Aí o Alex foi até Paracambi e ele tava lá, no pau, sabe? E... puta merda!* (Luiz Helvécio acrescenta a propósito do ***Grupo Secreto*** [ver em *A Direita Explosiva no Brasil*] que, sendo Hilário José Corrales muito ligado ao coronel Carneiro de Mendonça, dispunha de munição à vontade; munição aparentemente fora de uso, que não tinha mais garantia... e o pessoal do ***Grupo Secreto*** treinava com essa munição à vontade). Então, eu tinha que ficar controlando... porque eu sempre fui de jogar no time. Era tudo gente nossa... O *Camões*, se aparecessem essas denúncias junto ao Comando do Primeiro Exército, ele estava roubado. Então, era preciso esconder. Negava qualquer acusação contra o *Camões*... Aí chegamos. O rapaz (Molinaro) estava realmente lá. Quanto ao *Camões, ele* faleceu há pouco tempo; morava em Ipanema. Outro integrante do grupo era o Leuzinger Marques Lima. Era um cara simples. Ele (*Camões*) até me recriminou: "Você, hein? Protegendo o Molinaro. Mandou tirar o Molinaro da cadeia. Eu ia dar um pau nele, e ele ia sumir de fato." Tempos depois sugeri que dessem ao *Camões* (como compensação pelos serviços prestados) uma *Medalha do Pacificador.*

"Um cala-boca"

A história do seqüestro de Dom Adriano Hipólito...

– Aquela foi uma operação muito bem feita, mas... não totalmente! Não teve a mesma eficácia, porque existem os *momentos-surpresa*. Ela foi bem levantada, bem planejada. Não foram eles (refere-se ao ***Grupo Secreto***). Foi o pessoal pára-quedista. Tinha pára-quedistas, tropa especial... Achavam que poderia haver um conflito. Tropa especial para aquelas pessoas! Dom Adriano... na companhia dele estava um casal e mais um que era *macho* dele. Eles liberaram a mulher lá por Nova Iguaçu... deixaram...e, liberando-a, tinham pouco tempo, porque estavam no carro do padre. Carro conhecido. Se a radiopatrulha fosse avisada bastava chamar pelo rádio: "*Foi visto o carro assim-assim...*" poderiam ser apanhados. O negócio era não fazer isso com o conhecimento da Polícia. Como Dom Adriano era comunista... ele vivia pregando o comunismo, reforma agrária, alí em Papucaia... Nós não tivemos nada a ver com aquilo. *Foi dada ordem para fazer uma operação contra ele. Um cala-boca. Aí o pessoal pegou ele, mas pegou junto com o macho e tiveram que dar porrada no macho dele. Foi uma luta... dizem* *que foi uma briga de cachorro grande. Mas os caras dominaram ele e pegaram Dom Adriano, levaram para Jacarepaguá e o deixaram nu e pintado de vermelho; depois largaram o carro dele em frente à Nunciatura Apostólica* (Palácio São Joaquim, na Glória [grifo dos autores]) ***e explodiram o carro*** (o coronel Luiz Helvécio não especificou quem determinou a operação contra D. Adriano Hipólito).

"Médici. Foi o melhor presidente que o Brasil teve"

– Vejam bem, a gente fazia sempre um estudo prévio. Uma vez feito aquilo, visto que o governo pouco agia e os comunistas passariam a mandar, revertemos a situação política, visando o combate à guerrilha. *Quem são os nossos inimigos? São as esquerdas! Qual é a parte mais vulnerável da esquerda? A esquerda festiva. Como ela se manifesta? Pelo teatro, televisão, jornais etc. Como poderá ser mais facilmente desencadeada a operação? Por certo nos teatros, onde há maior movimento e mascara mais a operação... então vamos fazer uma operação nos teatros.* Estão numa campanha... no Molière, o *script* era um e o texto apresentado, outro. Esculhambava o Costa e Silva, esculhambava o general, colocava o general com um *penico* na cabeça, o diabo a quatro...

Essa área interessava mais a Inteligência do Exército?

– Não sei. O governo devia saber que éramos nós. Eles conviviam com isso. Mas eu não ia dizer para eles. Eu fui convocado (a agir) por um oficial-general. Nós servíamos ao governo. *Eu creio que nós fomos os planos de choque do governo para dar porrada. Aquela porrada!* A situação evoluiu no tempo do Costa e Silva. Estávamos no tempo do Médici. Foi o melhor presidente que o Brasil já teve. Foi uma pena ter sido somente para completar o governo iniciado com o Costa e Silva. Aquele camarada tinha tudo como presidente da República. Ele interpretou a missão dele como uma delegação. E recebeu uma missão imposta. De fato, ele não pleiteou a Presidência da República. Eu estava no gabinete do ministro do Exército e assisti à maneira como o pessoal forçou o Médici a aceitar a Presidência. Eu pensei que o indicado fosse o Aurélio Lyra Tavares... porque foi feita uma consulta entre os generais das três Forças... O Lyra disse que não se deixaria apreciar; portanto, estava riscado o nome dele na lista. O Lyra era muito esperto. Na hora da escolha levantou-se o chefe do Estado-Maior: "O general Lyra Tavares, por uma questão de ética, não quis ser apreciado. No entanto, ele é o homem, porque tem sido o chefe da *Junta Militar*. Então eu pensei: bem, então vai ser essa" (a escolha).

A conversa gravada com o coronel Luiz Helvécio da Silveira Leite terminou exatamente neste ponto. Nova entrevista seria marcada, mas o seu estado de saúde agravou-se e pouco tempo depois veio a falecer em novembro de 1995, no Rio de Janeiro, aos 72 anos de idade.

Acreditamos que as suas declarações contribuíram para esclarecer alguns episódios obscuros da história recente deste País.

Notas

[1] ***Abatises***, cf. Aurélio, p. 6, são obstáculos feitos de troncos e galhos aguçados de árvores abatidas entrançadas com arame ou cordel plástico, para dificultar a progressão de pessoal ou das viaturas do inimigo.

[2] Jefferson Cardim de Alencar Osório, conforme o *Dicionário Histórico e Biográfico*, "encontrava-se na capital uruguaia, como coronel, quando ocorreu o movimento político-militar de março de 1964, que depôs o presidente João Goulart. Opondo-se ao novo regime, regressou clandestinamente ao Brasil na expectativa de encontrar algum movimento de resistência. Após passar oito dias escondido, retornou ao Uruguai, onde foi preso e em seguida libertado. Em abril de 1964 foi transferido para a reserva por força do *Ato Institucional Número 1* e em setembro daquele mesmo ano teve os seus direitos políticos suspensos por dez anos." Em seguida, segundo seu próprio depoimento (e ainda conforme a mesma fonte bibliográfica), apresentou ao presidente João Goulart, também exilado no Uruguai, um plano de tomada da região de Chuí, a ser realizado ainda em 1964, mas a operação não foi levada a cabo por falta de infraestrutura. Tempos depois, consolidou contatos junto a políticos ligados ao presidente deposto (entre os quais Leonel Brizola e Darcy Ribeiro), objetivando implementar outro movimento armado (apoiado pelo ex-sargento da Brigada Militar do Rio Grande do Sul,

Alberi dos Santos Vieira). Em 19 de março de 1965, Jefferson Cardim Osório e Alberi cruzaram a fronteira do Brasil com o Uruguai em Santana do Livramento e deram início à operação. Eles dispunham de 23 homens, pouco dinheiro e armamento precário. Seguiram todos para o norte do estado de táxi, trocando de carro em cada cidade. No dia 25 daquele mês, atacaram o presídio e o destacamento militar de Três Passos (RS), tendo Jefferson, na condição de comandante da operação, lido pela rádio local um manifesto defendendo as reformas de base a conclamando povo à luta armada. Atingiram em seguida Tenente Portela (RS), onde tomaram o destacamento local e se apoderaram das armas. Atravessaram Santa Catarina e, no dia 26 de março, chegaram ao Paraná. Logo no dia seguinte, nas proximidades de Leônidas Marques, começaram a surgir diversas unidades do Exército que estavam no seu encalço, mas os rebeldes emboscaram uma das patrulhas a fim de escapar ao certo e dispersaram, sendo depois capturados.

Jefferson Osório, segundo seu próprio depoimento, foi espancado no mesmo dia da sua prisão pelos soldados e pelo capitão Dorival Suamini, que integravam a mesma unidade a que pertencia um sargento que fora morto na emboscada. Os maus-tratos continuaram no dia seguinte, 28 de março, durante os interrogatórios conduzidos pelo comandante de Foz do Iguaçu, tenente-coronel Marques Curvo. Após passar por várias prisões militares, foi condenado pela 5ª Auditoria Militar a oito anos de prisão, pena esta aumentada para dez anos pelo Superior Tribunal Militar (STM), em face de um recurso interposto.

[3] A igreja de *São José da Pedra Menina* fica no município de Espera Feliz (Minas Gerais), quase na divisa com Espírito Santo e a aproximadamente 1.000 metros acima do nível do mar, ainda na Serra Vargem Alegre, sopé do Caparaó.

[4] Informa o *Dicionário Histórico e Biográfico*, que, em 1954, Alfredo Souto Malan foi um dos signatários do *Manifesto dos Coronéis*, dirigido à cúpula das Corporações Armadas, com o objetivo de protestar contra a falta de recursos destinados ao Exército. Dez anos depois, vitorioso o Movimento Militar que derrubou da Presidência o sr. João Goulart, deixou a subchefia do Estado Maior das Forças Armadas para assumir o comando da Academia das Agulhas Negras. Após, exerceu o comando da 4ª Região Militar e da Divisão de Infantaria (ambas em Juiz de Fora). Em 1968, promovido a general de exército, assumiu o comando do 4º Exército (sediado em Recife, Pernambuco). Três anos depois (janeiro de 1971), passou a chefiar o Estado-Maior do Exército, em substituição ao general Antônio Carlos da Silva Murici. Era francamente favorável ao desengajamento lento e progressivo dos militares em relação ao Poder. Alfredo Souto Malan, segundo alguns dos seus subordinados, era uma pessoa afável e aberta ao diálogo. Passou para a reserva em maio de 1972 (grifo dos autores).

[5] Cf. BOITEUX, Bayard Demaria, in *A Guerrilha do Caparaó e outros relatos*,

pp. 100-108, o subtenente Jelcy Soares Correia tinha 27 anos quando ingressou na coluna guerrilheira. Era o responsável pela guarda do material de guerra e foi um dos primeiros a cair nas malhas da repressão.

Quanto a Bayard Boiteux, foi preso no dia 7 de abril de 1967 quando lecionava em um curso na Avenida Treze de Maio (Centro do Rio de Janeiro) e conduzido, sob forte escolta, para Juiz de Fora, onde o aguardavam outros guerrilheiros presos.

Após cinco meses de prisão no 4º Regimento de Obuses 105, sediado naquela cidade mineira, o Conselho Especial da 4ª Região Militar: Antonio Arruda Marques (juiz auditor – posteriormente cassado), Joaquim Simeão Farias Filho (promotor), e os majores Sebastião Vidal, Luciano Brasil Ribeiro, Roberto Tinoco Guimarães e Hélio Afonso de Souza, resolveu condená-lo a 11 anos de prisão acrescidos de mais dois anos de reeducação.

A pena foi reduzida depois, no Superior Tribunal Militar, para três anos, integralmente cumpridos (doze meses em Juiz de Fora, seis meses no Forte de Copacabana e dezoito na Fortaleza de Santa Cruz, ambos no Rio de Janeiro).

Sobre a escolha da região apropriada para a guerrilha, reproduzimos um trecho do relato publicado por Bayard Boiteux:

"(...) O panorama brasileiro: milhares de pessoas presas e torturadas, dezenas de mortos a mando de Castelo Branco, centenas de sindicatos e federações fechados, os partidos políticos encerrados etc.

Todos os caminhos, portanto, para que seguíssemos a via pacífica para sermos um país independente, estavam também encerrados.

As primeiras reuniões foram realizadas no Rio de Janeiro, com grupos de ex-militares e alguns civis cassados, para o estudo da luta armada.

Posteriormente, após amplas discussões com Neiva Moreira, Max da Costa Santos (já falecido) e Leonel Brizola, que tinham os mesmos objetivos que nós, tudo pronto!

Estudou-se o problema da localização dos focos de guerrilha. Escolhida a Serra do Mar, foi estabelecido que aí seriam distribuídos focos de guerrilha, de 200 km em 200 km.

Novos estudos para localizar onde seria implantado o primeiro agrupamento guerrilheiro. Afinal, concluímos que, por sua situação topográfica, deveria ser na serra, nas proximidades da Serra do Caparaó, na Zona da Mata de Minas Gerais, bem perto da fronteira com o Espírito Santo. A região do Caparaó ainda garantia centenas de caminhos para alguma retirada. Nessa região chove muito.

A direção, no Estado do Rio de Janeiro, foi constituída por três membros na qual eu era o presidente: Amadeu Rocha, responsável militar, já falecido, e um escritor de nomeada que não desejo citar o nome.

Os trabalhos no Rio eram intensos. Recebíamos boas contribuições em dólares, de patriotas brasileiros e de cidadãos estrangeiros, particularmente cubanos, para viagens, compra de equipamentos e armas.

O *Fogo de Caparaó*, posteriormente montado, com cerca de 17 companheiros, começou suas atividades com treinos militares, conhecimento topográfico da região e debates políticos.

Os camponeses das regiões adjacentes observaram as pessoas estranhas. Comunicaram à polícia. Paralelamente, dois de nossos companheiros desceram a serra e, numa barbearia, foram presos. A Polícia Civil comunicou à Polícia Militar e, esta, ao Exército.

Os 14 componentes, na época, estavam cercados e sem saída.

As polícias de Minas Gerais e Espírito Santo, finalmente, prenderam os guerrilheiros em 5 de abril de 1967.

Já estavam presos todos os guerrilheiros quando o Exército, Aeronáutica e membros do *Cenimar* assumiram o início da nova *Batalha de Itararé.*

Espetáculo grandioso: os tambores rufavam e os aviões e helicópteros roncavam; os tanques exibiam seus canhões modernos. A bisonha tropa tinha certeiras metralhadoras. Os aviões bombardeavam indiscriminadamente as populações indefesas. Babavam. Queriam mortos e feridos (...)"

[6] A desarticulação da coluna guerrilheira comandada pelo coronel Jefferson Cardin Osório aconteceu após a prisão de um ex-sargento em Santa Catarina. Segundo fonte de alta confiabilidade dos autores, esse militar foi *pendurado pelas orelhas* até confessar o envolvimento com a guerrilha e apontar a localização dos demais.

[7] A Revista ***Veja***, edição de 16 de outubro de 1968, pp. 12-15, publicou a reportagem abaixo transcrita:

O congresso interrompido

Os rapazes e moças enrolados em cobertores coloridos, no frio do começo da tarde de sábado passado, não pareciam os perigosos líderes estudantis do Brasil inteiro, presos durante o 30º Congresso da ex-UNE, em Ibiúna, cidade de 5 mil habitantes a 70 quilômetros de São Paulo. Eram 920 pessoas, entre estudantes e jornalistas, cansados e sujos de lama junto a um galpão da Cooperativa Agrícola de Cotia, para onde tinham sido levados por centenas de soldados da Força Pública estadual depois de terem sido retirados na manhã de sábado do sitio no bairro de São Sebastião, a 14 quilômetros de Ibiúna, onde estava sendo realizado o Congresso. Iam sendo postos em nove ônibus, um microônibus, cinco caminhões, duas Kombis e uma Rural-Willys. Um soldado pegou pelo braço um jovem magro, pálido, de olheiras fundas e óculos escuros, enrolado num cobertor de cor amarela. O rapaz, com olhar tenso de raiva contida, estava subindo num dos caminhões de presos. O soldado o reconheceu: era Luís Travassos, presidente da ex-UNE. Foi levado até o coronel Ivo Barsotti, comandante da operação anticongresso. O coronel apontou novo rumo para Travassos: a Rural, em que já estava José Dirceu, ex-presidente da ex-UEE paulista. Dirceu – cabelo comprido, barba por fazer, olhar cansado – disse a seu velho rival na disputa pela liderança na ex-UNE: "Dentro de um mês faremos um novo Congresso." No fim da tarde úmida e chuvosa de São Paulo, horas depois, a única tentativa de resistência à prisão: de um ônibus parado diante do QG da Força Pública, na Avenida Tiradentes, o ex-presidente da ex-UNE Vladimir Palmeira, foge pela porta de emergência e corre descalço pela rua. Os soldados da Força logo o cercam; na luta, Vladimir perde a camisa. Sem camisa, Vladimir junta-se na prisão a Travassos e Dirceu, enrolados em cobertores. Os três líderes estudantis estavam com prisão preventiva decretada, finalmente executada depois de muitas vezes terem enganado a polícia.

O preço de uma dívida – Na quinta-feira, o sitiante Miguel Góis, de Ibiúna, tinha levado ao delegado Otávio Camargo uma grave queixa: havia ido ao sítio de seu amigo Domingos Simões cobrar uma dívida por fornecimento de milho, mas dois jovens armados de revólveres o haviam impedido de passar a cancela. O delegado, de 35 anos, chapéu sempre quase enterrado na cabeça, foi juntando os fatos: no bairro do Curral, a 6 quilômetros de Ibiúna — cidadezinha que se orgulha de constar na lista oficial de cidades turísticas de São Paulo e produz tomates, batatas e alcachôfras —, sitiantes japoneses tinham visto "muita gente jovem com jeito de cidade." A 2 quilômetros de Ibiúna, na estrada que liga a São Paulo, um amigo do delegado, o dentista Francisco Soares, havia encontrados espalhados, junto a árvores, folhetos sôbre o movimento estudantil. O delegado Otávio Camargo tirou conclusões: o Congresso da ex-UNE estava sendo realizado em Ibiúna. Avisou o Dops e, na noite de sexta para sábado, três destacamentos da Força Pública — dois dirigidos pelos delegados do Dops paulista Paulo Bonchristiano e Orlando Rosante e o outro pelo coronel Barsotti, comandante do 7º Batalhão da Força, de Sorocaba — cercaram as três únicas vias de acesso ao sítio de Domingos Simões. Um estudante, de sentinela, deu tiros para o alto ao ver os soldados, que dispararam metralhadoras também para o ar. Foi só: logo depois, os congressistas se renderam sem luta e a Força Pública agiu sem violência. No sítio, os soldados acharam uma *Lugger*, duas *Berettas* e uma carabina, além das 920 pessoas.

O sítio e a polícia – Domingos Simões, o dono do sítio do congresso, 52 anos, alto e louro, conseguiu escapar sem pagar a dívida do milho nem ser preso por subversão. É corretor de imóveis; seu irmão Jerônimo Simões é sócio do ex-governador cassado Adhemar de Barros numa fábrica de aviões. Em sua casa – três cômodos apertados ao fundo de um corredor muito sujo, ao lado de um sobrado em demolição no Centro de São Paulo – , a mulher de Domingos, Neusa, nascida em Ibiúna, morena dezenove anos, afirma: "Meu cunhado Benônimo (é assim que ela o chama) já foi comandante da Guarda Civil." Ela não sabe onde está seu marido; só sabe que no início da semana Domingos foi visitado por cinco estudantes e saiu quinta-feira dizendo que ia para um piquenique.

Chiqueiro e barracas – O delegado Otávio Camargo, orgulhoso de seu feito – os dois mais recentes congressos da ex-UNE, em Belo Horizonte e em Valinhos, São Paulo, foram realizados sem que a Polícia soubesse –, diz o que viu no sítio: "Moços e moças amontoados na casa, dormindo em camas de lona ou no chão. Como não cabiam todos na casa, muitos foram aproveitar a cobertura dos currais desocupados. Ficava porco num chiqueiro, gente num outro." Conta também o delegado que durante o início da semana os congressistas se transferiram de um sítio de Domingos Simões, no bairro do Curral, para outro sítio, também de Domingos Simões, no bairro de São Sebastião, junto ao galpão da Cooperativa de Cotia, vendo o embarque dos presos, o coronel Ivo Barsotti – cansado de uma noite em claro ouvia a queixa trazida por um tenente: "Onde vamos pôr os soldados que estão aí na rua? Os caminhões estão lotados com estudantes." O Coronel respondeu secamente: "Ora, não tem lugar? Então vai tudo a pé daqui até São Paulo." Mas deu-se um jeito: apertando, empurrando, soldados e estudantes vieram juntos para São Paulo. Pelos 70 quilômetros de estrada, o comboio parou algumas vêzes para não dispersar. Caboclos perguntavam: "É romaria, é excursão, é revolução?" aos estudantes que pediam pão e água.

Um ônibus de Moças – Os estudantes foram embarcados nos ônibus e caminhões em fila indiana. Num dos ônibus estavam oitenta moças. Acomodaran-se de qualquer maneira: três em cada banco, no chão, sobre o motor, algumas de pé. Desconfiadas e caladas, procuravam controlar-se, evitavam dar informações sobre o Congresso. Disseram que não houve resistência nem nervosismo quando a Polícia chegou. Disseram também que a sessão de encerramento do Congresso não chegou a se instalar; estava marcada para às 7 da manhã de sábado. Durante a viagem descontraíram-se um pouco. Conversaram com o soldado que as vigiava, na porta do ônibus; pediram para ver a bala de fuzil e a baioneta (o soldado mostrou). Na chegada ao QG da Força Pública, tiveram sua única reação mais espontânea: foi quando Vladimir Palmeira tentou fugir. Segundo as moças, os policiais não foram violentos. Segundo um assessor do governador Sodré, todos os policiais já estavam preparados desde sexta-feira. O mesmo assessor informou que o governador ficou contente com a prisão. O maior motivo do contentamento do governador: metade dos presos não são estudantes. De qualquer modo, todos os 920 estão enquadrados na *Lei de Segurança Nacional*.

Nove horas depois – Só às 5 horas da tarde, estudantes de várias faculdades no Crusp – Conjunto Residencial da Usp – tiveram a confirmação do fim do congresso. Discutiam muito, reuniram-se improvisadamente, exigiam dos oradores palavras concretas, gritavam que já estão cansados de teorias e de cisões entre líderes.

Muitos dos oradores procuravam aliviar a tensão dizendo que devia ser uma onda de boatos espalhada pela Comissão de Segurança do Congresso ou pela Polícia. A última oradora foi Catarina Meloni, líder *travassista* em São Paulo. Ela e Bernardino Figueiredo – presidente do grêmio da Faculdade de Filosofia da USP – são os únicos líderes estudantis em liberdade; estavam presos até a semana passada, não tiveram tempo de participar do Congresso. Catarina convocou os estudantes para movimentações a partir de segunda-feira. Entre os estudantes, já no fim da tarde, esperava-se uma repetição do Congresso da ex-UEE paulista em 1966, quando todos foram presos, continuaram as discussões dentro da prisão, escolheram as chapas e Luís Travassos foi então praticamente eleito na cadeia.

[8] O presidente Ernesto Geisel esteve no Japão em setembro de 1976 para firmar uma série de acordos comerciais. ***Veja*** (edição de 22 de setembro daquele ano, pp. 21-22) registra, sob o título *Uma visita de bilhões*, os principais tópicos acertados:

. Fornecimento adicional de 250 milhões de toneladas de ferro às indústrias japonesas nos próximos 20 anos (valor aproximado: US$ 4,5 bilhões);

. Exportação de seis milhões de toneladas de minério de ferro paletizado, num prazo de 15 anos (total de US$ 2,7 bilhões);

. Exportação de 255 mil toneladas de celulose branqueada, no valor de US$ 1 bilhão em 15 anos;

. Exportação de produtos agrícolas – especialmente soja, milho e açúcar – no valor de US$ 600 milhões;

. Constituição de uma *joit-venture* entre a Vale do Rio Doce e grupos japoneses, para a construção de uma usina metalúrgica capaz de produzir 320 mil toneladas de alumínio em 1981;

. Construção da Usina de Tubarão (ES) capaz de produzir três milhões de toneladas de aço, ao custo de US$ 1,9 bilhão;

. Crédito de US$ 110 milhões à Usiminas para compra de equipamentos japoneses e expansão das instalações.

[9] Sobre algumas dessas pesssoas que se aproximavam do Poder para auferir vantagens pessoais, o coronel Alberto Fortunato – em entrevista complementar aos autores – contou o seguinte: "Houve uma reunião com o pessoal *milico* que trabalhava no Ministério do Interior: Afonso, Raposo, Adalberto – que era da DSI (Divisão de Segurança e Informações) – , pessoal todo *milico* e eles estavam querendo ajudar o Afonso Albuquerque (ministro do Interior) naquela passagem do Costa e Silva. Mas eles estavam pretendendo obter apoio político. Não me engajei naquele negócio. Ouvi tudo o que eles falaram só que, quando voltei para a DSI no dia seguinte, encontrei um recado do Câmara Senna, para procurá-

lo, à noite, na Vila Militar. Me toquei para lá. Cheguei na casa do Câmara Senna e estava toda a cúpula da Vila. Todos os comandantes de unidades. Isso aqui até parece um julgamento. Ao que respondeu um colega: "O negócio é o seguinte: tem aquele secretário do Afonso – a respeito de quem nós temos péssimas referências. E se o Afonso quiser ser presidente e ele continuar no cargo, nós vamos ter problemas, porque ele é *da pesada,* desonesto. O Afonso era candidato a substituir o presidente (o secretário chamava-se Macário). Daí, eu e o Adalberto tivemos uma conversa (à saída da reunião) no carro, num *fusca*, com o Fernando – filho do Afonso. Perguntamos como eram as conversas do Macário. E o Fernando disse que, de tempos em tempos, ele (Afonso) chamava o Macário de *filho-da-puta,* brigavam e colocava ele para fora; passavam uns 15 dias sem se falar e depois voltavam às boas. Eu não conseguia entender!

Aí os nossos colegas oficiais pediram mais informações sobre o Macário e eu lhes disse o que sabia. Inclusive depois eu fiquei sabendo mais, quando fui para Brasília. Eu tive um choque com o Macário, porque ele queria interferir com a *Fundação Brasil Central* e o Afonso me disse que eu tinha *carta branca* para agir. Ele queria manter gente dele aqui no Rio. Aqui no Rio tinha um *cara* da Aeronáutica muito bom. A Fundação dispunha de uma sala (no prédio do Comando); dois ou três funcionários e uma funcionária que ficava fofocando no telefone. O oficial da Aeronáutica observou, inclusive, para eu dispensar todo mundo e manter tão-somente o motorista, que era muito útil. "Fico eu sozinho que está muito bom", arrematou.

As referências sobre o Macário eram ruins. Ele fazia negociatas etc. Depois eu vim a saber. Foi quando colegas militares disseram: "Se o Afonso for eleito nós vamos ter que dar um jeito nesse cara, dar sumiço nele porque, alcançando a Presidência, ele (Macário) vai fazer misérias." Talvez isso tenha influído para que o Afonso não fosse eleito, fora a sacanagem que o cara da Marinha fez. O vice (Rademaker). Ele fez uma sacanagem, informando que a Marinha não *topava* e rejeitava o Afonso. E talvez tenha sido bom, porque dificilmente o Afonso ia afastá-lo, a não ser que matassem o Macário. E houve uma *bobeada* muito grande porque nós demos apoio ao Costa e Silva, mas ele não tinha compromisso algum conosco. Ele disse inclusive que viajava ministro e voltava ministro.

(Ainda sobre o Macário). Um outro colega denunciou o Macário enquanto esteve ligado ao ***Departamento Nacional de Obras Contra as Secas*** (DNOCS); ele fazia negociatas com o refaturamento de jipes.

Aquele nosso amigo contou o seguinte: que veio ao Rio – procedente do Ceará – e, no aeroporto Santos Dumont, encontrou o Afonso, o Macário e mais um outro camarada que era do DNOCS, além de quatro mulheres. Estavam esperando mais alguém para completar o time e sair para uma *suruba.* E o nosso amigo que era um cara mais sério disse que não estava nessa. Ele aí descobriu qual o motivo da influência do Macário. Não era somente dinheiro, porque o Afonso era um *duro, pronto,* embora casado com uma mulher rica. Era negócio de mulher. Ele arranjava mulheres para o Afonso."

[10] MENDES, Vannildo. *Coronel afastado confirma que presidiu IPMS. O Globo*,7/12/2000, primeiro caderno, p. 14.

Bizerril diz que havia torturas, mas que não participou delas.

Brasília. O coronel Rubens Robine Bizerril, ex-coordenador de Planejamento da Secretaria Nacional de Segurança Pública do Ministério da Justiça, confirmou ontem que presidiu inquérito policiais-militares (IPMS) sobre militantes comunistas no regime militar, mas negou participação em torturas. Exonerado, se disse *bode expiatório* e perguntou por que só ele sendo acusado, quando outros que participaram da repressão ocupam postos no governo.

– Tem muito mais gente. Por que só eu fui denunciado? Procurem que vocês acham outros nomes. Só não digo por questão de ética. É só fazer o garimpo – disse o coronel – confirmando que era membro do Serviço Nacional de Informações (SNI).

Bizerril estava no ministério desde 1996, cedido pela Abin. Sua exoneração será publicada hoje no Diário Oficial da União. Ele foi acusado de envolvimento na tortura e na morte do estudante e militante do PCB Ismael de Jesus Silva, em 1972, no 10º Batalhão de Caçadores, hoje 42º Batalhão de Infantaria Motorizada, em Goiânia.

Bizerril admitiu que presidia o Inquérito Policial-Militar em que estava arrolado Ismael, mas disse que o estudante não foi interrogado por ele porque foi encontrado morto na cela. Segundo afirmou, não encontrou indícios de assassinato, mas sim de suicídio. O coronel reconheceu que o regime militar praticava a tortura.

– É um ato abominável e covarde, além de prova de burrice. Considero abjeto pegar uma pessoa amordaçada e sem condições de defesa para extrair confissões – disse.

[11] Consultado o jornalista Elio Gaspari sobre esta declaração de Luiz Helvécio, nos respondeu:

"Prezado jornalista,

A informação é falsa. O tema será tratado no próximo livro da série que estou escrevendo e que será publicado em outubro.

Cordial e fraternalmente,

Elio Gaspari"

Elio Gaspari em *A Ditadura Derrotada* (São Paulo, Companhia das Letras, das páginas 115 a 117) esclarece quais eram as impressões do general Golbery do Couto e Silva em relação ao comunismo.

Páginas 115 a 116:

(...) Sua participação na Revolução de 1930 limitou-se ao trabalho de estafeta: levou uma carta à casa onde estava Juarez Távora. Mandado para uma guarda do Catete, catou nos jardins do palácio alguns panfletos do Partido Comunista. Esse foi o primeiro contato que teve com a espécie. Já lera alguns trabalhos de Lenin e via na revolução bolchevique "uma nova aurora, um estágio superior da Revolução Francesa". Mais tarde haveria de se classificar como um "criptocomunista literário". Gostava da frase de Mussolini ("é preciso viver perigosamente"), mas detestava o fascismo, "apesar de ele ter feito os trens italianos andarem na hora". Estava mais para Trotsky do que para Stalin, mais para Bukharin do que para Trotsky, mas tudo isso era elucubração. Quando Luiz Carlos Prestes anunciou seu rompimento com o governo de Getulio Vargas, Golbery nem sequer refletiu sobre o ideário socialista que ele propunha. "O caso é que ele se colocava contra o Rio Grande, e para nós a Revolução era do Rio Grande."

E mais à frente (pp.116-117):

(...) Havia um namoro entre Golbery e o PC. Dele não há registro na memorialística comunista, como de resto ela quase nada revela a respeito da base militar do partido. Entre 1933 e 1934, Golbery encontrou-se com um oficial que servia no Paraná. "Foi uma conversa sobre doutrina. Era um coronel da artilharia, homem brilhante, que eu respeitava muito." Os comunistas remeteram-lhe material de propaganda e em 1934 contataram-no formalmente. "Era um civil, disse que vinha a mando do *Miranda.*" *Miranda* era o ex-sargento Antonio Maciel Bonfim, secretário-geral do PCB. Depois disso o capitão Carlos da Costa Leite, o "Prestes da cidade", fez mais uma tentativa de recrutá-lo. Deram-se novos contatos clandestinos durante o ano de 1935, até que, conforme contou mais tarde: "Vi que a coisa estava esquentando e não tinha substância, saí fora". Saiu mas deixou rastro. Seu nome foi achado no caderno de endereços de um major, e sem que Golbery soubesse, tramitou na burocracia da repressão uma denúncia contra ele. Salvou-o o coronel gaúcho (de Bagé) Salvador César Obino, que lera um artigo do tenente Golbery defendendo o anarquista Bakunin. "Ele achou que se eu escrevia aquilo claramente, não devia estar metido em levantes."

[12] *John Le Carré* (pseudônimo de David John Moore Cornwall, nascido em Dorset, Inglaterra, 1931), consagrado autor de romances de espionagem (entre os quais a tetralogia clássica que compreende *O espião que saiu do frio*, *O espião que sabia demais*, *Sempre um colegial* e *A Vingança de Smiley*). Especialmente neste último, o escritor registra como agiam as redes de refugiados da Europa Central, em íntima colaboração com os serviços secretos ocidentais (principalmente britânicos, alemães, israelenses e franceses). No Brasil, a *Liga das Nações Cativas* cooperou largamente com os órgãos de informações militares.

[13] A colaboração de alguns sacerdotes dominicanos com organizações da Esquerda Armada brasileira fora detectada, já no final dos anos 60, pelos órgãos da Inteligência Militar. Ver, também, como obras de referência: *Combate nas Trevas* (Jacob Gorender); *A revolução impossível* (Luiz Mir) e *Batismo de Sangue – Os dominicanos e a morte de Carlos Marighella* (Frei Betto).

[14] Ahmed Ben Bellah (nascido em 1916) é considerado uma das maiores expressões do nacionalismo árabe, foi o primeiro presidente da Argélia (1963-1965). Sua biografia é riquíssima. Durante a Segunda Guerra Mundial, serviu como soldado do exército francês e foi condecorado por bravura. Ao término do conflito engajou-se ativamente na luta pela independência do país. Foi um dos nove integrantes do Comitê Revolucionário que se transformou na *Frente de Libertação Nacional* – FLN. Ben Bellah foi preso em 1950 e conseguiu fugir para o Egito. Em 25 de outubro de 1956, caiu novamente nas mãos dos militares franceses que o seqüestraram numa aeronave de bandeira marroquina. Ficou encarcerado até 1962 numa unidade prisional francesa de segurança máxima. De volta ao país, e após campanha política contra Yussuf Ben Kheddha, tornou-se primeiro-ministro. No ano seguinte elegeu-se presidente.

A Argélia ficou 132 anos sob controle político e militar da França e a guerra pela libertação resultou em aproximadamente 1,5 milhão de mortos (na sua maioria civis). A luta começou no dia primeiro de novembro de 1954 e, após dois anos, a FLN controlava ideologicamente dois terços da população muçulmana. A insurreição provocou uma série de manifestações em solo da França continental, contribuiu para a destituição do presidente da República, René Coty (e a liqüidação da chamada *Quarta República*), bem como devolveu ao Poder o general Charles de Gaulle que, com habilidade política, convenceu a opinião pública francesa a aceitar como irreversível a independência argelina.

[15] É a seguinte a fórmula do sabão em pó referido pelo entrevistado (conforme consta na embalagem do produto comercializado nos mercados): alquil benzeno sulfanato de sódio, alquil dimetil hidroxietil cloreto de amônio, tripolifosfato de sódio, silicato de sódio, carbonato de sódio, carboximetilcelulose de sódio, pigmento azul, 4,4 bis (2 sulfoestiril bifenil dissódico), ácido 4,4 diamino estilbeno 2,2 dissulfônico, sulfato de sódio, enzimas, perfume e água.

[16] O *coquetel molotov* é uma bomba incendiária de fabricação caseira.

[17] Sobre o atentado à Exposição Soviética de 1962, ver também *A Direita Explosiva no Brasil*, pp.204-208 e pp. 269-277.

Parte 4

Em tempos de sangue

Caso Baumgarten: novos rumos para uma investigação

José A . Argolo ©* *e*
Colaboração de *Luiz Alberto Machado Fortunato.*

O texto adiante reproduz, em parte, o denso volume de reportagens e informações difundidas na Imprensa Fluminense e apresenta uma das histórias narradas pelo coronel Luiz Helvécio após as duas longas sessões que completam a entrevista. A seu pedido não foi gravada; mas, quatro anos depois da sua morte, um dos seus companheiros (identificado pelo criptograma *Mensagem*) concedeu aos autores um breve depoimento junto às baterias de costa desativadas do *Forte Imbuhy* (Niterói, Estado do Rio de Janeiro), acrescentando detalhes às informações prestadas pelo primeiro. O local aliás não poderia ter sido mais apropriado no plano simbólico, porquanto, nas areias limpíssimas da praia ao lado, no interior daquele complexo de antigas fortalezas hoje transformadas em museu, há pouco mais de trinta anos, Luiz Helvécio e outros integrantes do ***Grupo Secreto*** realizaram inúmeros experimentos à base de explosivos – com ou sem a participação de Pierre Richell Pellegrin, o *Francês.*

Esses "testes" contribuíram para corrigir possíveis falhas e evitar *o desperdício no manuseio da dinamite furtada dos depósitos das pedreiras fluminenses e utilizada em dezenas de operações clandestinas contra as organizações que divergiam do regime militar.*

As declarações ajudam a compreender a amplitude do relacionamento entre o então tenente-coronel Octávio Aguiar de Medeiros e o comando dos agentes de ligação de dois dos Serviços de Inteligência Israelenses: o *Mossad* e o *Shin Bet* (principalmente este último). Por fim, contribuem para o estabelecimento de um raciocínio coerente com os procedimentos adotados pela Justiça fluminense no tocante ao processo instaurado para apurar responsabilidades pelo seqüestro seguido de cativeiro e morte do jornalista Alexandre von Baumgarten, de sua mulher, Jeanette Hansen e de Manoel Augusto Valente Pires, proprietário da traineira *Mirimi*.

(Luiz Helvécio destacou ainda – *durante esse momento não gravado da entrevista* – que, em 1982, quase foi morto num atentado a tiros praticado por agentes do extinto *Serviço Nacional de Informações* (SNI). Este episódio teria acontecido quando, após descer do seu automóvel, abria o portão da garagem do prédio onde morava, na Lagoa. Ele reagiu e um dos agressores foi baleado e socorrido pelos demais, que fugiram em seguida. Esses mesmos homens, acrescentou, teriam participado posteriormente de uma das fases da operação que resultou no assassínio de Alexandre von Baumgarten e, ainda, de um segundo atentado – igualmente malsucedido – contra José Leopoldino, analista de informações da Agência Goiânia do SNI e seu amigo de longa data.

Procurado pelos autores, José Leopoldino não quis dar declarações.

Em seguida, o depoimento de *Mensagem*:

– Ele (Octávio Aguiar de Medeiros) ficou uns cinco anos por lá (Israel) como Adido Militar, nos anos sessenta ou setenta; e dizem que *a coisa* (isto é, a consolidação da amizade com os agentes do *Shin Bet,* [grifo do próprio entrevistado]) aconteceu da seguinte maneira: quando ele foi para lá, os *caras* lhe disseram: "Vá pela *El Al*, que é empresa nossa etc." Qual a vantagem? O vôo era direto. Mas ele (Octávio Medeiros) reclamou depois que o vôo foi uma *merda*, porque o serviço de bordo era vagabundo, um cafezinho e só.... Aí (passado o tempo de permanência [grifo dos autores]), quando ele já estava para sair, encontrou-se na véspera do embarque com um daqueles *caras* com quem tinha feito amizade. "Como é que você vai viajar? Por qual empresa aérea?" Respondeu: "Vou pela *Panam*, porque o serviço de bordo é melhor." "Não! Agora você vai pela *El Al* com todas as honras." No dia seguinte ele tomou o avião que fez escalas em Chipre e em Londres. Chegou a Londres, jantou etc. Ainda estava no hotel quando viu a manchete: "Avião da *Panam* explode etc." Desse avião não encontraram nada (os autores não conseguiram obter maiores informações e/ou detalhes reveladores sobre o desastre).

As três mortes de Alexandre von Baumgarten

A primeira "morte"

Alexandre von Baumgarten, jornalista e colaborador do Serviço Secreto Nacional de Informações (SNI) morreu pela primeira vez quando denunciou (por intermédio de uma novela de 87 páginas intitulada *Yellow Cake*) uma operação de *dupla bandeira* desencadeada pelo Brasil a favor de Israel e contra o Iraque.[1] A operação: o governo de Saddam Hussein teria adquirido oito toneladas de urânio processados no reator da Universidade de São Paulo, conforme denúncia publicada no jornal *O Estado de S. Paulo*. Esse material seria imediatamente reprocessado pelos especialistas da *Central Atômica de Tamuz* e com indicativos de que alimentaria o projeto de confecção de uma bomba atômica iraquiana.[2]

Quanto ao envio desse material nobre, caríssimo, ficaria (como aconteceu, revelaram fontes da confiança dos autores) a cargo de aeronaves de transporte iraquianas. Acondicionados e embalados, à semelhança dos aviões de treinamento militar *Tucano* adquiridos à *Embraer* pelo governo de Saddam Hussein, o urânio foi desembarcado em Bagdá e levado sob forte escolta até o local de destino.

O que as autoridades iraquianas desconheciam (acrescentam as mesmas fontes) é que os Serviços de Inteligência Israelenses foram notificados desde o início sobre esta megaoperação secreta, cujas vantagens econômicas e estratégicas para o Brasil seriam a venda de petróleo iraquiano a preço quase de custo e a transferência de tecnologias militares de procedência russa e chinesa para o País, sobretudo no quesito *mísseis de médio alcance*.

Destruição

Confirmadas e transmitidas as informações aos chefes das Estações do *Mossad* e do *Shin Bet* em Brasília, as autoridades militares israelenses elaboraram um plano minucioso no sentido de eliminar a provável ameaça iraquiana e, ao mesmo tempo, promover uma demonstração de força aos olhos das nações árabes mais próximas à área de provável conflito (em especial a Jordânia, Arábia Saudita, Egito e Síria).

Foi durante uma reunião secreta, na manhã de 7 de junho de 1981, um domingo, que o então primeiro-ministro israelense Menahem Begin, naquele momento enfrentando um árido processo de esvaziamento político, autorizou a operação. O êxito da missão contribuiu para assegurar a vitória do seu partido, o *Likud* (de traço conservador), nas eleições que se avizinhavam. Exatamente por isso ele decidiu *arrebentar* a central atômica de Tamuz, no Iraque.

A revista *Veja*, edição de 17 de junho de 1981 (pp. 32-44), oferece aos leitores um relato interessante:

"Oito caças F-16 e meia dúzia de aeronaves de escolta F-15 decolaram da base militar de Etzion, no sul de Israel, sobrevoaram 965 quilômetros de espaço aéreo árabe deslizando rente ao solo – proeza que lhes permitiu burlar a vigilância das estações de radar inimigas. A rota escolhida não foi menos aventurosa: em vez de rumar para o Iraque em linha reta, através da Jordânia, eles traçaram um *gancho* muito mais longo pelo norte da Arábia Saudita."

E prossegue:

"As versões segundo as quais os aviões de Israel haviam sido pintados com as cores da Jordânia – e de que os pilotos israelenses conversavam entre si em árabe, fazendo-se passar por uma missão de treino jordaniana – não foram confirmadas oficialmente. Mas sabe-se que a esquadrilha foi abastecida no ar duas vezes. A primeira pouco depois da decolagem (que consome grande quantidade de combustível); a segunda, em pleno espaço aéreo árabe, já no caminho de volta, possivelmente a partir de um avião-tanque camuflado em aeronave comercial. Sem esse reabastecimento a missão israelense teria sido suicida: os caças utilizados na operação, sem autonomia de combustível para ir e voltar, não teriam como fazer um pouso em país amigo.

O Centro Nuclear iraquiano de Tamuz, localizado a 25 quilômetros ao sul de Bagdá, era composto por um prédio construído em concreto, com 12 metros de altura, originalmente branco mas coberto por uma camuflagem de lama, no qual ficava o reator *Osirak* – 70 megawatts – de fabricação francesa; ao lado, outros prédios menores (um deles contendo o reator *Tamuz II*) menos potente, quatro laboratórios de pesquisa construídos por uma empresa italiana e instalações anexas.

O bombardeio durou exatos dois minutos e causou apenas três vítimas fatais, uma delas o engenheiro francês Damien Chaussepied, 24 anos, da companhia *Air Liquide*, encarregada da refrigeração.

Na volta, as aeronaves de combate subiram a uma altura de 12 mil metros e seguiram em linha reta para Israel, cortando o espaço aéreo da Jordânia (os pilotos agiram integralmente despreocupados com a hipótese de interceptação por parte da Força Aérea daquele país). Com as equipes ilesas e em terra, o brigadeiro David Ivri, comandante da Força Aérea de Israel, comentou laconicamente que 'o relatório final dos pilotos tinha ficado quase monótono.' Menos discreto, o primeiro-ministro Menahem Begin preferiu alardear: 'Livramo-nos do pesadelo de que o inimigo obtivesse armas letais.'"

Esta argumentação do primeiro-ministro israelense desagradou profundamente o então presidente da França, François Mitterrand, conhecido simpatizante de Israel, "que deixou aberta a perspectiva de substituir o reator iraquiano destruído, a despeito de sua política contrária à proliferação nuclear", conforme publicado na revista ***IstoÉ***, edição de 24 de junho de 1981, p. 36.

Indagado sobre as possíveis implicações do ataque israelense ao reator nuclear iraquiano, William Quandt, especialista norte-americano em assuntos relativos ao Oriente Médio, disse ao jornalista brasileiro Paulo Sotero, correspondente da revista ***IstoÉ***, em Washington:

"A ação israelense inaugura uma nova era na região – a era de uma possível confrontação nuclear entre Israel e seus vizinhos. Sempre soubemos, teoricamente, que isso podia acontecer algum dia. Mas esta é a primeira vez que realmente vemos um dos lados atuar tendo por base o pressuposto de que o outro está entrando na era nuclear. Este é o significado histórico do evento. Ele demonstra, também, que Israel, pelo menos sob o governo do primeiro-ministro Menahem Begin, não está disposto a perder o monopólio nuclear no Oriente Médio e tomará drásticas medidas para evitar que qualquer país desenvolva uma capacidade nuclear. Isso abre não apenas a possibilidade de que nova ação poderá vier a ser tomada contra o Iraque, se o país reconstruir o reator, mas também contra a Líbia ou outro país que desenvolva um potencial nuclear" (***IstoÉ***, 24 jun.1981, p. 37).

O "óbito" número 2

Noticiou a *Folha de S. Paulo*, edição de 28 abril de 1987, sob o título: *A morte de reparador de telefones é vinculada ao caso Baumgarten.*

Na noite de 3 de setembro de 1982, o operador de telefones Heráclyto de Souza Faffe, 50, foi hospitalizado no Rio com uma crise cardiorrespiratória e disse aos médicos que havia sido atacado por três homens nas ruas de Copacabana (Zona Sul). Um deles lhe arrancou das mãos um embrulho e lhe aplicou uma injeção nas nádegas. Faffe morreria horas depois, recusando-se a dar mais detalhes sobre essa versão ao policial de plantão no hospital (*os agressores, segundo a testemunha Isaías Cosme, técnico da Companhia Telefônica do Rio de Janeiro, teriam fugido em uma Belina preta*).

Como é a praxe em casos como este, os médicos realizaram 27 testes para identificar a substância causadora da morte, mas não conseguiram estabelecer – com precisão – o tipo de veneno utilizado pelos assassinos. Posteriormente a legista Feiga Sochatneviski atestou que se tratava de uma dose de morfina, arsênico e mercúrio.

Menos de dois meses após (e pouco antes do seu assassinato), Alexandre von Baumgarten foi atacado de modo semelhante quando caminhava na Avenida Nossa Senhora de Copacabana, por três homens que tentaram lhe aplicar uma injeção de conteúdo desconhecido. Socorrido por um amigo e levado ao Hospital da Aeronáutica, na Ilha do Governador, conseguiu escapar.

Quanto a Heráclyto de Souza Faffe, era especialista em *grampear* telefones atendendo, segundo dizia, à solicitação do jornalista; curiosamente um dos aparelhos selecionados (em acatamento a ordens de alguém muito importante ligado à Comunidade de Informações) pertencia ao próprio Alexandre von Baumgarten.

"Operações molhadas"

Wet Operations é uma expressão bastante comum em língua inglesa, utilizada para designar operações sangrentas no submundo da espionagem e do terrorismo de Estado. O modo como Alexandre von Baumgarten e sua mulher Jeanette Hansen foram tratados indica algo mais do que a simples perversidade dos assassinos. Por certo uma "operação molhada".

A técnica do assassinato seguido de cremação com pneus velhos encharcados de gasolina, segundo fontes da Polícia carioca, teria sido empregada inicialmente por tropas especiais do Exército brasileiro engajadas na confrontação com os guerrilheiros do PCdoB, na região do Araguaia, na primeira metade dos anos setenta. A "vantagem" na utilização desse método consiste na destruição total da carne e em danos terríveis na ossada, por conta da impregnação da borracha incandescente. O reconhecimento dos corpos, mesmo para os peritos e por intermédio de testes para confirmação do DNA se torna muito difícil.

Foi o que aconteceu com a ossada de Jeanette Hansen. Quanto ao barqueiro Manoel Valente, o corpo sequer foi encontrado. Acredita-se que esteja no fundo da Baía da Guanabara ou tenha sido enterrado como indigente em um dos muitos cemitérios da Baixada.

A terceira "morte": a execução

Alexandre von Baumgarten tinha 52 anos quando foi assassinado com dois tiros na cabeça (disparados de arma calibre 7.65) e um no abdome (arma calibre 22)[3] . Ele, sua mulher, Jeanette Yvone Hansen[4] e o barqueiro Manoel Augusto Valente Pires[5] – proprietário da traineira *Mirimi* [6] , utilizada para o que deveria ter sido mais uma agradável pescaria junto às Ilhas Cagarras, no litoral do Rio de Janeiro – foram seqüestrados, mantidos prisioneiros e executados por um grupo especial de extermínio ao que se supõe dispersado em seguida. O fotógrafo Hans Prellwitz, também da revista ***O Cruzeiro***, fora convidado a participar da pescaria mas desistiu no último instante, porque (como explicou depois às autoridades policiais), receava o aumento da chuva que caía e o forte vento sudoeste.

O corpo do jornalista, último arrendatário da revista ***O Cruzeiro*** (que dirigiu entre 1979 e 1981), foi encontrado a 26 de outubro de 1982 (treze dias após o desaparecimento da traineira) na Praia da Macumba, Recreio dos Bandeirantes, próximo a Grumari – local este considerado paradisíaco pelos banhistas cariocas. Estava desfigurado pelo ataque dos peixes e, entre os documentos deixados intencionalmente em suas roupas, os peritos encontraram uma carteira do Departamento Geral de Investigações Especiais, órgão de elite da Polícia Civil fluminense.

Tendo examinado o corpo, os peritos-legistas Darci Silvestre Ticher e Higino de Carvalho Hércules (responsáveis pela elaboração do *auto de exame cadavérico*) informaram que, com vários cortes (prática normalmente utilizada pelos grupos de extermínio para que um cadáver afunde rapidamente), além dos ferimentos provocados por disparos de arma de fogo, a vítima fora jogada ao mar três dias antes de ser encontrada, o que leva à primeira indagação. Se, de fato, assim aconteceu, onde (durante exatos nove dias) Alexandre von Baumgarten foi mantido prisioneiro? Alguns diários publicaram reportagens informando que a traineira teria sido levada para um pequeno ancoradouro às margens do Rio Suruí [7], local onde – segundo levantamento feito pela Imprensa na época – os prisioneiros foram provavelmente desembarcados e conduzidos ao cárcere.

Embora até o momento existam informações concretas sobre o que teria sido o local exato do desembarque (e, por extensão, do cativeiro), é fato conhecido que a região banhada pelo Rio Suruí – situada mais ao fundo da Baía da Guanabara – há muitos anos vem sendo escolhida como base para operações de extermínio e *desova* de cadáveres.

Com efeito, de todos os suspeitos de terem participado da última etapa da operação (isto é, do assassinato de Alexandre von Baumgarten, Jeanette Hansen e Manoel Valente), três deles eram conhecedores daquela região e, comenta-se nos meios policiais, adeptos da técnica de cremação de cadáveres com o auxílio de pneus velhos encharcados de gasolina.

Perpassa, ainda, outra hipótese nessa história de horror: a de que Alexandre von Baumgarten, Jeanette Hansen e Manoel Valente foram levados não para um imóvel clandestino do Departamento de Polícia Federal, ou *casa-forte* do SNI, em Magé (até porque ninguém confirma a existência de um *aparelho* desse tipo na região), mas para uma propriedade particular, isolada, onde os interrogatórios poderiam ter sido realizados sem que a vizinhança ouvisse os gritos do jornalista, quando torturado.

Há um detalhe curioso em relação a esse crime: em operações criminosas semelhantes, a preocupação dos executores costuma estar voltada para a remoção de todo e qualquer documento que ajude a identificar a vítima. Se tal procedimento não aconteceu com Alexandre von Baumgarten, é porque *ele precisava ser identificado*; mais: a sua morte representava uma *mensagem en clair* aos inimigos que, do outro lado, na própria Comunidade de Informações, imaginavam-se a salvo de represálias e chantagens.

Ex-assessor da presidência da *Viação Aérea São Paulo*, da Federação de Comércio de São Paulo e da *Rede Globo de Televisão*, além de articulista político da *Folha de S. Paulo*, Alexandre von Baumgarten envolveu-se em sérias complicações de ordem contábil e financeira. Sob sua direção, a revista ***O Cruzeiro*** apresentava um *déficit* de caixa, que, no dia 12 de fevereiro de 1980 atingia a cifra de Cr$ 107 milhões (dinheiro da época) e mesmo os esforços desenvolvidos pelo SNI no sentido de captar recursos para soerguer a publicação foram insuficientes.

Redigiu aquele jornalista um dossiê de 74 páginas (estranhamente elaborado dois anos antes da sua morte), e encaminhou cópias a onze pessoas previamente escolhidas, incluindo o general Octávio Aguiar de Medeiros, ministro-chefe do SNI e, segundo o próprio von Baumgarten, responsável direto pela sua futura execução.

Escreveu o jornalista:

(...) *O Cruzeiro* começou a circular em setembro de 1979, como publicação quinzenal. Logo de início ficou evidente que a angariação de fundos não se desenvolvia a contento. Os primeiros números foram editados com dinheiro que recebi do SNI, pessoalmente, cerca de Cr$ 9 milhões (...).

Pressionado, recusava-se Alexandre von Baumgarten a vender a revista – pelo total do passivo – para a *A. A. Editores Ltda*, propriedade de Antônio Abissâmara, genro do advogado Raimundo Maria de Oliveira e Cruz, irmão do general Newton Cruz (igualmente de participar do conluio que resultou no triplo assassinato e posteriormente absolvido pela Justiça).

Quanto ao *detonador* que teria ativado as engrenagens de morte para Baumgarten, fora construído (sem que o soubesse), muitos anos antes, no início da década de 1970, quando o então tenente-coronel do Exército Brasileiro, Octávio Aguiar de Medeiros, recebeu – como prêmio por seus trabalhos na área da Inteligência, além da dedicação aos generais vitoriosos em março de 1964 – um *passaporte diplomático* e a missão de representar os interesses do Brasil como Adido Militar em Israel, ali permanecendo entre 1973 e 1975. Curiosamente, e ao contrário do que se supõe, o Adido Militar é o único integrante dos quadros especiais de uma embaixada que não pode exercer atividades de espionagem segundo os parâmetros comunicacionais, porquanto a sua missão naquele corpo funcional é aberta, *declarada*.

A *Aditância Militar* constitui uma seção que, embora teoricamente esteja subordinada ao Embaixador brasileiro, na prática é quase autônoma. O oficial designado para esta função serve como elo de ligação junto aos serviços de inteligência locais e, também, como elemento de apoio aos agentes dos órgãos de informações brasileiros em missão no exterior.

Aliás, para que os leitores tenham uma noção da eficácia dos serviços secretos militares brasileiros no exterior, eis um exemplo: durante o longo período em que perdurou o *congelamento* das relações diplomáticas entre os governos do Brasil e da antiga URSS, agentes do *Centro de Informações do Exército* monitoravam, em Moscou, a atuação dos refugiados políticos brasileiros e dos estudantes matriculados na *Universidade dos Povos* (Patrice Lumumba).

Esses agentes, quase sempre formando um casal de jovens estudando em cursos diferentes daquela universidade (conforme assegurado por fonte militar altamente classificada), participavam das reuniões e debates extra-acadêmicos e, em seguida, por intermédio de canais ultra-secretos, enviavam relatórios aos seus *controladores* (não necessariamente abrigados em solo soviético ou dissimulados junto às embaixadas de outros países).

Se esse trabalho sob infiltração profunda pôde ser efetuado com êxito durante tanto tempo e em plena capital da URSS (num período em que imensos recursos materiais e humanos eram mobilizados para alimentar a *Guerra Fria*), e à sombra ameaçadora do KGB e do GRU (Serviço Secreto Militar), é fácil imaginar a intensidade da cooperação entre os órgãos de inteligência do Brasil e de Israel.

Travava-se na época de uma *guerra suja* entre grupos extremistas e as forças de segurança dos países no Ocidente. Israel sempre esteve presente na vanguarda das ações antiterrorismo, muito especialmente contra as facções que, escondidas nas montanhas e vales da Síria, do Líbano e do Iraque, propugnavam pelo fim do Estado Judeu. Além disso, os serviços secretos israelenses (*Mossad*, utilizado preferencialmente para ações externas) e o *Shin Bet* (estritamente militar) mantinham – como acontece ainda hoje – excelente relacionamento com os seus congêneres brasileiros.

A troca de informações entre os serviços secretos israelenses e as centrais de espionagem militar brasileiras não se dá somente por intermédio de mensagens criptografadas ou encontros reservados e regados a vinho *kosher* (estes últimos nas antecâmaras das legações diplomáticas). Por parte dos agentes de informações brasileiros sempre houve compreensão e ampla tolerância para os problemas que afligiam (e afligem) o povo de Israel e a comunidade israelita em nosso País.

Vale recordar que, historicamente, coube à Diplomacia Brasileira (por intermédio de Oswaldo Aranha) o voto decisivo que resultou na criação do Estado de Israel. Antes disso, entre outros fatos de natureza humanitária, a Embaixada do Brasil em Bruxelas (Bélgica) liberou centenas, talvez milhares de passaportes (já carimbados e com o espaço para assinatura em branco) para as famílias (sobretudo velhos, mulheres e crianças) perseguidas pelos nazistas em solo europeu durante a Segunda Guerra Mundial.

Enfim, tanto há quarenta anos como agora, agentes dos serviços secretos israelenses continuavam e continuam operando no Brasil – em sua quase totalidade autorizados e observados à relativa distância pelos órgãos de informações das Forças Armadas. Um número mínimo age na qualidade de *ilegais*, utilizando *histórias de fachada* que se estendem da pedagogia ao comércio varejista. Nos bastidores das Corporações Armadas comenta-se, discreta e constantemente, sobre os resultados das operações bem-sucedidas envolvendo os serviços secretos de ambos os países, notadamente nas metrópoles brasileiras e na Região de Foz do Iguaçu, onde existe grande concentração de comerciantes e emigrantes de origem árabe, incluindo-se alguns simpatizantes do Hamás e do Hezbollah.

Como exemplos, a ampla colaboração do Centro de Informações do Exército e do Serviço Secreto da Polícia Federal junto a equipes do *Mossad* na elucidação do brutal atentado praticado contra a *Associação Mútua Israelita Argentina* (Amia), em Buenos Aires, em que dezenas de pessoas morreram sob os escombros do prédio.

E ainda, as ações de identificação, rastreamento, captura e até mesmo assassinato de extremistas árabes em solo brasileiro, conjugadas com ações de comando implementadas por agentes especiais do *Mossad*. Para não esquecer os "severos aconselhamentos" difundidos pelo Diretor-Geral do Departamento de Polícia Federal (delegado Romeu Tuma) aos líderes das comunidades árabe e israelense, em São Paulo, durante a fase crítica do primeiro *Conflito no Golfo Pérsico*, tais recomendações, no sentido de que evitassem escaramuças de parte a parte foram criteriosamente respeitados.

Novas Hipóteses

A chave para a elucidação do mistério que envolve a morte de Alexandre von Baumgarten está na identificação, parcial que seja, dos integrantes da equipe ativada para providenciar o desaparecimento do barqueiro Manoel Valente e a cremação de Jeanette Hansen.

Embora – apesar das diligências efetuadas e dos depoimentos tomados sob juramento – a Justiça não tenha conseguido obter provas conclusivas para incriminá-los, três policiais-militares do Rio de Janeiro foram apontados por ocasião das primeiras investigações: Miguel Pereira da Silva, Antonio Wilson Clemente[8] (mais conhecido como Clemente) e Paulo Reynaldo de Carvalho Leite. Esses três foram mortos tempos depois, em circunstâncias diversas:

Miguel Pereira da Silva (conforme consta da ficha de ocorrência datada de 14 de dezembro de 1984, elaborada pela equipe de plantão da 23ª Delegacia Policial – Méier, Zona Norte do Rio de Janeiro) foi morto com cinco tiros de arma calibre 45, na porta do prédio onde morava, à Rua Capitão Jesus, 22, no bairro de Maria da Graça.

Paulo Reynaldo de Carvalho Leite foi executado tempos depois por traficantes de tóxicos no Morro da Mangueira. Atraído por uma bela mulata que fingiu estar interessada nele, acompanhou-a até uma *birosca* na favela onde os dois beberam algumas cervejas. Surpreendido e imobilizado por bandidos, levou um tiro de escopeta na altura do estômago e, em seguida, disparos na cabeça. Reynaldo, como era mais conhecido pelos *companheiros de trabalho*, costumava andar com uma pistola 9 milímetros e uma *Uzi Pistol* (arma curta de fabricação israelense dotada de grande cadência de disparos).

Antônio Wilson Clemente foi morto a tiros desferidos pelas costas por um dos seus cunhados, na garagem da casa onde morava em um bairro da Zona Norte do Rio de Janeiro. Como os demais, era conhecido pela coragem pessoal e temido no submundo do crime pela eficiência e frieza.

Esses três policiais-militares prestaram inúmeros serviços especiais não somente à Delegacia de Entorpecentes como a outras unidades da Polícia Civil. Inicialmente sob as ordens do delegado Rogério Mont Viana Karp (que, no início da década de sessenta, ajudava a integrar – com os delegados Mauro Magalhães e Péricles Gonçalves – o chamado *Cinturão de Aço* da Baixada Fluminense, leia-se aqui um grupo de policiais treinados e ultraviolentos nas ações de rua).

Rogério Mont Karp foi, por sua vez, um dos mais eficientes e respeitados delegados da Polícia do Rio de Janeiro. Designado (no final dos anos setenta) para assumir o comando da recém-criada Delegacia de Roubos e Furtos de Automóveis, convidou Antonio Wilson Clemente, Paulo Reynaldo e outros policiais que com ele haviam trabalhado na Baixada Fluminense para compor a *equipe de fogo* da DRFA.

Foi um período de intensa atividade policial, uma vez que as delegacias do Rio de Janeiro registravam diariamente muitos roubos e furtos de automóveis. A desarticulação dessas quadrilhas, *estouro* de oficinas clandestinas especializadas em *desmanchar* esses veículos (e elaborar documentos falsos), identificação, localização e captura dos receptadores (inclusive conectados a grupos com atuação em outros estados da Federação) implicou em um considerável número de mortes durante confrontos.

Parte da equipe acompanhou o Dr. Rogério Mont Karp quando este, numa primeira etapa, foi escolhido para chefiar as delegacias especializadas e, logo depois, assumiu o comando do Departamento Geral de Polícia Civil (DGPC), principal órgão da corporação. Antonio Wilson Clemente, Paulo Reynaldo, Miguel Pereira da Silva e o detetive José Augusto Neves, o *Cavalaria*, foram lotados ao Gabinete sob o rigoroso controle do delegado Mont Karp e atuando tão-somente em situações delicadas ou *muito especiais*. Dentre os supracitados, José Augusto, o *Cavalaria*, foi o que apresentou a menor exposição negativa nas mídias. É afável com os jornalistas, comedido no que tange ao uso das palavras, discreto e eficiente como investigador.

A morte do delegado Rogério Mont Karp (de infarto agudo do miocárdio após uma cirurgia cardíaca de emergência para a colocação de pontes de safena), logo no início dos anos oitenta, levou essa pequena equipe à subordinação direta do comandante Edilberto Braga, *homem forte* do SNI na Secretaria de Segurança Pública do Rio de Janeiro.[9] Ele não escondia a sua predileção por aqueles homens que, passados poucos dias, recuperaram – em Cataguases, Minas Gerais – a Veraneio da Polícia Civil equipada com rádio transmissor-receptor, furtada em frente à porta da casa onde morava, na Rua Maranhão, no bairro de Engenho de Dentro (Zona Norte do Rio de Janeiro).

Quando o comandante Edilberto Braga deixou a SSP, Antonio Wilson Clemente, Miguel Pereira da Silva e Paulo Reynaldo de Carvalho Leite foram novamente remanejados e integrados à equipe do delegado Hélio Vígio Gomes, este último reconhecido como um dos mais implacáveis *caçadores de bandidos* da Polícia fluminense.

Sob a tutela de Hélio Vígio, os três participaram de inúmeras investigações especiais e ações violentas, sobretudo quando foram lotados na Delegacia de Entorpecentes. Formavam um *grupo-de-fogo* temido pela bandidagem e respeitado pelos policiais civis e militares escolhidos para acompanhá-los nas *missões consideradas de alto risco*.

A *chave-mestra* que poderá contribuir definitivamente para a reabertura das investigações está relacionada a um *detalhe* da operação: no fato de que os policiais civis e militares cujos nomes foram arrolados no processo, até onde vai o nosso conhecimento, não sabiam pilotar uma embarcação. As válvulas da *Mirimi* poderiam até ter sido abertas por alguém menos gabaritado para que desaparecesse no fundo do oceano, antes ou depois do transbordo do jornalista, da sua mulher e do barqueiro. Mas, conduzir à perfeição uma traineira em alto-mar exige domínio técnico e conhecimentos náuticos de, no mínimo, um mestre-arrais...

* José A. Argolo foi um dos primeiros jornalistas a ser informado pela Perícia sobre o encontro do corpo e a identidade da vítima. Participou, como repórter especializado na área policial da cobertura jornalística referente a este caso (na ocasião integrava os quadros da Reportagem Geral do ***Globo***). Antes disso, também no ***Globo***, exerceu sua missão profissional junto às unidades operacionais que integram Departamento de Polícia Especializada, Secretaria de Estado de Segurança Pública (Gabinetes) e Comando-Geral da Polícia Militar. Atualmente além das pesquisas na área acadêmica (por exemplo, sua tese de Doutorado no Programa de Pós-Graduação em Comunicação e Cultura oferecido pela ECO-UFRJ analisou a problemática da Imprensa e do Terrorismo Político no Rio de Janeiro), dedica-se ao Jornalismo Investigativo.

Notas

[1] Vale cogitar, em hipotética contrapartida, qual seria a reverberação por parte dos diários e emissoras de rádio e televisão, se, em vez de uma bem-sucedida operação militar contra a *Central Atômica de Tamuz*, a Força Aérea de um dos Estados Nacionais árabes tivesse empreendido um bombardeio ao ultra-secreto centro nuclear de Israel, na localidade de Dimona (deserto de Negev), 65 quilômetros ao sul de Jerusalém.

[2] Não foi esta a primeira vez que o Serviço Secreto Israelense voltado para ações externas conseguiu retardar o programa nuclear iraquiano. Reportagem publicada na revista *IstoÉ* (datada de 17 de junho de 1981 e assinada por Mario Chimanovitch) informa – às páginas 29-30 – , que: "Na madrugada

de 6 de abril de 1976, no hangar nuclear de *Synes-sur-mer*, um porto francês do Mediterrâneo, de onde estavam para ser embarcados, duas noites depois, em operação classificada como do mais alto sigilo, dois reatores encomendados pelo Iraque. Três homens entraram no hangar, desligaram os alarmes, colocaram poderosas cargas explosivas sobre oito peças vitais a serem despachadas e já estavam longe quando as explosões as destruíram inteiramente. Israel negou qualquer responsabilidade e os serviços secretos franceses, mesmo nada conseguindo provar, acabaram convencidos de que fora um trabalho do *Mossad*."

[3] Certos serviços secretos costumam utilizar armas de fogo de pequeno calibre quando se trata de *execuções encomendadas*. Para descaracterizar iniciativas que possam vir a ser confundidas com operações militares.

[4] O corpo semicarbonizado de Jeanette Yvone Hansen foi encontrado dez dias após (ou seja, 18 de outubro), às margens de uma estrada deserta no Município de Teresópolis, Região Serrana do Estado do Rio de Janeiro. Ela foi morta com um tiro na cabeça, proveniente de arma calibre 38. O reconhecimento do corpo somente foi possível, segundo os peritos, porque ela apresentava *cindactilia* (união de dois dedos no pé esquerdo), uma anomalia bastante rara.

[5] O corpo do barqueiro Manoel Valente não foi encontrado. Presumem os policiais que tenha sido jogado ao mar ou foi totalmente destruído pelo mesmo processo de cremação aplicado em Jeanette Hansen: pneus encharcados com gasolina.

[6] Somente dois anos após o seqüestro e morte do jornalista, de sua mulher e do barqueiro, o certificado de propriedade da traineira *Mirimi* foi encontrado nas imediações do *Cais Pharoux*, na Praça Quinze. O processo originou a matrícula da *Mirimi* na Capitania dos Portos do Rio de Janeiro tem o número 20.04787/80 e o seu registro final é 22.844, conforme assentamentos no livro 449 à página 169. Características da embarcação: tonelagem bruta: 4,64; tonelagem líquida: 4,64; comprimento, 8 metros; boca, 2,40 metros; pontal, 1 metro; contorno, 3,80 metros; propulsão: um motor de centro; capacidade: oito passageiros.

[7] O Rio Suruí desce a Serra de Teresópolis e desemboca na Baía da Guanabara. É parcialmente navegável e aceita embarcações de pequeno calado. Antes de chegar ao centro da pequena vila de Suruí, até hoje existe um atracadouro

[8] O delegado Ivan Vasques (encarregado do inquérito) empreendeu investigações para checar se, efetivamente, os PMs Antonio Wilson Clemente e Nelson Franco Coutinho (denunciados como integrantes da equipe *especial*) estiveram em Teresópolis, no dia 16 de outubro, participando de um concurso para a Polícia Civil.

Assinala *O Estado de S. Paulo*:

"Foi justamente nesse dia que apareceu o corpo carbonizado de um homem na estrada Rio-Bahia, próximo a Teresópolis, que se supõe ser o do barqueiro Manoel Valente Pires. Nesse mesmo dia, teriam sido vistos na cidade o detetive Augusto Neves, o *Cavalaria*, e o PM Miguel Pereira da Silva, também inscrito no concurso. Dois dias depois, aparecia o corpo de uma mulher, semicarbonizado, que foi reconhecido como sendo a de Jeanette Hansen, mulher de Baumgarten. Os PMs Antônio Wilson Clemente e Paulo Reynaldo de Carvalho Leite, este último também integrante do grupo, estiveram detidos até o dia 20 de agosto no QG da corporação, acusados de terem executado três rapazes cujos corpos foram encontrados na estrada do Sumaré, em janeiro deste ano. Os dois tiveram suas prisões relaxadas pela Justiça."

[9] O comandante Edilberto Braga prestou serviços à SSP até fevereiro de 1983, quando foi escolhido para assumir a Superintendência Regional do Departamento de Polícia Federal, em substituição ao delegado Roberto Porto (designado para assumir a Superintendência do DPF em Fortaleza, Ceará). Posteriormente, chefiou o gabinete do Comando Geral do Corpo de Fuzileiros Navais. Registra *O Estado de S. Paulo*, que, "uma das suas primeiras providências ao assumir a direção da Polícia Federal foi remover dois delegados que estavam de plantão em dois dias considerados importantes pelo delegado Ivan Vasques: 22 de outubro, data do *provável interrogatório* de Alexandre von Baumgarten, nas dependências daquela repartição policial, e o dia 26, quando seu corpo apareceu boiando na Praia da Macumba, Barra da Tijuca (na verdade, Recreio dos Bandeirantes [grifo dos autores]). Os delegados Reginaldo Silva Araújo e Maria Steladoris Silva foram transferidos, sem maiores explicações, para a Polícia Federal em Curitiba."

Anexo

CURRICULUM VITAE

HENRIQUE COUTO FERREIRA MELLO

Formado na Academia Militar das Agulhas Negras em 1949.

Formado em Engenharia Elétrica pelo Instituto Militar de Engenharia (antiga Escola Técnica do Exército) no Rio de Janeiro em 1958.

– Especialização em Sistemas de Transmissão de Energia Elétrica – 1964/1965, ASTEF/EDF – França.

– Curso Especial de Administração para Desenvolvimento de Executivos do Setor Elétrico Brasileiro – Fundação Getulio Vargas – 1975

– Estagiário do Curso de Altos Estudos de Política e Estratégia CAEPE da Escola Superior de guerra

ATUALMENTE:

Assessor da Diretoria de Planejamento e Engenharia da Eletrobrás.

Membro do Corpo Permanente da ESG – Escola Superior de Guerra do Ministério da Defesa (2000 -2003)

Conferencista da ESG (2003)

ATIVIDADES DOCENTES:

Ex-Professor das Disciplinas de Sistemas de Transmissão, Máquinas Elétricas e Tração Elétrica no Instituto Militar de Engenharia; Instalações Residenciais, Comerciais e Industriais da Pontifícia Universidade Católica do Rio de Janeiro e de Eletrotécnica no Instituto de Eletrotécnica da Faculdade de Engenharia da Universidade Federal de Rio de Janeiro.

ATIVIDADES PROFISSIONAIS:

Oficial da Arma de Engenharia do Exército Brasileiro tendo servido:

No Batalhão Escola de Engenharia – 1950/1952.

No 2º Batalhão Rodoviário – 1952/1954.

No Instituto Militar de Engenharia – 1954/1958 – como aluno.

No 2 batalhão Rodoviário – 1961.

No Instituto Militar de Engenharia – 1961/1963 – como professor.

Engenheiro da Companhia Hidrelétrica de São Francisco – Chefe da Divisão de Estudos e Projetos/DT e Assistente da Diretoria – 1962/1969.

Engenheiro do Escritório Técnico Carlos Berenhauser Júnior – 1969/1970.

Diretor de Projetos do Escritório Técnico Carlos Berenhauser Júnior – 1970/1974.

Diretor da Eletronorte – 1974/1976.

Engenheiro da Eletrobrás – 1976/1978.

Chefe do Departamento de Relações com a Indústria/Departamento de Desenvolvimento Industrial – Eletrobrás – 1978/1991.

Assessor das Diretorias de Gestão Empresarial e de Planejamento e Engenharia da Eletrobrás – de 1991 a 1999

Representante do Ministério das Minas e Energia no Conselho de Desenvolvimento Industrial do MIC – 1978/1990.

Membro do Conselho de Administração da Cia. Energética do Maranhão / CEMAR – a partir de 1983.

Assistente da Diretoria de Projetos Especiais da Eletrobrás – 2003/ ...

MISSÕES NO ESTRANGEIRO:

CHESF, Inspeção de Equipamentos, Itália, 1965.

ASTEF, Reciclagem, França, 1968.

CHESF, Membro da Delegação à CIGRÉ, Paris, 1968.

CHESF, Negociações de financiamento da Usina de Moxotó, Alemanha e França, 1968.

CHESF, Negociações para aquisição das unidades, 10, 11, 12, 13 da PA III, Alemanha, França e Suécia, 1968.

BERENHAUSER/CAEEB, Inspeção de Equipamentos, Buenos Aires, 1970.

ASTEF, Reciclagem, França 1971.

BERENHAUSER, Negociações com Kennedy &Donkin, (Inglaterra).

SOREFAME (Portugal), 1971.

Eletrobrás, II Reunião da Comissão Econômica Franco Brasileira de Indústria e Comércio, França, 1979.

Eletrobrás, III Reunião da Comissão Mista Brasil Canadá sobre Comércio e Relações Econômicas, Canadá, 1980.

Eletrobrás, Preparação da Visita do Presidente da República Federativa do Brasil à França, França, 1981.

Eletrobrás, III Reunião da Comissão Mista Brasil URSS, Moscou, 1981.

Eletrobrás, II Reunião da Comissão Mista Brasil Angola, Luanda, 1983.

Eletrobrás, Seminário sobre Indústria Elétrica, "Grupo dos 77" Nova Delhi - Índia 1984.

Eletrobrás, Negociações com o governo de Angola, relativos à UHE de Kapanda, Luanda, 1984.

Eletrobrás, Seminário Internacional sobre Desagregação de Projetos de Empresas Públicas de Países em Desenvolvimento/UNIDO, Buenos Aires, 1984.

Eletrobrás, II Reunião de Especialistas em Indústrias de Bens de Capital na

América Latina e Caribe/CEPAL, Santiago do Chile, 1985.

Eletrobrás, III Reunião de Especialistas em Indústrias de Bens de Capital na América Latina e Caribe/CEPAL, Santiago do Chile, 1986.

Eletrobrás, 7th Project Implementation Review – Negociações com o Banco Mundial Relativamente a Projetos Desenvolvidos pelo Setor Elétrico Brasileiro, Washington – USA, 1986.

Eletrobrás, IV Reunião de Especialistas em Indústrias de Bens de Capital na América Latina e Caribe/CEPAL, Santiago do Chile, 1987.

Ministério de Minas e Energia, Negociações Bilaterais Relativas à Construção de Hidrelétricas e Termelétricas, Moscou 1991.

TRABALHOS APRESENTADOS:

Seminário de distribuição, Emprego de Religadores em Redes de Distribuição, (Publicado no Mundo Elétrico), Recife, 1966

Comissão de integração elétrica reginal, Supertensões de Manobras em Sistema de Alta Tensão – Escolha de Equipamentos, (publicado pela CIER), Montevidéu, 1969.

Comissão de integração elétrica reginal, Supertensões de Manobras em Sistema de Alta Tensão – Análise Comparativa de Ensaios de Campo com Resultados Obtidos em Computadores Analógicos e Digitais, (Publicado pela CIER), 1970.

III Seminário do sistema de gerência de material do STB – Telebrás, Materiais e Equipamentos Utilizados no Setor Elétrico – Padronização e Nacionalização, 1980.

II Encontro técnnico – Centro Politécnico de Curitiba, As Diversas Formas de Energia e Suas Perspectivas – Equipamentos, Turbinas e Geradores, Curitiba, 1980.

II Reunião de especialistas em bens de capital Cepal /Chile, Principais Equipamentos e Materiais Destinados às Redes de Distribuição de Energia Elétrica – Plano 2000 da Eletrobrás.

Santiago, 1985.

Seminário sobre experiências de integración de mercados de eletricidad en los países del Mercosur Y la CEE – Unido, O Impacto da Integração sobre o Aprovisionamento de Equipamentos, Materiais e Serviços de Engenharia, Buenos Aires, 1991.

Encontro nacional de relações internacionais – Unesa, Um Século de Desenvolvimento Industrial e Tecnológico, Rio de Janeiro, 1993.

Encontro nacional de relações internacionais – Unesa, Uma Nova Política Industrial Envolvendo o Contexto da América Latina, Rio de Janeiro, 1995.

World energy concil – Fórum, América & África, Transferência de Tecnologia da América Latina (especialmente Brasil) para a África no Campo dos Grandes Projetos de Usinas Hidrelétricas, Salvador (Bahia), 1997.

Monografia como Estágiário do CAEPE Eag - 1999, "Setor Eletrétrico Brasileiro: Visão política e Estratégica",

MEDALHAS E CONDECORAÇÕES

Medalha Marechal Hermes Aplicação e Estudo – 1 Corôa

Instituto Militar de Engenharia (Curso da Eletricidade) – 1958

Ordem Nacional do Mérito – República Francesa – 1988

CURRICULUM VITAE

LUIZ HELVÉCIO DA SILVEIRA LEITE

– Data de Nascimento 21/6/1923
– Praça: 1º/5/1949
– Aspirante: 24/12/1947
– 2º Tenente: 25/6/1948
– 1º Tenente: 25/6/1950
– Capitão: 25/12/1952
– Major: 25/4/1960
– Ten Coronel: 25/8/1966
– Coronel 31/8/1973

CURSOS:

– Formação de Oficiais
– Aperfeiçoamento de Oficiais – ESAO
– Curso Estado Maior – ECEME
– Classificação de Pessoal
– Comunicação Social – Categoria B
– ENIA - A - ES - NI
– Superior de Guerra – ESG

MEDALHAS:

– Ordem do Rio Branco Oficial
– Medalha de Trinta Anos Bons Serviços – Ouro
– Medalha Mérito Santos Dumont – Prata
– Ordem do Mérito Militar Oficial
– Medalha Mérito Tamandaré
– Medalha Pacificador

BIBLIOGRAFIA DE REFERÊNCIA

ARGOLO, José A.; FORTUNATO, Luiz Alberto; RIBEIRO, Kátia. *A Direita Explosiva no Brasil*. Rio de Janeiro: Mauad, 1996, 332 p.

ARGOLO, José A. Impresa e Terrorismo Político Rio de Janeiro – A Espetacularização do Horror. Rio de Janeiro, 1997. Tese de Doutorado apresentada na Escola de Comunicação da UFRJ, 338 p. (reprografada).

BAFFA, Ayrton. *Sol para os Mortos*. Rio de Janeiro: Gráfica e Editora Prensa, 2000, 152 p.

BRANCO, Carlos Castello. *O Ato 5*. Rio de Janeiro: Nova Fronteira, 1978, 313 p.

COMBLIN, Joseph. *A Ideologia da Segurança Nacional*. Rio de Janeiro: Civilização Brasileira, 3.ed., 1980, 251 p.

DREIFUSS, René. *1964 – A Conquista do Estado*. Rio de Janeiro: Vozes, 3.ed., 1981, 813 p.

GASPARI, Elio. *A Ditadura Derrotada*. São Paulo: Companhia das Letras, 2003, 538 p.

GORENDER, Jacob. *Combate nas Trevas - A Esquerda Brasileira: das Ilusões Perdidas à Luta Armada*. São Paulo: Ática, 1990, 4ª Ed., 298 p.

MATTOS, Meira. *Brasil – Geopolítica e Destino*. Rio de Janeiro: José Olympio, 1979.

MIR, Luís. *A Revolução Impossível - A Esquerda e a Luta Armada no Brasil*. São Paulo: Best Seller, 1994, 755 p.

MOTA, Lourenço Dantas (Coord.). *História Vivida*. São Paulo: *O Estado de São Paulo*, 1981-1982, v.II, 366 p.

SANTOS, Wanderley Guilherme dos. *Poder e Política: Crônica do Autoritarismo Brasileiro*. Rio de Janeiro: Forense Universitária, 1978, 211 p.

SCHWARTZMAN, Simon. *Bases do Autoritarismo Brasileiro*. Rio de Janeiro: Editora Campos, 1982, 163 p.

SILVA, Golbery do Couto e. *Conjuntura política nacional – O Poder Executivo e Geopolítica do Brasil*. Rio de Janeiro: José Olympio, 3.ed. 1981, 273 p.

– *O planejamento estratégico*. Brasília: Editora Universidade de Brasília, 2.ed. 1981, 536 p.

SILVA, Hélio. *O Poder Militar*. Porto Alegre: L&PM, 1985, 2.ed., 565 p.

STEPAN, Alfred. *Os militares, da Abertura à Nova República*. Rio de Janeiro: Paz e Terra, 1986, pp. 64-65.

Para saber mais sobre nossos
títulos e autores, visite nosso site:
www.mauad.com.br

Este livro, da MAUAD Editora,
foi impresso em papel ofsete 70g,
na gráfica Sermograf